Michael Tilly
Das Judentum

Michael Tilly

Das Judentum

marixverlag

FSC

Mix
Produktgruppe aus vorbildlich
bewirtschafteten Wäldern und
anderen kontrollierten Herkünften

Zert.-Nr. SGS-COC-1940
www.fsc.org
© 1996 Forest Stewardship Council

Copyright © by Marix Verlag GmbH, Wiesbaden 2007
Covergestaltung: Thomas Jarzina, Köln
Bildnachweis: akg-images GmbH, Berlin
Satz und Bearbeitung: C&H Typo-Grafik, Miesbach
Gesamtherstellung: GGP media GmbH, Pößneck
Printed in Germany

ISBN: 978-3-86539-910-6

www.marixverlag.de

INHALT

Einleitung

Das Judentum ist trotz der vergleichsweise geringen Anzahl seiner Bekenner (ca. 13 Millionen Menschen auf der Welt sind jüdischen Glaubens) eine überaus lebendige und vielgestaltige Weltreligion. Jüdische Gemeinden sind heute in allen Teilen der Erde anzutreffen.

Das Judentum ist die älteste monotheistische Weltreligion. Seine wichtigsten Voraussetzungen und Grundlagen sind der strenge Monotheismus, d. h. der Glaube an den einen und einzigen Gott Israels, und die zentrale Bedeutung der als unmittelbar von Gott geoffenbart geltenden fünf Bücher Moses, der Tora. In dem vorliegenden Buch soll in differenzierend gewichtender Weise aktuelles Grundwissen über wesentliche und beispielhafte Aspekte des Judentums vermittelt werden. Diese Vermittlung geschieht aus drei Blickwinkeln. Das erste Kapitel soll zunächst in Raum und Zeit orientieren, indem wichtige Phasen und Ereignisse in der bewegten Geschichte des Judentums als eines komplexen kulturellen Systems von seinen nachbiblischen Anfängen bis in die Gegenwart knapp und übersichtlich dargestellt werden, ohne dabei die Geschehenszusammenhänge aus den Augen zu verlieren. Die Darstellung des Judentums im Altertum konzentriert sich auf die drei antiken Zentren jüdischen Lebens in Babylonien, im Mutterland und in Ägypten, von denen jedes seinen eigenen Beitrag zur Entwicklung des jüdischen Glaubens geleistet hat. Schwerpunkte bei der Skizzierung jüdischen Lebens im Mittelalter sind Palästina, die östliche Diaspora, die Iberische Halbinsel, das Frankenreich und Deutschland. Aus der Fülle der Lebensäußerungen des neuzeitlichen und gegenwärtigen Judentums sind beispielhaft die wechselhafte Geschichte des Judentums in Palästina und im modernen Staat Israel sowie das überaus lebendige deutsche Judentum ausgewählt.

Juden in aller Welt verbindet bei aller religiöser und kultureller Vielfalt die Hingabe an den einen gnädigen und gerechten

Gott und die Auseinandersetzung mit seinen Geboten. Seit der Antike bemühte sich das Judentum fortwährend, sich seiner Existenz und dem verpflichtenden Charakter seiner Erwählung denkend zu vergewissern. Im zweiten Kapitel werden deshalb einige bedeutende Glaubensdokumente, Werke und Persönlichkeiten des Judentums aus drei Jahrtausenden vorgestellt, die als Ausdruck dieser fortwährenden Vergewisserung gelten und zugleich die faszinierende Vielfalt und Lebendigkeit der jüdischen Religion zeigen.

Die gelebte jüdische Frömmigkeit wird traditionell von den Geboten der Tora bestimmt. Sie stiftet Heil und Orientierung, ermöglicht ein Leben in Übereinstimmung mit dem Willen Gottes und gibt dem Alltag wie dem Festtag Struktur und Bedeutung. Die jüdischen Feste und Bräuche im Jahreszyklus stellen die Gottesbeziehung regelmäßig wiederkehrend dar und dienen der Stärkung und der Erneuerung der jüdischen Identität. Im dritten Kapitel werden deshalb zunächst Lebensformen und Symbole des Judentums im Lebenszyklus und im Jahreszyklus beschrieben. Schließlich widmet sich ein Abschnitt dem jüdischen Gottesdienst in Geschichte und Gegenwart und gibt Auskunft über wichtige Gebete, rituelle Handlungen, Speise- und Reinheitsgebote.

Es ist dem Verfasser dieses Buches vor allem daran gelegen, dass jüdische Geschichte, Literatur und Lebensformen als lebendige – und sich weiterhin entwickelnde – Ausdrucksformen des immensen schöpferischen Beitrags der jüdischen Religion zu den bleibenden Errungenschaften der Geistes- und Kulturgeschichte erkannt werden. Gerade in Deutschland gehört das Judentum zu den grundlegenden Faktoren bei der Entstehung der eigenen – von den Nationalsozialisten aufgegebenen – Zivilisation und Kultur. Ohne das Verständnis des Judentums bleibt das Verständnis nicht nur der gesamten deutschen Geschichte unvollkommen.

Die vorliegende 2. Auflage enthält zahlreiche Korrekturen und Ergänzungen. Mein Dank gilt Prof. Dr. Wolfgang Kraus für seine wertvollen Hinweise und Herrn Fritz Krause für die aufmerksame Durchsicht der Druckvorlage.

Landau, im Januar 2008   *Michael Tilly*

1.

AUS DER GESCHICHTE DES JUDENTUMS

ANTIKE

Babylonien

Grundlegende Kennzeichen der antiken jüdischen Religion sind ihr strenger Monotheismus, die Kultzentralisation, die zentrale Bedeutung der als unmittelbar von Gott geoffenbart geltenden *Tora* (s. u. S. 93 ff.) und durch die Tora begründete Identitätsmerkmale wie *Sabbatheiligung, Reinheitsbestimmungen* und *Beschneidung.*

Das Judentum war und ist eine *Buchreligion.* Die in der Zeit während und nach dem babylonischen Exil (587/586–538 v. Chr.) entstandene schriftliche Tora ist die historische Voraussetzung des Judentums. Erst im Land zwischen Euphrat und Tigris südlich des heutigen Bagdad entstand auf der Basis altisraelitischer religiöser Traditionen die jüdische Religion. Die verschleppten Judäer nahmen viele Elemente aus ihrem kulturellen und religiösen Umfeld auf, verknüpften sie mit ihren eigenen Traditionen und entwickelten sie in kreativer Weise weiter. Hieraus ergibt sich die Konsequenz, nicht die heilsgeschichtliche Geschichtsbetrachtung der Bibel innerhalb des Horizontes frommer jüdischer (und christlicher und islamischer) Tradition als Orientierungsrahmen dieser Darstellung wesentlicher Phasen der bewegten jüdischen Geschichte zu Grunde zu legen, sondern die philologisch und geschichtswissenschaftlich verantwortete Analyse und Interpretation der geschichtlichen Quellen.

Im Jahre 597 v. Chr. verlor Juda seine Unabhängigkeit, nachdem es seinen Vasalleneid gegen Nebukadnezzar II. (605–562 v. Chr.), den Begründer des neubabylonischen Reiches, gebrochen hatte. Der judäische König Jojachin wurde zusammen mit Priestern, Hofbeamten und Teilen der städtischen Oberschicht aus Jerusalem nach Babylonien deportiert. Im Juli 587/586 v. Chr. eroberten die Truppen Nebukadnezzars endgültig die Stadt

Jerusalem, das einstige politische Zentrum des Reiches Juda, und zerstörten den salomonischen *Tempel*, den uneinnehmbar geglaubten Wohnsitz des Gottes Israels. Das Königreich Juda wurde zu einer tributpflichtigen babylonischen Provinz. Viele Bewohner Jerusalems und der umliegenden Gebiete wurden in einer zweiten Welle nach Babylonien verschleppt (vgl. 2. Kön 25). Die Gemeinschaft dieser judäischen Exulanten, die zumeist in zusammenhängenden Gemeinden im südöstlichen Babylonien als Bauern und Hirten lebten und von den Babyloniern in vielerlei Berufen als Arbeitskräfte eingesetzt wurden, verstärkte sich in den folgenden Jahrhunderten immer wieder durch Zuwanderung.

Im babylonischen Exil entwickelte sich abseits der israelitischen religiösen Traditionen die monotheistische Gleichsetzung des Gottes Israels mit dem Schöpfergott. Es entstanden grundlegende kultische und rechtliche Abschnitte der Tora als schriftliche Fundamente des jüdischen Glaubens. Um dem Anpassungsdruck der fremdgläubigen Umwelt standzuhalten und die eigene Identität zu wahren, führten die Deportierten die Sitte der *Beschneidung* (s. u. S. 158 ff.) der männlichen Erstgeborenen ein, die in Babylonien unüblich war. Sie gestalteten den *Sabbattag*, der wahrscheinlich in seinem Ursprung ein Vollmondfest am Jerusalemer Tempel war, als allwöchentlichen Feiertag mit Arbeitsruhe. Die *Reinheits- und Speisegebote*, die ursprünglich dem priesterlichen Bereich entstammten, dienten nun der sozialen Abgrenzung der Judäer zwischen Euphrat und Tigris und stärkten ihr Zusammengehörigkeitsgefühl im Alltag. Aus einer ortsgebundenen Religion begann während der Exilszeit eine Religion der Schrift zu werden. Die Tora wurde zum eigentlichen Bindeglied zwischen dem Volk Israel und seinem Gott. Jedoch konnte auch im babylonischen Exil der Jerusalemer Gottesberg *Zion* als Ort der heiligenden Gottesnähe Orientierungspunkt religiöser und nationaler Hoffnungen bleiben. Unter den Angehörigen der aus Jerusalem verschleppten Oberschicht wurde die – nun unerreichbar weit entfernte – Heimatstadt Jerusalem zunehmend Schauplatz des erhofften endzeitlichen Eingreifens Gottes zugunsten seines bedrängten Volkes.

Auch nach der Eroberung des neubabylonischen Großreiches durch den Perserkönig Kyros II. (539 v. Chr.) und der von ihm tolerierten Rückkehr der Exulanten in ihre Heimat, wo es ihnen gestattet war, ihren Tempel wiederaufzubauen, blieb ein nicht geringer Teil von ihnen in Babylonien, wo sie seit dem ersten Jahrhundert als feudal strukturierte, autarke Bevölkerungsgruppe von einem jüdischen *Exilarchen* (»Resch Galuta«) angeführt wurden. Dieses bis ins 11. Jahrhundert fortdauernde Amt wurde von Generation zu Generation vererbt. Die Mehrzahl der babylonischen Juden lebte als Bauern und Handwerker. Die Unterschicht bestand aus Lohnarbeitern und Sklaven. Einige wenige babylonische Juden waren am Fernhandel beteiligt.

Zunächst noch unter seleukidischer Herrschaft lebend, gerieten die babylonischen Juden 240 v. Chr. in den Machtbereich der *Arsakiden*. Der Norden Mesopotamiens gehörte zeitweilig zum römischen Reich. Während der langen Herrschaft der *Sassaniden* (seit 224) lebten sie vorwiegend von der Landwirtschaft, von der Schifffahrt und dem Handel. Jedoch kam es in der Anfangszeit der Sassanidenherrschaft immer wieder zu lokalen Zerstörungen von Synagogen und jüdischen Grabstätten und auch zu religionspolitisch motivierten krisenhaften Perioden der Unterdrückung und Verfolgung. Im Jahre 495 ausbrechende jüdische Aufstände mit dem Ziel der Errichtung eines unabhängigen jüdischen Königreichs wurden von Chawad I. (488–531) niedergeschlagen; die Anführer der Rebellen wurden hingerichtet. Erst unter dem Sassanidenherrscher Chosrau I. (531–578) stabilisierte sich die Lage für das Judentum im Zweistromland dauerhaft. Jüdische Soldaten beteiligten sich am Kampf der Sassaniden gegen Rom.

Die Verbindung des babylonischen Judentums mit Jerusalem war stets weitaus enger als die Beziehung zwischen der alexandrinischen *Diaspora* (»Zerstreuung«) und dem Tempelstaat. Nach dem jüdischen Krieg und ebenso nach dem *Bar-Kochba-Aufstand* (s. u. S. 30 f.) kamen zahlreiche Flüchtlinge aus Palästina nach Babylonien. Das Aramäisch sprechende babylonische Judentum konnte über die Jahrhunderte eine eigenständige religiöse und kulturelle Tradition entwickeln, die in der im Zweistromland zwischen Euphrat und Tigris entstandenen reichen rabbinischen Literatur, insbesondere im *babylonischen Talmud* (s. u. S. 118 ff.), erhalten ist.

Das Mutterland

Im Jahre 587/586 v. Chr. kam es zur endgültigen Einnahme der Stadt Jerusalem durch Nebukadnezzar II. Jerusalem, das einstige politische Zentrum des judäischen Staates, und der salomonische Tempel, der uneinnehmbar geglaubte befestigte Wohnsitz Gottes, waren von den Babyloniern nahezu vollständig zerstört worden. Der mächtig geglaubte Gottesberg Zion war nur noch ein Schutthügel in einer verwüsteten und entvölkerten, machtlosen und politisch abhängigen kleinen Stadt. Allerdings gab es in Jerusalem auch in den Jahrzehnten nach der Deportation des Großteils der Priesterschaft wahrscheinlich noch einen bescheidenen Opferbetrieb.

Nach dem Sieg des Kyros II. (601–530 v. Chr.) über die Neubabylonier wurde Judäa unselbständiger Teil einer persischen Provinz. Schon im darauffolgenden Jahr wurden der regelmäßige Opfergottesdienst und der Wiederaufbau des Heiligtums in Jerusalem durch ein königliches Dekret wieder gestattet. Diese Maßnahmen der Perser, die hierdurch das Problem der Kontrolle ihres weiten Herrschaftsraums zu lösen trachteten, beabsichtigten die Schaffung eines organisatorischen und räumlichen Zentrums der regionalen Verwaltung, das vor allem dem effizienten Eintreiben von Steuern und Tributen zugute kommen sollte. Sie trugen aber auch zur Förderung der ethnischen und religiösen Identität der jüdischen Stadtbevölkerung Jerusalems bei.

Unter den Bewohnern Jerusalems scheint das Bedürfnis nach einem Wiederaufbau des Tempels angesichts des allgegenwärtigen Elends zunächst gering gewesen zu sein. Dennoch propagierten priesterliche und prophetische Kreise die Notwendigkeit, das irdische Kultzentrum wieder herzurichten. Dieser Ort der rituellen Entsühnung des judäischen Volkes durch Opfer verhinderte ihrer Überzeugung nach die Anhäufung ungesühnter Schuld bzw. die hierdurch bewirkte Anballung unheilvoller Macht. Die Wiederherstellung des Jerusalemer Tempels sei unbedingte Voraussetzung allen von hier aus in die Welt strömenden Segens. Die Botschaft der *Propheten* Haggai und Sacharja, die diesen Gedanken Ausdruck verlieh, indem sie den Tempel als Quelle paradiesischen Heils schilderten, fand ihren Widerhall in der Hoffnung eines Teiles der Bewohner Jerusalems. Man glaubte, allein das baldige wunderbare Eingreifen Gottes selbst könne einerseits die überlebensnotwendige Fruchtbarkeit des Landes bewirken, andererseits der Stadt zu ihrer einstigen nationalen Bedeutung und Macht verhelfen und damit auch jeden Einzelnen aus seiner aktuellen Notsituation befreien.

Erst im Jahre 515 v. Chr. fand die Einweihung des mit persischer Unterstützung errichteten *Zweiten Tempels* in Jerusalem statt. Die in den folgenden Jahrhunderten mehrfach umgebaute und erweiterte Tempelanlage wurde nach dem Vorbild auf dem Fundament und nach den Maßen des zerstörten salomonischen Tempels errichtet, jedoch in weitaus bescheidenerem Rahmen als dieser. Ihre architektonische Grundstruktur unterteilte das Tempelgelände in verschiedene Bereiche abgestufter Heiligkeit, die als aufeinanderfolgende Höfe und Räume gleichsam konzentrischer Kreise das *Allerheiligste* als ideales Zentrum der göttlichen Sphäre umgaben und deren Betreten eine entsprechend abgestufte rituelle *Reinheit* (s. u. S. 209 ff.) erforderte.

Vor allem das nach dem Ende des davidischen Königtums entstandene Machtvakuum in Judäa trug zu einem raschen Anstieg von Macht und Einfluss der Jerusalemer Priesterschaft bei. Als einzige auch in der Krisenzeit des babylonischen Exils noch organisierte und verfasste gesellschaftliche Gruppe trat sie gegenüber dem eigenen Volk und gegenüber den persischen Behörden zunehmend als Repräsentantin der Allgemeinheit auf. Man kann annehmen, dass die meisten dieser Priesterfamilien aus Babylonien kamen. Ihre Ansiedlung in Judäa wurde von den Persern, die so eine lokale Führungsschicht in der fernen Provinz zu installieren beabsichtigten, tatkräftig unterstützt. Es ist zu beachten, dass die aus dem Exil im babylonischen Kernland zurückgekehrten politischen und religiösen Funktionsträger hierdurch auch eine besondere ideelle Position in der judäischen Bevölkerung erlangten. Sie stellten nun wieder das Kultpersonal des Tempels unter der Führung der hohenpriesterlichen Dynastie mit eigenen, durch die bauliche Strukturierung des Tempelraums auch architektonisch gekennzeichneten Monopolbereichen. Ihre besondere Position ermöglichte es den Priestern bald, als die einzigen legitimen Hüter des religiösen und nationalen Erbes aufzutreten. Ungeachtet der Tatsache, dass die

Bevölkerung Judäas und Jerusalems nun keine territoriale und staatliche Einheit mehr besaß, wuchs ihr Einfluss auf die bei der Wegführung im Land verbliebenen Judäer, die mittlerweile zugewanderten, ehemaligen Nordreichbewohner im Land und die jüdischen Gemeinden in der gesamten Diaspora.

Unter dem Statthalter Nehemia (ca. 445–433 v. Chr.) wurde Jerusalem die ummauerte und wieder von ca. 1200 bis 1500 Menschen besiedelte Hauptstadt der kleinen und armen, jedoch aufgrund des Verlaufs der wichtigen Fernhandelsstraßen wirtschaftlich äußerst wichtigen Provinz Jehud im Südwesten des Perserreiches zwischen Mittelmeer und Antilibanon. Dem Jerusalemer Tempel kam wieder eine hohe Bedeutung als religiöser und nationaler Orientierungspunkt für die jüdischen Bewohner der Provinz zu. Der fortgesetzte *Opferkult* (s. u. S. 19–21) und die gemeinschaftlichen *Feste* im Tempel befriedigten das Bedürfnis vieler dieser Menschen nach Absicherung vor der drohenden Gefahr einer möglichen Wiederholung der erlebten nationalen Katastrophe. Schon allein aus diesem Grund finanzierte auch die jüdische Bevölkerung durch ihre Abgaben in Form von Geld und Naturalien den laufenden Kultbetrieb, notwendige Baumaßnahmen und auch den Unterhalt der Priester und Tempelbeamten.

Bereits im 5. Jahrhundert v. Chr. hatte sich auf dem Gebiet des ehemaligen Nordreichs Israel die *samaritanische Religionsgemeinschaft* als eine jüdische priesterliche Sondergruppe gebildet. Als strikte Jahweverehrer, die wohl nur das Kultmonopol Jerusalems ablehnten, errichteten die dissidenten Priester zur Zeit Alexanders des Großen (356–323 v. Chr.) auf dem Berg *Garizim* ein separates Kultzentrum mit eigenem Opferbetrieb gemäß den Bestimmungen der Tora. Der bei Sichem (dem heutigen Nablus) gelegene Garizim gilt den Samaritanern, von denen es gegenwärtig nur noch wenige Hundert gibt, bis heute als kultischer Mittelpunkt.

Durch die Zerstörung Sichems und des Tempels auf dem Garizim im Jahre 129 v. Chr. waren die Samaritaner genötigt, die Legitimation der eigenen Religionsgemeinschaft neu zu begründen und zu legitimieren. Es kam zur Fixierung einer besonderen samaritanischen Verständnistradition der Tora mit einer eigenständigen Schrifttradition. Im jüdischen Krieg (s. u. S. 26) nahezu ausgerottet, kämpfte die kleine samaritanische Religionsgemeinschaft in den folgenden Jahrhunderten ums Überleben. Der Kultbetrieb auf dem Garizim kam jedoch bis heute nie gänzlich zum Erliegen.

TEMPEL UND TEMPELOPFER

Für das Judentum in Palästina und in der gesamten antiken Welt war der Jerusalemer Tempel das verbindende Symbol der nationalen und religiösen Zusammengehörigkeit, selbst wenn man unter einer anderen Herrschaft loyal lebte. Die Angehörigen der 24 priesterlichen *Dienstabteilungen* (»Mischmarot«), denen man durch Familienzugehörigkeit angehörte, kamen aus ihren verschiedenen Wohnorten im ganzen Land in regelmäßigen Abständen zur Verrichtung ihres siebentägigen Opferdienstes nach Jerusalem.

Die individuellen Aspekte des *Opfers*, die in den älteren Schichten der biblischen Überlieferung begegnen, etwa in den Vätergeschichten des Buches Genesis, traten in hellenistisch-römischer Zeit in den Hintergrund. Der Aspekt der allgemeinen *Sühnefunktion* des Tempelopfers (vgl. Lev 17,11 u.ö.) war hingegen umso bedeutender geworden; das Streben nach Sühne und Sündenvergebung wurde zum eigentlichen Beweggrund und Zweck vieler Opferhandlungen. Beides wurde dem gesamten Volk Israel und jedem einzelnen Frommen durch die fortwährenden und korrekt vollzogenen Opfer im Jerusalemer Tempel immer wieder von neuem geschenkt. Von ebenso hoher Bedeutung wie die Sühnefunktion des zentralisierten Tempelopfers war auch der Gedanke, dass der Kosmos durch den Jerusalemer Tempel als Mikrokosmos repräsentiert wird und dass die ritualgerechte Opferkult- und Festpraxis unmittelbar mit der kosmischen Ordnung zusammenhängen. Der Opferkult im Tempel sollte das Geschehen in der Welt beeinflussen. War das Tempelopfer in Ordnung, war auch die Welt in Ordnung. Darum wurde es als von größter Bedeutung für das individuelle Schicksal wie auch für das Ergehen aller Menschen verstanden, sämtliche Bestandteile und Regeln der vorgeschriebenen Opfervorschriften genauestens zu beachten und richtig auszuführen; im Glauben nahezu aller Juden in hellenistisch-römischer Zeit war dies von grundlegender Bedeutung. Ein solches Verständnis des Opfergottesdienstes im Jerusalemer Tempel muss als allgemeines und verbindendes Kennzeichen antiker jüdischer Frömmigkeit angesehen werden. Juden aller gesellschaftlichen Schichten in aller Welt entrichten deshalb anstandslos die *Tempelsteuer*.

Die unterschiedlichen, mehr oder weniger prestigeträchtigen Aufgaben und Arbeiten bei den täglichen Tempelopfern, den Fest- und Privatopfern wurden unter den diensttuenden *Priestern* ausgelost. Die Opfer kamen entweder Gott selbst, dem Heiligtum oder dem amtierenden Kultpersonal zu. Auf dem freien Platz im Priesterhof östlich vom eigentlichen Tempelgebäude befand sich der steinerne *Brandopferaltar*, der über eine lange Rampe auf seiner Südseite zu erreichen war. Die Darbringung des täglichen *Brandopfers* (»Tamid«) auf diesem Altar stand neben der Darbringung des *Räucheropfers* im Heiligtum im Mittelpunkt des regelmäßigen Opfergottesdienstes, der am frühen Morgen (»Schacharit«; s. u. S. 202) und am späten Nachmittag (»Mincha«; s. u. S. 202) vor den Augen der im Vorhof der Israeliten versammelten Gemeinde stattfand.

Beim täglichen Brandopfer stemmte ein Priester dem *Opfertier* zunächst seine Hände auf. Das Tier, ein einjähriges Lamm, wurde sogleich in ritueller Weise geschlachtet und sein Blut (s. u. S. 210) aus einer Schale an die Ecken des Altars gesprengt. Der *Hohepriester* selbst amtierte dabei nur vor dem und am *Versöhnungstag* (s. u. S. 177–179), während der *Sabbate* (s. u. S. 191 ff.), an Neumondtagen und bei festlichen Anlässen. Andere Priester zerteilten den Kadaver. Darauf sprachen sie *Gebete* und *Benediktionen* (»Lobpreisungen«), bei denen die – männlichen und *rituell reinen* (s. u. S. 210) – Juden, die dem Opfer im Vorhof der Israeliten beiwohnten, betend respondierten. Die einzelnen Stücke des Brandopfertieres wurden nacheinander in das Feuer geworfen, wo sie verbrannten. Begleitet wurde das gesamte Opfergeschehen vom Gesang der levitischen Tempelsänger. Beim täglichen Opfer und beim Brandopfer eines Privatmannes wurde das Opfertier ganz verbrannt, ohne dass die Priester oder der Spender etwas davon bekamen. Als private Brandopfer kamen nur makellose männliche Tiere in Betracht, und zwar Rinder, Schafe oder Ziegen (Lev 1). Lediglich die Haut des Opfertieres fiel dabei den Priestern zu (Lev 7,8). War der Spender bedürftig, konnten auch Turteltauben oder Tauben geopfert werden (Lev 14,21 f.).

An Sabbat- und Festtagen fanden zusätzliche Opfer statt. Besonders zu den *Wallfahrtsfesten* wurden die täglichen Tempelopfer noch um viele private Dank- und Schuldopfer ergänzt. Als solche Fest- bzw. Heilsopfer kamen auch weibliche Tiere in Betracht. Verbrannt wurde nur ein Teil des Heilsopfertieres, nämlich die Fettteile, Nieren, Herz und Leber. Der opfernde Priester erhielt die Brust und den rechten Schenkel (Lev 7,31 f.). Der Rest musste vom Spender im Kreis seiner Familie oder Freunde innerhalb von 48 Stunden gegessen werden. Beim täglichen *Kaiseropfer* im Jerusalemer Tempel wurden nicht für den Kaiser, sondern zugunsten des römischen Herrschers – und von diesem selbst bezahlt – zwei Lämmer und ein Stier geopfert.

Bis heute erhalten ist die Erinnerung an das Tempelopfer im Judentum im täglichen Morgen- und Nachmittagsgebet (s. u. S. 202), deren Zeitpunkt und Bezeichnung den Opferzeiten im Jerusalemer Tempel entspricht.

Der Jerusalemer Tempel selbst übernahm neben seinen religiösen Aufgaben immer mehr politische und – z. B. als Bank – eine Reihe wirtschaftlicher Funktionen. Ebenso mündete die politische, gesellschaftliche und religiöse Entwicklung innerhalb des Judentums in einen immensen Machtzuwachs der priesterlichen Aristokratie. Die Bedeutungsfunktionen des Jerusalemer Heiligtums als eines kosmischen und gesellschaftlichen Zentrums verschmolzen zu einer Einheit. Für die priesterliche Oberschicht stellte der Tempel nun quasi die eigene Existenzgrundlage dar. Jedoch standen die Pläne und Interessen dieser Priester zunehmend im Widerspruch zu denen der bäuerlichen Bevölkerungsmehrheit.

Mit der Eroberung Syriens durch Alexander den Großen (332 v. Chr.) geriet Jerusalem endgültig in den unmittelbaren Einflussbereich des makedonischen Großreiches und der hellenistischen Einheitskultur. Auch den neuen Machthabern war sehr an politischer Stabilität in der Provinz gelegen. Die bereits unter der Perserherrschaft bestehende weitgehende innere Autonomie Judäas und »*Hierosolymas*« auf der Grundlage der Tora als *Verfassung* und mit dem Jerusalemer Tempel als anerkanntem politischen Zentrum bestand deshalb fort, wenn auch mit je und je unterschiedlicher Intensität. *Hoherpriester* und *Ratsversammlung* wurden dabei von den nichtjüdischen Herrschern als Repräsentanten und als privilegierte politische Vertreter der jüdischen Bevölkerung in dem tributpflichtigen *Tempelstaat* anerkannt. Der Seleukidenherrscher Antiochos III. (223–187 v. Chr.) billigte diese Staatsform ausdrücklich. Einige Jahrzehnte später scheiterte der Versuch eines Teils der Jerusalemer Tempelaristokratie, den Tempelstaat mit Hilfe der syrischen *Seleukiden* gewaltsam in eine hellenistische Stadt zu verwandeln (167 v. Chr.), um so die eigene Machtposition zu festigen. Dieser Umsturzversuch einer Minderheit stieß auf den heftigen Widerstand vor allem derer, die durch diese als religiöse und kulturelle Erosion empfundenen gewaltsamen Hellenisierungsbestrebungen die politische Reichweite der Zentralität des Tempels und somit ihre statusbestimmende Lebensgrundlage, Macht und Autorität als Priester oder Tempelbeamte bedroht sahen. Spätestens zu diesem Zeitpunkt stellte der Jerusalemer Tempel bzw. seine unterschiedliche Wahrnehmung den deutlichen Ansatzpunkt für polarisierende Auseinandersetzungen verschiedener konkurrierender religiöser Teilgruppierungen im antiken Judentum dar. Es ist zu beachten, dass sich diese durch Anpassung und Widerspruch gekennzeichnete Entwicklung nicht vorwiegend zwischen pro- und antihellenistischen Angehörigen verschiedener sozialer Schichten in Judäa vollzog, sondern vor allem innerhalb der Jerusalemer Oberschicht.

Den *Makkabäerbrüdern*, Söhnen des Priesters Mattatias aus Modein, gelang es, eine »konservative« antihellenistische Sammelbewegung zu führen und diese Bestrebungen abzuwehren. Der »*Tempelreinigung*« des Judas Makkabaios (164 v. Chr.) folgte die Herrschaft der in Jerusalem residierenden *Hasmonäerdynastie*. Dieses jüdische Herrscherhaus legitimierte seine gesellschaftliche Machtposition nach innen vor allem durch die Selbstdarstellung als den väterlichen Gesetzen verpflichteter religiöser Streiter für Tempel und Kult. Es bewirkte so die Umwandlung der Stadt zum politischen Zentrum eines »unabhängigen« Königreiches sowie die Umwandlung des Tempels in das bedeutendste Symbol der jüdischen Selbstbehauptung. Seit 142 v. Chr. politisch unabhängig, war Jerusalem nun für mehr als sieben Jahrzehnte wieder der machtpolitische Mittelpunkt eines expansionistischen jüdischen Staates. In die Hasmonäerzeit fällt auch die eigentliche Entstehung des Begriffs »*Judentum*« zur Bezeichnung einer eigenständigen Gemeinschaft, die über eine bloße ethnisch-geographische Größe hinausgeht.

Die besondere Bedeutung Jerusalems und des Tempels als Symbole der nationalen und religiösen Zugehörigkeit blieb kennzeichnend für die gesamte hasmonäische Ära. Mit der römischen Eroberung der Stadt durch Pompeius Magnus (63 v. Chr.) und dem von *Rom* unterstützten Aufstieg *Herodes' des Großen* (ca. 75–4 v. Chr.) nahm die Intensität der Handelskontakte und der kulturellen Beziehungen Jerusalems zu anderen städtischen Zentren im Osten des Römischen Weltreichs noch einmal beträchtlich zu. Seit 19 v. Chr. renovierte Herodes den während der römischen Angriffe beschädigten Jerusalemer Tempel als Symbol des »weltstädtischen« Charakters der Stadt am Rand des *Imperium Romanum* und als international beachtetes Wahrzeichen seiner Herrschaft. Der im Stil der hellenistisch-römischen Monumentalbauweise erneuerte, in Entsprechung des bereits zuvor bestehenden baulichen Strukturprinzips der konzentrischen Heiligkeit erweiterte, erhöhte und mit gewaltigen Umfassungsmauern versehene *herodianische Tempel* wurde zu dem erfahrbaren religiösen Zentrum des Judentums in Palästina und – unbeschadet aller Loyalität gegenüber und Teilhabe an der jeweils bestimmenden Umwelt – in der gesamten antiken Welt. Pilger aus vielen Ländern strömten zu den *Wallfahrtsfesten* nach Jerusalem, übereigneten dem Tempel kultische Abgaben und Weihegeschenke und wohnten am Zielort ihrer Pilgerreise den Opfern bei. Juden überall in der Diaspora entrichteten freiwillig die jährliche *(Halb-)Schekelsteuer*, die in erster Linie für den Unterhalt des Jerusalemer Tempels bestimmt war.

In die Zeit der Herrschaft des galiläischen Landesfürsten Herodes Antipas (ca. 20 v. Chr. – 39) fällt die Entstehung der *Jesusbewegung* und des *Christentums*. Der Jude Jesus aus der galiläischen Stadt Nazareth ließ sich von dem jüdischen Bußprediger Johannes im Jordan taufen und zog als charismatischer

Wanderprediger mehrere Jahre durch Galiläa. Er heilte Kranke, lehrte in den Synagogen (s. u. S. 194 ff.), verkündigte öffentlich den Beginn der Heilszeit und rief das Volk Israel zur Umkehr und Nachfolge auf. Dabei verstand er sich wahrscheinlich als endzeitlicher Prediger und von Gott gesandter Heilsmittler, ohne jedoch selbst Anspruch auf den traditionellen jüdischen Hoheitstitel »Messias« (»Gesalbter«) zu erheben. Um Jesus aus Nazareth sammelte sich eine stetig wachsende Zahl von Anhängern, darunter viele Angehörige von sozialen Randgruppen. Unter dem Vorwurf der Gotteslästerung und der politischen Agitation wurde Jesus ca. im Jahre 30 in Jerusalem von der römischen Provinzverwaltung gefangengenommen, verurteilt und am Kreuz hingerichtet.

Nur kurze Zeit nach seiner Hinrichtung traf sich in Jerusalem die christliche *Urgemeinde* in der festen Überzeugung, angesichts der nahen Zeit des Weltgerichtes das wahre Judentum zu repräsentieren. Bald entstanden kleine Hausgemeinden, die immer größere Bereiche ihres Lebens gemeinsam gestalteten. Von der Jerusalemer Tempelaristokratie und ihrer Anhängerschaft als ketzerische Aufrührer verfolgt und von der aufgehetzten Volksmenge bedroht, flüchteten viele Anhänger des neuen Glaubens nach Samaria, an die phönizische Küste und bis nach Antiochia am Orontes, wo sie zum ersten Mal als eine eigenständige Gruppe in Erscheinung traten. Von der nichtjüdischen Bevölkerung der Stadt wurden die Angehörigen der neuen jüdischen Endzeitsekte bald »Christen« genannt, wahrscheinlich um sie durch diese Bezeichnung, die den Hoheitstitel »Christus« (griechisch für »Messias«) wie einen Eigennamen behandelte, von der großen Mehrheit des Judentums zu unterscheiden.

Waren die palästinischen Christen anfangs noch eine exklusive, enthusiastische Bewegung innerhalb des Judentums, so schlossen sich ihnen in dem multiethnischen und multireligiösen antiken Handelsknotenpunkt Antiochia auch immer mehr ehemalige Anhänger hellenistisch-römischer Zeremonialgemeinschaften und Mysterienkulte an, die an ihrer bisherigen Religion zweifelten. Die Griechisch sprechenden antiochenischen Christen waren die Ersten, die auf die *Beschneidung* (s. u. S. 158–161), das äußere Zeichen der Zugehörigkeit zum Judentum, als Voraussetzung zur Taufe verzichteten. Ebenso hatte in ihrem alltäglichen Zusammenleben die Beachtung der traditionellen jüdischen *Speise- und Reinheitsgebote* (s. u. S. 209–211) bald keinen verbindlichen Bekenntnischarakter mehr.

Die Verehrung des gekreuzigten und auferstandenen Jesus aus Nazareth als Sohn Gottes und Messias und insbesondere der Verzicht auf das *Bundeszeichen* der Beschneidung konnten als Verrat am Judentum ausgelegt werden. Der unausweichliche Konflikt zwischen Judenchristen und Heidenchristen wurde nach der – durchweg nach Harmonie zwischen Judenchristen und Heidenchristen strebenden – Darstellung der Apostelgeschichte des Lukas (Apg 15) während einer Apostelversammlung in Jerusalem durch einen Kompromiss beigelegt, wonach die einen die anderen tolerierten, sofern sie eine Reihe von religionsgesetzlichen Minimalforderungen beachteten und ihre wirtschaftliche Solidarität unter Beweis stellten.

Die Christen zogen auch die *Judenfeindschaft* der hellenistisch-römischen Welt auf sich, der der antike Historiker Tacitus (ca. 55–115) mit seinem böswilligen Vorwurf des »Hasses gegen das Menschengeschlecht« Ausdruck verlieh. Der Ausbruch des *jüdischen Krieges* im Jahre 66 (s. u. S. 28 f.) bedeutete auch für die christlichen Gemeinden überall im römischen Reich bald Kriminalisierung und Diskriminierung als verdächtige Zellen abergläubischer und feindseliger jüdischer Aufrührer gegen das Imperium.

Im Gegensatz zu dem hohen religiösen Gewicht des herodianischen Tempels auch außerhalb des Landes war seine politische und wirtschaftliche Bedeutung innerhalb Judäas im ersten Jahrhundert merklich gesunken. Das unter der Herrschaft der Perser, Ägypter und Syrer mit zahlreichen Machtbefugnissen ausgestattete, während der hasmonäischen Herrschaft mit dem Königtum verschmolzene Amt des *Hohenpriesters* war nun, da mit Herodes dem Großen und seinen Söhnen wieder Nichtpriester herrschten, auf seine kultischen Funktionen beschränkt. Diese von vielen Juden als schmählich und bedrohlich empfundene Entwicklung sollte nicht folgenlos bleiben. Spätestens seit der Unterstellung Palästinas unter die direkte römische Verwaltung entzündeten sich an der Frage nach der vorrangigen Funktion des Jerusalemer Tempels wieder heftige innerjüdische Auseinandersetzungen.

War das Heiligtum vor allem der unpolitische, allein religiös bedeutsame heilige Ort der Gottesgegenwart oder aber das politisch relevante Symbol einer neu zu erkämpfenden nationalen Unabhängigkeit? Über diese Frage gestritten wurde sowohl innerhalb der jüdischen Aristokratie, die die Kontrolle über den Tempel hatte, als auch zwischen dieser und den unteren Bevölkerungsschichten, die am stärksten unter der Ausbeutung durch die eigene Oberschicht litten und die sich durch die römischen Steuern und Tribute in ihrer Existenz bedroht sahen.

Für die »Zeloten« (»Eiferer«) und weitere nationalistische Widerstandsgruppen war die Freiheit Israels von eschatologischer Bedeutung. Ihre Motive setzten sich aus religiösen und sozialen Impulsen zusammen, dem Streben nach politischer Freiheit und endzeitlicher Erlösung. Ziele der jüdischen Widerstandsbewegung gegen Rom waren die konsequente Verteidigung des Königtums Gottes gegenüber dem römischen Kaiserkult bzw. die Forderung nach einer eindeutigen Entscheidung zwischen Kaiserkult und Gottesherrschaft. Alle Herrschaftsansprüche der durch den römischen Kaiser und seine Exponenten verkörperten, heidnischen Weltmacht wurden von den Zeloten kategorisch ausgeschlossen. Für sie war die Freiheit Israels eschatologisch begründet. Die Zeloten strebten nach einer Restitution der Verhältnisse bzw. der toragemäßen, theokratischen Ordnung der idealen Vorzeit Israels.

Die angespannte Situation in Jerusalem spitzte sich rasch zu; die religiös und vor allem sozial motivierten jüdischen *Unabhängigkeitsbestrebungen* mündeten in den offenen Aufstand gegen Rom (66). Sie fanden ihr vorläufiges Ende mit der Belagerung und Einnahme Jerusalems und der Zerstörung der Tempelanlagen durch den römischen Feldherrn Titus (70).

QUMRAN

In elf Höhlen nahe *Chirbet Qumran*, einer antiken Ansiedlung 12 Kilometer südlich von Jericho am Nordwestufer des Toten Meers, sind seit 1947 zahlreiche Handschriften gefunden worden. Unter diesen Textfunden sind biblische Bücher in Abschriften und Übersetzungen, Bibelkommentare, jüdische religiöse Schriften, die vorher nur in christlicher Überlieferung bekannt waren, sowie »Sektenschriften«, die Aussagen über die Lebensweise und den Glauben ihrer Verfasser ermöglichen. Der Großteil dieser Textfunde ist mittlerweile als Textausgaben und in Übersetzungen allgemein verfügbar. Ein gravierendes Problem bei ihrer Auswertung ergibt sich jedoch aus ihrem heterogenen Charakter. Die *Qumransiedlung* existierte von der zweiten Hälfte des zweiten Jahrhunderts v. Chr. bis zu ihrer Zerstörung (68/69). Die bei Qumran gefundenen Schriften repräsentieren eine ebenso große Zeitspanne. Die Texte dürfen deshalb nicht unterschiedslos zur Rekonstruktion eines generellen Charakters und einer einheitlichen Glaubensüberzeugung ihrer Eigentümer herangezogen werden. Terminologische und inhaltliche Ähnlichkeiten bestehen allerdings zwischen der »Sektenregel« (1QS), der »Hymnenrolle« (1QH) und der »Kriegsrolle« (1QM). Alle drei Sektenschriften stammen wohl aus der Zeit der Hasmonäerherrschaft (s. o. S. 22 f.).

Ein verbreitetes Bild der Qumransiedlung, das sich aus diesen Quellen ergibt, zeigt eine isolationistische priesterliche Gemeinschaft, deren Leben und Frömmigkeit von der Trennung vom Jerusalemer Tempel und dem dort gültigen *Kultkalender* (s. u. S. 174–176), dem Ideal priesterlicher *Reinheit* und dem Anspruch, das wahre *Gottesvolk* der Endzeit zu sein, bestimmt waren. Ihr außergewöhnliches *Reinheitsstreben* auch im Alltag, ihre endzeitliche Orientierung, ihr dualistisches Weltbild und ihre militante, romfeindliche Mentalität gründeten in einer angespannten eschatologischen Naherwartung. Die Anhänger der wahrscheinlich aus der Jerusalemer Priesterschaft hervorgegangenen Gemeinschaft verstanden sich angesichts des von ihnen in naher Zukunft erwarteten Weltendes und drohenden Gottesgerichts als die »*Söhne des Lichts*«, als das wahre Israel der Endzeit und die einzigen wahren Bewahrer der priesterlichen Tradition. Ihr apokalyptisches Gerichtsverständnis diente ihnen dazu, ihre Gemeinschaft zu stabilisieren, indem vor allen Dingen die erwartete Bestrafung der »*Söhne der Finsternis*« – nämlich aller Feinde Gottes – und das Heil für die Gerechten und Auserwählten – nämlich die eigene Gruppe – das Bild ihrer Gerichtserwartung bestimmten.

Man geht heute mehrheitlich davon aus, dass zwischen der Qumransiedlung und den von Philon von Alexandria (s. u.

S. 104 f.) und Flavius Josephus (s. u. S. 105–108) erwähnten
Essenern ein Zusammenhang besteht. Jedoch sprechen auch
Gründe gegen eine pauschale Identifikation: In Qumran wurde keine Entsprechung des Namens »Essener« gefunden.
Josephus weiß nichts von der dortigen Siedlung. Allein der römische Schriftsteller Plinius der Ältere (ca. 23–79) weist in seiner »Naturgeschichte« auf eine essenische Siedlung am Toten
Meer hin. Ein weiteres Problem besteht darin, dass die antiken
Essenerberichte diese Gemeinschaft in idealisierender Weise verzeichnen. Was Josephus und Philon beschreiben, deckt
sich zwar zum Teil mit den Aussagen der Sektenschriften, ist
jedoch über weite Strecken idealisierendes Programm. Das
Essenerbild beider Autoren ist geprägt von ihrer Absicht, sie
nach den Idealen zeitgenössischer hellenistischer Philoso-
phenschulen als nachahmenswerte jüdische Gemeinschaft von
beispielhafter Gesinnung und mit mustergültigem Lebens-
wandel zu zeichnen. In den letzten Jahren mehren sich zudem
die Stimmen derjenigen Wissenschaftler, die aufgrund des
archäologischen Befundes bezweifeln, dass die Schriftrollen
von Qumran überhaupt einer klar konturierbaren Glaubensgemeinschaft gehörten, die sich mit ihrem Inhalt identifizierte.
Sie halten es vielmehr für möglich, dass Jerusalemer Priester
sie während des jüdischen Krieges vor den Römern in den un-
zugänglichen Höhlen am Toten Meer versteckt haben.

Texte: J. Maier, Die Qumran-Essener: Die Texte vom Toten Meer, 3 Bde.,
München, Basel 1995f.; Ders., Die Tempelrolle vom Toten Meer und das
»Neue Jerusalem«, München, Basel ³1997.
Literatur: J. C. VanderKam, Einführung in die Qumranforschung, Göt-
tingen 1998; U. Dahmen u.a., Qumran – Bibelwissenschaften – Antike
Judaistik, Paderborn 2006; Y. Hirschfeld, Qumran – die ganze Wahrheit,
Gütersloh 2006.

Im Jahre 70 schlug eine gewaltige römische Übermacht den
jüdischen Aufstand nieder und nahm Jerusalem ein. Große Teile
der Stadt waren nach der römischen Eroberung verwüstet, ihr
prächtiger Tempel zerstört, der Hauptteil ihrer Bevölkerung tot,
versklavt oder geflohen. Die wenigen Juden, die in Jerusalem
geblieben waren, mussten mitansehen, wie nun römische Soldaten, Veteranen und fremde Siedler einzogen, um hier zu leben.

Die Bewohner der Stadt wurden zu harten Zwangsdiensten verpflichtet und mussten hohe Abgaben leisten. Die jüdischen Kleinbauern wurden enteignet und zu Pächtern auf römischem Grund. Judäa war nun einem römischen *Statthalter* unmittelbar unterstellt. Das Jerusalemer Heiligtum, der wichtigste Anknüpfungspunkt für das religiöse Selbstverständnis und für die Lebensgestaltung der jüdischen Mehrheit und sämtlicher jüdischer Sekten, war zerstört. Das Opfer im Tempel war nunmehr unmöglich. Das Judentum war fortan zum Verzicht auf alle diejenigen Formen der Religiosität genötigt, die nur im Jerusalemer Tempel gepflegt werden konnten.

Die überlebenden Priester, Leviten und Tempelbeamten waren nach der Tempelzerstörung ohne Amt, ohne kultische Funktion und ohne öffentliche Macht, wenn auch ihr Landbesitz und der relative Wohlstand ihrer aristokratischen Oberschicht nicht unmittelbar von den Umwälzungen, d. h. von der wirtschaftlichen Notlage betroffen waren. Ein Teil der Priesterschaft versuchte neben der aufstrebenden jüdischen Laiengelehrsamkeit, verkörpert vor allem durch die *pharisäische Bewegung*, als konsolidierte Gemeinschaft fortzubestehen. Man versuchte, die für Priester geltenden besonderen Gebote und kultischen Anordnungen weiterhin zu bewahren, um dadurch eine besondere gesellschaftliche Funktion im Bereich der Rechtsprechung zu erlangen. Die den Priestern des Jerusalemer Tempels von der jüdischen Bevölkerung zuvor zuerkannte Kompetenz scheint nicht abrupt an ihr Ende gekommen zu sein. Einige von ihnen betätigten sich fortan als *rabbinische Gelehrte* (s. u. S. 109–111). War Jerusalem bis dahin das alleinige religiöse und politische Zentrum des palästinischen Judentums gewesen, so entstand nun in Jabne, einer kleinen Stadt in der Küstenebene südlich vom heutigen Tel Aviv, unter der Leitung von Priestern und schriftgelehrten Laien ein rabbinisches Lehrhaus. Diese rabbinischen Gelehrten zogen unter römischer Duldung bald Aufgaben der früher in Jerusalem angesiedelten jüdischen Selbstverwaltung an sich. In den Texten, die sie der Nachwelt hinterließen und die für das spätere Judentum maßgebliche Geltung erlangten, ist von Jerusalem und seinem Tempel nur selten die Rede. Dies dürfte daran liegen, dass man in Jabne das Studium der *Tora* (s. u. S. 93–96) an die Stelle des *Tempelopfers*

(s. o. S. 19–21) gesetzt hatte und ihm eine vergleichbare religiöse Bedeutung beimaß.

Nur wenige Jahrzehnte nach der Zerstörung des Jerusalemer Tempels schlug der wirtschaftliche Niedergang des Landes in eine Krise der gesellschaftlichen Ordnung um. In und um Jerusalem flackerte erneut gewaltsamer Widerstand gegen Rom auf. Der Beschluss des Kaisers Hadrian (117–138), auf den Trümmern der Stadt die römische Metropole *Colonia Aelia Capitolina* zu errichten (132), stieß auf den Widerstand radikaler Kreise um Simon ben Koseba (*Bar Kochba*). Er und seine Anhänger bewaffneten sich. Ein großer Teil der verarmten jüdischen Bevölkerung schloss sich ihnen an. Der römische Legionsstandort Jerusalem wurde rasch zum Zentrum dieser jüdischen Aufstandsbewegung. Auch der improvisierte Opferbetrieb auf dem Tempelplatz wurde von den jüdischen Rebellen nach dem Rückzug der Römer offenbar wieder aufgenommen. Nach der Niederschlagung der Erhebung durch eine gewaltige römische Übermacht wurde die Stadt in ein heidnisches Kultzentrum mit einem Jupiterheiligtum auf dem nahezu eingeebneten Tempelareal umgewandelt. Für Sieger und Besiegte war dies ein Symbol der völligen Unterwerfung des jüdischen Aufstandes und des Triumphs der überlegenen Weltmacht. Rom betrieb nun die totale Paganisierung Jerusalems. Ein kaiserliches Dekret verbot allen Beschnittenen bei Todesstrafe das Betreten der Stadt. Juden war das Betreten des Tempelbezirks und großer Teile der Stadt somit offiziell untersagt. Das Verbot, als Jude in Jerusalem zu wohnen, bedeutete für die Stadt den Verlust ihrer vormaligen identitätstiftenden Bedeutung als zentraler Ort der Versammlung und des gemeinsamen religiösen Lebens.

Der Zerstörung des Jerusalemer Tempels wurde im Judentum bald an einem jährlichen Tag der Trauer gedacht, dessen feierliche Begehung – späterhin am 9. Av (s. u. S. 189 f.) – das bedrohte Gemeinschaftsgefühl immer wieder stärkte, Juden in allen Ländern verband und solidarisierte.

Unter den Nachfolgern Hadrians entspannte sich die Lage wieder. In der *Institutio Antoniniana* gewährte Kaiser Caracalla (198–217) fast allen Provinzbewohnern, und damit auch allen Juden in Palästina, die römischen Bürgerrechte und Bürgerpflichten (212). Sie durften nun gleichberechtigt im römischen

Militär dienen, mussten aber auch – mitunter kostspielige – kommunale Verwaltungsposten bekleiden. Die ersten jüdischen Jerusalempilger kehrten im dritten Jahrhundert in die verwüstete Stadt zurück.

Nach dem Zusammenbruch des Widerstandes gegen die Römer und der Tempelzerstörung im Jahre 70, endgültig nach dem Bar-Kochba-Aufstand in den Jahren 132–135, war jedoch *Galiläa* zum Kernland des palästinischen Judentums geworden. Die prekären Lebensbedingungen im zeitgenössischen Judäa, dessen agrikulturelle Infrastruktur weitgehend zerstört worden war und wo von den Römern zahlreiche Veteranen, Syrer und Araber angesiedelt wurden, kommen allein darin zum Ausdruck, dass nach 135 zahlreiche jüdische Ortschaften Judäas überhaupt nicht mehr erwähnt werden. Es kam zu einer starken Abwanderung der überlebenden jüdischen Bevölkerung in die Länder der *Diaspora*, vor allem in das benachbarte Syrien und nach Babylonien. Manche folgten den römischen Legionen oder kamen auf den Fernhandelsstraßen des Imperium Romanum bis an die Ränder des römischen Reichs.

Das jüdische Leben in Judäa, dem vormaligen geistigen und wirtschaftlichen Zentrum des Judentums, war im zweiten Jahrhundert nahezu erloschen. In Galiläa hingegen, dem nördlichen Teil der römischen Provinz *Syria Palaestina*, existierten zu dieser Zeit nicht nur mit Sepphoris und Tiberias zwei mehrheitlich von Juden bewohnte Städte, sondern auch eine sesshafte jüdische Landbevölkerung. Dieses galiläische Judentum war zahlenmäßig zwar relativ klein, aber im zweiten Jahrhundert fraglos der bestimmende Faktor im palästinischen Judentum.

Als Ansprechpartner Roms boten sich in dieser Zeit die rabbinischen Schülerkreise an, um die Verwaltung der problematischen Provinz zu organisieren und zu erleichtern. Die Gelehrten in *Uscha* boten aus der Perspektive Roms das Modell eines durchschaubar organisierten jüdischen Gemeinwesens ohne Tempel und ohne bedrohliche politische Ambitionen. Nach 138 erreicht das *Patriarchat* sukzessive die Stellung eines offiziellen Repräsentanten der gesamten Judenschaft im römischen Reich. Die Stellung des Patriarchen als Vertreter der eingeschränkt autonomen jüdischen Volksgruppe in Palästina entsprach rechtlich der Stellung eines Vasallenkönigs. Nahezu drei Jahrhunderte sicherte das Patriarchat den Frieden im Land und verhinderte Aufstände gegen Rom. Zu Beginn des 5. Jahrhunderts erlosch das Amt des Patriarchen für immer.

Nach dem Bar-Kochba-Aufstand trat Rabbi Schimon ben Gamliel als Patriarch bzw. »Nasi« (»Fürst«) an die Spitze des Rabbinats. Er erfuhr nicht nur breite Anerkennung im jüdischen Volk, sondern auch Akzeptanz durch die römischen Behörden. Der in Uscha, später in Bet Schearim, in Sepphoris und schließlich in Tiberias residierende Patriarch war für Rom der Garant für das Wohlverhalten der Juden (Religionsfreiheit wurde im römischen Reich durch Privilegrecht geregelt). Gegen Ende des zweiten Jahrhunderts wurde der Führer der rabbinischen Bewegung, Rabbi Jehuda ha-Nasi, dem auch die abschließende Redaktion der *Mischna* (s. u. S. 113–116) zugeschrieben wird, von den Römern als Vertreter aller Juden Palästinas anerkannt. Das Patriarchat wurde im dritten Jahrhundert erblich.

Während der Herrschaft Konstantins I. (306–337/325) begann die zunehmende Bedrückung des Judentums unter dem Einfluss der Erhebung des Christentums zur staatlich privilegierten Religion. Das *Edikt von Mailand* (313) erlaubte die Ausübung der christlichen Religion im Reich. Konstantin II. (337–340) verbot 339 Juden das Halten nichtjüdischer Sklaven. Bekehrte ein Sklave sich zum Christentum, musste er von seinem jüdischen Herrn freigelassen werden. Das negative christliche Judenbild wurde nun zur allgemeinen Maxime. Die Ausübung der jüdischen Religion blieb zwar weiterhin erlaubt, wurde aber abhängig von der »wohlwollenden« Duldung durch die christlichen Herrscher. Damit endete die lange Tradition der Toleranz Roms gegenüber fremden Religionen und Kulten.

Mit dem Beginn der christlichen Bautätigkeit in Jerusalem scheint das alte Dekret, das Juden den Zutritt zur Stadt untersagte, wieder verschärft worden zu sein. Jüdische Pilger durften fortan nur noch an einem bestimmten Tag im Jahr auf dem Tempelplatz öffentlich trauern. Grund dieses Zugeständnisses war nicht die Anteilnahme der christlichen Machthaber an ihrem Geschick, sondern die demütigende Demonstration ihrer Verworfenheit (vgl. Mk 13,1ff.). Es wird berichtet, dass die jüdischen Besucher der Stadt den römischen Wachen Geld zahlen mussten, um auf dem Tempelplatz Tränen über die Zerstörung des Heiligtums vergießen zu dürfen.

Um 351 führten Aufstände gegen den römischen Statthalter Gallus zur Verwüstung zahlreicher jüdischer Siedlungen in Palästina. Der Lehrbetrieb in den rabbinischen Schulen (»*Jeschiwot*«) verlagerte sich nun in die jüdischen Zentren Babyloniens, wo das Christentum nicht Fuß gefasst hatte (s. u. S. 42). Im Jahre 362 unternahm der christliche Kaiser Julian I. »Apostata« (361–363) einen Versuch, das Jerusalemer Heiligtum wieder aufzubauen, doch tat er dies nicht aus Zuneigung zum Judentum, sondern allein aus machtpolitischen Erwägungen. Der Bau verzögerte sich jedoch durch einen Brand oder ein Erdbeben und wurde bald nach Julians überraschendem Tod eingestellt. Nachdem Jerusalem Teil des oströmischen Reiches geworden war, setzte sich die judenfeindliche Haltung der Kaiser fort. Theodosius II. (401–450) verbot 417 und 423 Eheschließungen von Juden mit Nichtjuden und untersagte die jüdische Mission. Die *Judengesetzgebung* Justinians I. (527–565) bedeutete weitere gravierende Eingriffe in die Religionsausübung sowie in die bürgerlichen Rechte und Schutzrechte der Juden. Unter anderem erließ er Verbote hinsichtlich des Gebrauchs der hebräischen heiligen Schriften in den Synagogen.

Spätestens im 5. Jahrhundert gab es in Palästina mehr Christen als Juden. Folgt man den spätantiken christlichen Quellen, gewinnt man den Eindruck, dass im christlich-byzantinischen Jerusalem überhaupt keine Juden mehr lebten. Diese (theologisch begründete) Behauptung eines enormen Schrumpfens des jüdischen Bevölkerungsanteils entspricht jedoch nicht dem archäologischen Befund. Zwar zeigt die Mosaikkarte der Kirche von Madaba im Ostjordanland, die das byzantinische Jerusalem unter Justinian I. (527–565) darstellt, kein einziges jüdisches Bauwerk in der Stadt, die bereits 451 durch das Konzil von Chalcedon zum Bischofssitz erhoben worden war, aber das palästinische Judentum im 5. und 6. Jahrhundert blieb, obgleich in seiner Entfaltung eingeschränkt, in demographischer und wirtschaftlicher Hinsicht stabil.

Ägypten

Bereits seit dem 6. Jahrhundert v. Chr. ließen sich jüdische Flüchtlinge und freigelassene Sklaven in Ägypten nieder, so z. B. in Leontopolis, Oxyrrhynchos, Theben, Arsinoë und auch auf der Nilinsel Elephantine, einer Garnison an der Südgrenze des Landes. Der Perserkönig Kambyses II. (gest. 522 v. Chr.) unterwarf diese große jüdische Diasporagemeinde im Jahre 525 v. Chr. der Kontrolle durch das persische Großreich. Die knapp zwei Jahrhunderte später von Alexander dem Großen nach seinem Sieg über den Perserkönig Darius III. (333 v. Chr.) initiierte hellenistische Kolonisation seines Herrschaftsbereichs zog auch viele Juden als Siedler in die von ihm gegründeten Städte im Kernland Ägyptens, insbesondere nach *Alexandria*. Dabei wurden Privilegien, die ihnen als Religionsgemeinschaft in Judäa zustanden, auch auf die jüdischen Diasporagemeinden übertragen. Seit dem dritten Jahrhundert v. Chr. begünstigte die enge Anbindung Coilesyriens an das *Ptolemäerreich* den regen kulturellen Austausch zwischen der ägyptischen Diaspora und dem *Tempelstaat* Jerusalem.

In Alexandria lebte bald nach der Gründung der hellenistischen Metropole im Jahre 331 v. Chr. die größte und einflussreichste jüdische Gemeinschaft außerhalb des Mutterlandes. Gegen Ende der ptolemäischen Epoche waren zwei der fünf Stadtbezirke Alexandrias mehrheitlich von Juden bewohnt; die Zahl der jüdischen Bewohner der Großstadt belief sich auf ca. 300.000 (Jerusalem hatte dagegen gegen Mitte des ersten Jahrhunderts höchstens 100.000 Einwohner). Die im Jahre 115 zerstörte monumentale alexandrinische Hauptsynagoge galt als das nach dem Jerusalemer Tempel größte religiöse Bauwerk des antiken Judentums. Eingebunden in das Verwaltungssystem der ägyptischen Ptolemäer, waren die ägyptischen Juden mit bestimmten *Selbstverwaltungsrechten* (Versammlungsfreiheit, Regulierung interner Vertragsangelegenheiten und Streitfälle) ausgestattet. Damit waren sie zwar in ihren inneren Angelegenheiten weitgehend autark und gegenüber der unterworfenen einheimischen Bevölkerung sozial privilegiert, jedoch nicht der griechisch-makedonischen städtischen Oberschicht gleichberechtigt. Die Juden im ptolemäischen Alexandria zählten bis auf wenige Ausnahmen nicht zu den *Vollbürgern* der Stadt.

Die *Toragebote* galten auch für das hellenisierte alexandrinische Diasporajudentum als verbindliche Lebensnorm. Ihre Erfüllung war Ausdruck des eigenen Erwählungsbewusstseins und zugleich Unterscheidungsmerkmal von der paganen Umwelt. Diese betonte Toraorientierung ermöglichte den ägyptischen Juden die Wahrung der eigenen Gruppenidentität trotz aller Akkulturation im Alltag, trotz der latenten Aggression seitens der minderprivilegierten einheimischen Bevölkerung und trotz des latenten Assimilationsdrucks und der Konformitätserwartungen der hellenistischen Eliten. Mit der »*Septuaginta*« (»Siebzig«), der angeblich von siebzig bzw. zweiundsiebzig jüdischen Gelehrten auf der Alexandria vorgelagerten Insel Pharos verfertigten Übersetzung der Tora ins Griechische, der Alltags- und Verkehrssprache des alexandrinischen Diasporajudentums, wurde die Aufwertung der identitätstiftenden schriftlichen Basis seiner Selbstverwaltung und der Bewusstwerdung des kollektiven Selbstbildes in seinem Verhältnis nach außen entscheidend vorangetrieben.

Mit der römischen Eroberung Ägyptens im Jahre 30 v. Chr. wurde Alexandria zur zweitgrößten Stadt im Imperium Romanum. Die von den Römern angestrebte Verständigung mit der griechisch-makedonischen Oberschicht Ägyptens brachte für das ägyptische Judentum eine Verschlechterung seiner rechtlichen und politischen Situation mit sich. Garant der Sicherheit des jüdischen *Politeumas* war nun allein die römische Ordnungsmacht, die ihrerseits den griechischen Bürgern wichtige Privilegien wie die Aufstellung eines eigenen Stadtrates versagte. In den folgenden Jahrzehnten nahmen die Spannungen zwischen Teilen des hellenistischen Polisbürgertums und dem jüdischen Ethnos immer mehr zu.

Die strittige Frage nach der gesellschaftlichen Position des ägyptischen Judentums ist der wesentliche Grund für die blutigen antijüdischen Tumulte in Alexandria im Jahre 38. *Flaccus*, der römische Statthalter von Ägypten, ging auf die Forderungen der Judenfeinde ein, sprach allen Juden Alexandrias das Bürgerrecht ab und erklärte sie fortan zu Fremden und Ausländern. In den Synagogen der Stadt befahl er Kaiserstatuen aufzustellen.

Er ließ ein Ghetto errichten und ergriff keine Maßnahmen gegen die brutale Verfolgung der alexandrinischen Juden durch den entfesselten Mob.

Unter seinem Nachfolger Pollio scheint es keine weiteren Judenverfolgungen mehr gegeben zu haben. Doch die Streitigkeiten zwischen der nichtjüdischen Majorität und den Juden in Alexandria dauerten an. Kaiser Claudius (41–54) erließ unmittelbar nach seinem Herrschaftsantritt im Jahre 41 ein Edikt, durch das den alexandrinischen Juden zwar alle ihre früheren Privilegien erneut verbürgt wurden, durch das aber die Verbesserung ihres politischen Status eine kategorische Ablehnung erfuhr.

Kurz nach dem Ausbruch des jüdischen Krieges im Jahre 66 eskalierte der schwelende Konflikt zwischen Juden und Griechen in Alexandria erneut. Beide Parteien nutzten die vermeintliche Ablenkung bzw. Schwächung der Römer in Alexandria durch den Ausbruch des Aufstandes in Judäa, um alte Rechnungen mit ihren Gegnern zu begleichen. Der römische Präfekt Tiberius Julius Alexander versuchte zunächst vergeblich, den Konflikt durch Verhandlungen zu beenden, und setzte schließlich die beiden in Alexandria stationierten Legionen ein, um die Stadt gewaltsam zu befrieden. Nach dem Abzug der römischen Truppen wütete der alexandrinische Mob weiter und zwang viele Überlebende dazu, die Stadt zu verlassen.

Die Auswirkungen der Einnahme Jerusalems und der Zerstörung des Jerusalemer Tempels durch Titus im Jahre 70 waren auch in Ägypten zu spüren. Die von den ägyptischen Juden alljährlich entrichtete *Schekelsteuer* (vgl. Ex 30,11–16; Neh 10,33), die für den Unterhalt des Jerusalemer Tempels bestimmt war, wurde von den Römern in eine an den Tempel des Jupiter Capitolinus in Rom zu entrichtende jährliche Kopfsteuer, den *Fiscus Iudaicus*, umgewandelt. Zugleich kamen mit den Flüchtlingen und Kriegsgefangenen aus Judäa auch Gruppen von jüdischen Eiferern nach Ägypten und verbreiteten hier ihre militant-apokalyptische Ideologie. Dafür, dass Rom den zelotischen Einfluss in der Provinz Aegyptus als Sicherheitsrisiko betrachtete, spricht die Schließung des jüdischen Tempels in Leontopolis. Kaiser Vespasian (69–79) schien zu fürchten, dass sich hier eine neue jüdische Aufstandsbewegung formieren könnte.

Im Jahre 113 eskalierten die Spannungen zwischen dem jüdischen Ethnos und den hellenistischen Polisbürgern, deren Verhältnis von tiefsten gegenseitigen Ressentiments gekennzeichnet war, von neuem. Neben den bestehenden Konflikt, der seine Wurzeln in der speziellen Situation der Stadt hatte, traten nun auch jüdische Hoffnungen auf eine baldige radikale Umgestaltung der Welt durch Gottes Eingreifen. Fanatisierte ägyptische Juden begannen einen Vernichtungskrieg mit dem Ziel der Eroberung, zumindest der Zerstörung der nichtjüdischen Territorien. Ebenso wie in anderen westlichen Reichsteilen, der Kyrenaika, in Mesopotamien und auf Zypern, kam es in ganz Ägypten zu jüdischen Terroraktionen gegen öffentliche Einrichtungen und Tempel.

Die Unruhen in Ägypten drohten die Versorgung der römischen Legionen mit Getreide zu gefährden. Kaiser Trajan beauftragte den Flottenbefehlshaber und Feldherrn Marcius Turbo damit, die Aufstände möglichst rasch niederzuschlagen; im Sommer des Jahres 116 gelang es ihm, die Ordnung im Westen wiederherzustellen. Die von den Römern entwaffneten ägyptischen Juden wurden nun ihrerseits verfolgt. Griechen und Ägypter rächten sich an der jüdischen Bevölkerungsgruppe Ägyptens, die sie unterschiedslos für die Auseinandersetzungen verantwortlich machten.

Das einstmals blühende ägyptische Judentum, dessen Hauptcharakterzug in der tiefgreifenden und fruchtbaren Symbiose von biblischer und hellenistischer Kultur bestand, erholte sich nie wieder von dieser Katastrophe. Die eigenständige kulturelle und religiöse hellenistisch-jüdische Tradition aufrechtzuerhalten und weiterzuführen, war den ägyptischen Juden fortan nur noch in sehr begrenztem Umfang möglich. Die Rabbinen (s. u. S. 109–111) griffen die hellenistisch-jüdischen Traditionen nicht auf und führten sie nicht weiter. Erst gegen Ende des zweiten Jahrhunderts ist wieder die Existenz vereinzelter jüdischer Ansiedlungen in Ägypten epigraphisch oder papyrologisch belegt.

MITTELALTER

Palästina

Nachdem der Sassanidenkönig Chosrau II. (588–628) nach seinem siegreichen Vormarsch durch Kleinasien und Syrien im Jahre 614 Jerusalem erobert hatte, übergab er die Stadt zunächst den hier lebenden Juden. Man vertrieb die verhassten Unterdrücker und übernahm ihre Kirchen. Nur drei Jahre später arrangierten sich die Perser jedoch mit der noch immer mehrheitlich christlichen Stadtbevölkerung und setzten die jüdischen Führer wieder ab. Als der byzantinische Kaiser Herakleios (610–641) Jerusalem schließlich zurückeroberte (628), rächte er sich an den Verrätern, indem er sie vertreiben ließ und das alte Dekret Hadrians (s. o. S. 30) erneuerte.

Nach den Verfolgungen der byzantinischen Zeit wurde die nach langer Belagerung der Stadt erfolgte Einnahme Jerusalems durch die *Araber* im Jahre 638 von den wenigen in der Stadt verbliebenen Juden als Befreiung gefeiert. Zwar hatte Sophronius, der Patriarch von Jerusalem, bis zuletzt versucht, in seinen Kapitulationsbedingungen das Wohnen von Juden in der heiligen Stadt zu verhindern, doch setzte sich der siegreiche Kalif Omar I. (634–644) bald darüber hinweg. Der milde Herrscher gestattete 70 jüdischen Familien, sich in einem eigenen Wohnviertel südwestlich vom Tempelberg niederzulassen. Nicht wenige von ihnen traten in den folgenden Jahrzehnten zum Islam über, zumal dies geringere theologische Entscheidungen erforderte als der Übertritt zum Christentum.

Unter dem Kalifat der *Omajaden* in Damaskus (661–750) und der *Abbasiden* in Bagdad (750–969) begannen die jüdischen Gemeinden in Palästina langsam wieder zu wachsen. Bedeutende Rabbinen kamen mit ihren Schülerkreisen aus Tiberias und setzten ihren Lehrbetrieb in Jerusalem, das die Araber »*Al-Quds*«

(»die heilige [Stadt]«) nennen, fort. Seit dem 9. Jahrhundert siedelten sich hier auch Angehörige der *Karäer* (von hebr. »kara« = »lesen«) an, einer von dem babylonisch-jüdischen Gelehrten Anan ben David im 8. Jahrhundert gegründeten asketischen jüdischen Bewegung, die die rabbinische Tradition ablehnte und sich in ihrer Lehre allein auf die Bibel stützte. Der Name der Bewegung reflektiert die hohe Bedeutung, die sie den heiligen Schriften beimaßen. Bedeutende karäische Gelehrte gingen in den folgenden Jahrhunderten aus Jerusalem hervor.

Im Mittelalter lebte der größere Teil des Judentums im islamischen Herrschaftsbereich. Der sogenannte *»Omar-Vertrag«* (Anfang 8. Jahrhundert) setzte den begrenzten rechtlichen Status dieser jüdischen Minorität unter dem Islam fest. Die jüdische Minderheit war abhängig vom Wohlwollen der muslimischen Herrscher bzw. der Mehrheitsgesellschaft und übernahm – wie alle vom Islam unterworfenen Völker – die Sprache ihrer Eroberer, musste eine besondere Kopfsteuer zahlen und war zu Einschränkungen in der Lebensführung gezwungen, die die Überlegenheit des Islams zum Ausdruck bringen sollten. Weder war es ihnen gestattet, Waffen zu tragen oder Siegelringe zu besitzen, noch Muslime zu beerben, muslimische Frauen zu heiraten oder muslimische Sklaven zu halten. Sie durften keine neuen Synagogen bauen, keine Mission treiben und keine staatlichen Ämter bekleiden. Sie mussten besondere Steuern zahlen und unter manchen Herrschern Signalkleidung tragen. Allein ihre körperliche Unversehrtheit, ihr Recht auf persönlichen Besitz und die innere Autonomie ihrer Gemeinden wurden ihnen garantiert.

Mit dem Verfall des Kalifats und der hierdurch ausgelösten politischen und wirtschaftlichen Unsicherheit in Palästina begann ein stetiger Zustrom verarmter jüdischer Bauern nach der Stadt Jerusalem. Mit der *Landflucht* ging eine Neuorientierung des jüdischen Erwerbslebens einher. Hatten zuvor die meisten Juden von der Landwirtschaft gelebt, so wandten sich die Zugezogenen nun dem Handwerk und dem Handel zu, um zu überleben. Im 10. Jahrhundert finden wir in Jerusalem Juden in 250 verschiedenen Handwerken. Auch das religiöse Leben in den jüdischen Gemeinden hatte sich differenziert. Im 11. Jahrhundert lebten in Palästina sowohl rabbanitische Gemeinden als auch *Samaritaner* (s. o. S. 18 f.) und *Karäer* (s. o.).

Der muslimische Geograph Mukaddasi (967–985) schilderte
in seinem Reisebericht die beklagenswerten Zustände in der
arabischen Provinzstadt Jerusalem: »*Der Vergewaltigte findet keinen Helfer, der Vornehme ist in Sorgen und der Reiche beneidet. Der
Rechtsgelehrte ist verlassen, der Sprachkundige wird nicht besucht;
keine Forschungssitzung wird gehalten, kein Lehramt betrieben,
Christen und Juden haben die Oberhand und die Moscheen bleiben
ohne gottesdienstliche und gelehrte Versammlungen.*«Wahrscheinlich
richtete sich diese ausführliche Klage eher gegen die vom Autor
befürchtete Verwässerung der muslimischen Lebensführung als
gegen eine nichtmuslimische Vorherrschaft im wirtschaftlichen
und kulturellen Leben. Tatsächlich lebten die meisten jüdischen
Bewohner des mittelalterlichen Palästina in großer Armut, zumal sie die zahlreichen *Pilger*, die aus aller Welt in die Heilige
Stadt kamen, versorgen mussten und selbst auf die finanzielle
Unterstützung reicher Gemeinden im Ausland (z. B. in Ägypten) angewiesen waren. Dennoch ließ der Fatimidenkalif Al-Ha-
kim (996–1021) im Jahre 1009 viele Kirchen und Synagogen im
Heiligen Land zerstören.

Im Jahre 1099 fiel Jerusalem in die Hände der *Kreuzfahrer*
(s. u. S. 55 f.). Diese richteten unter den Juden, die an der Verteidigung der Stadt beteiligt waren, ein Blutbad an, trieben sie
in der Hauptsynagoge zusammen und steckten das Gebäude
in Brand. Wer nicht getötet wurde, floh oder wurde vertrieben.
Viele alte jüdische Grabdenkmäler verbauten die christlichen
Eroberer in den von ihnen errichteten Kirchen. Die Kreuzfahrer
erneuerten das Niederlassungsverbot im christlichen Königreich
Jerusalem. Im 12. Jahrhundert wurde den wenigen Jerusalemer
Juden, die in der Stadt geblieben waren, wieder Wohnrecht und
beschränkte Gewerbefreiheit eingeräumt. Jedoch mussten sie
hohe Steuern zahlen und durften keinen Grund- oder Immobi-
lienbesitz erwerben. Der jüdische Reisende Benjamin bar Jona
aus der nordspanischen Stadt Tudela traf im Jahre 1168 in Palästina ein und berichtete aus Jerusalem: »*Es ist eine kleine, mit
drei Stadtmauern stark befestigte Stadt. In ihr leben viele Menschen;
die Muslime nennen sie Jakobiten, Aramäer, Griechen, Georgier und
Franken. Leute aller Sprachen trifft man dort. In der Stadt gibt es eine
Färberei, für die die Juden jedes Jahr von neuem beim König den Kauf-
preis bezahlen müssen, damit sich in Jerusalem niemand anderes mit*

Färberei befasst als die Juden allein. Es sind ihrer etwa zweihundert.
Die Juden wohnen um den Davidsturm in einem Winkel der Stadt.«

Nach der Vertreibung der Kreuzfahrer durch Saladin (1175–1193) im Jahre 1187 siedelten sich unter der Förderung der muslimischen Herrscher allmählich wieder Juden in Jerusalem an. Zu Beginn des 13. Jahrhunderts existierten wieder größere jüdische Gemeinden in Palästina. Zahlreiche jüdische Zuwanderer kamen aus Nordafrika und Spanien, manche sogar aus Frankreich und England. Im Jahre 1260 fielen die *Mongolen* in das Land ein und verwüsteten es. Erneut flohen die überlebenden Juden aus den Trümmern Jerusalems in die umliegenden Gebiete. Im 14. Jahrhundert hatte sich die Situation abermals entspannt. Ein jüdischer Reisender berichtet im Jahre 1333 von einer »multiethnischen« Synagogengemeinde in Jerusalem, der viele Einwanderer, darunter Handwerker, Kleinhändler und auch einige Gelehrte, angehörten. Als der Sultan von Ägypten im Jahre 1440 der armen Gemeinde Jerusalems hohe Sondersteuern auferlegte und die alteingesessenen arabischen Juden damit beauftragte, diese Steuern einzutreiben, wälzten diese den Hauptteil der Lasten auf die Einwanderer ab, und die Gemeinde drohte sich zu entzweien. Erst dem bedeutenden Gelehrten Obadja ben Abraham Bertinoro (ca. 1450–1516) gelang es, als Rabbiner in Jerusalem die gespaltene Gemeinde zu konsolidieren.

Die östliche Diaspora

Unter der Herrschaft der *Parther* hatten die babylonischen Juden in weitgehender Autonomie in langen Perioden des Friedens gelebt, die jedoch immer wieder von Phasen der Unterdrückung und Verfolgung unterbrochen wurden. Ebenso wie die Juden in Palästina lebten sie nach dem Vordringen der muslimischen Araber fortan als »*Ahl al-Kitab*« (»Volk des Buches«) und als »*Dhimmis*«, d. h. als tolerierte und besteuerte »Beschützte« minderen Rechts. Die Dhimmis rangierten im öffentlichen Bewusstsein sozial niedriger. Auch die *Exilarchen* (s. o. S. 15) und Oberhäupter der rabbinischen Schulen (s. u. S. 109 f.), als deren bedeutendste die Akademien von Sura und Pumbedita – und später die Akademie von Bagdad – galten, mussten von den muslimischen Behörden approbiert werden. Im Jahre 849 verordnete der Kalif Mutawwakil (847–861) Signalkleidung für Juden und Christen in seinem Herrschaftsbereich, durch die sie sich von der muslimischen Bevölkerungsmehrheit unterscheiden sollten (s. u. S. 46).

Die rabbinischen Schulen Babyloniens hatten nach dem Niedergang der palästinischen Akademien seit dem 4. Jahrhundert ihre Machtstellung genutzt, um ihre Lehrtraditionen durchzusetzen. Im islamischen Babylonien galt die Autorität der jüdischen Exilarchen weiter. Die jüdischen Akademien, deren Oberhaupt und höchste Lehrautorität bis ins 11. Jahrhundert der »Gaon« (»Erhabenheit«) war, erlangten bald autoritative Geltung überall in der Diaspora. Der *babylonische Talmud* (s. u. S. 121–123) wurde zur Grundlage aller *halachischen* (s. u. S. 111 f.) Entwicklungen. Die babylonische Liturgie verdrängte ebenso wie die babylonische Texttradition der Bibel konkurrierende Überlieferungen. Die rabbinischen Gelehrten im frühmittelalterlichen Zweistromland genossen höchstes Ansehen in der gesamten Diaspora und verfassten immer wieder *Responsen* (s. u. S. 128–130) zur Beantwortung der zahlreichen rechtlichen Anfragen aus den Diasporagemeinden.

Ein bedeutendes Oberhaupt einer babylonischen rabbinischen Akademie war Saadja ben Josef Gaon (882–942). Das Schuloberhaupt von Sura gilt als der eigentliche Begründer der mittelalterlichen jüdischen Religionsphilosophie. Saadja Gaon verfasste arabische Übersetzungen und Kommentierungen biblischer Bücher, halachische und philosophische Schriften, ein hebräisches Wörterbuch, ein *Gebetbuch* (s. u. S. 200 f.) für Wochentage, Sabbate und Feste, das als das erste erhaltene jüdische Gebetbuch überhaupt gilt, zahlreiche synagogale Dichtungen sowie Streitschriften gegen die *Karäer* (s. o. S. 39).

Der Kulturkreis des babylonischen Judentums erstreckte sich bis in die Gebiete des heutigen Afghanistan und Zentralasien. Babylonische Juden zogen entlang der Seidenstraße bis in den fernen Osten, wo sie sich in *Kolonien* niederließen. Seit dem 7. Jahrhundert gelangten viele Juden aus Babylonien in die ebenfalls islamisch dominierten Länder Nordafrikas und nach dem Sieg der Mauren über die Westgoten (711) bis nach Spanien und in Teile Südfrankreichs. Mit dem *sefardischen* Judentum im Einflussbereich des Islams, das die Traditionen des babylonischen Judentums fortsetzte (vgl. Obd 20), und dem *aschkenasischen* Judentum in den Ländern nördlich der Alpen (Gen 10,3; Jer 51,27), in dem sich bald bedeutende Zentren jüdischer Gelehrsamkeit herausbildeten, entstanden zwei jüdische Strömungen mit jeweils eigenständiger religiöser Tradition und Kultur. Sefardische und aschkenasische Juden unterscheiden sich bis heute durch unterschiedliche halachische Traditionen und liturgische Formen, Gebete, Melodien und Aussprachetraditionen des Hebräischen. Die aschkenasische Tradition blieb vor allem in den osteuropäischen Gemeinden lebendig. Bedeutende sefardische Gemeinden gibt es heute vor allem in den U.S.A., Israel, Frankreich und England.

Mit dem Niedergang der rabbinischen Schulen Babyloniens im 11. Jahrhundert und dem gleichzeitigen Erstarken des Judentums im Westen Europas, auf der Iberischen Halbinsel, z. B. in Sevilla, Granada und Córdoba (s. u. S. 45 f.) oder in den Rheinstädten, z. B. Speyer, Worms und Mainz (s. u. S. 53), verlagerte sich auch die kulturelle Prägung der jüdischen Religion.

Die Chasaren

Dem von einer jüdischen Dynastie beherrschten Reich der *Chasaren* zwischen Wolga und Don kam zwischen dem 8. und dem 10. Jahrhundert eine wichtige Mittlerrolle zwischen den verschiedenen Kulturkreisen zu. Das ausgedehnte Chasarenreich entstand auf der Basis eines losen Zusammenschlusses halbnomadischer Turkstämme unter der Führung des *Khagans*, der als göttlich beauftragter Garant für das Wohlergehen seines Volkes zu sorgen hatte. Mit dem Zusammenschluss der Stämmeverbände ging die wachsende außenpolitische Bedeutung des Reiches und des chasarischen Söldnerheeres einher. Das Judentum fand zunächst allein Eingang in die schmale städtische Oberschicht, während in der Mehrheit der Bevölkerung die schamanistisch geprägten traditionellen Religionen dominant blieben. Grundlage der chasarischen Ökonomie war zwar die Landwirtschaft, aber auch dem Fernhandel,

---

insbesondere auf der Nordroute der Seidenstraße, kam eine große wirtschaftliche Bedeutung zu.

Die Oberschicht des Chasarenreiches favorisierte die jüdische Religion vor allem aus politischen Beweggründen, denn die Annahme des Christentums oder des Islams wäre einer Unterordnung unter eine der beiden benachbarten Mächte gleichgekommen. Vor allem machtpolitische Gründe waren auch für die sukzessive Verdrängung der nichtrabbinischen Strömungen innerhalb des chasarischen Judentums verantwortlich. Die Bedeutung des Judentums als Religion der Herrschenden im Chasarenreich begünstigte seine Ausbreitung. Jüdische Gemeinden entstanden und wuchsen nicht nur in den urbanen Zentren des Reiches, sondern auch entlang der Fernhandelswege. Sein fehlender innerer Zusammenhalt und die zunehmende äußere Bedrohung durch Byzanz und Islam, die ihre machtpolitischen Einflusssphären auszuweiten trachteten, führten schließlich zur Eroberung des Chasarenreiches durch eine Allianz unter der Führung des russischen Fürsten Swjatoslaw. Nach dem Vordringen der muslimischen Choresmier und dem erzwungenen Übertritt des Chasarenherrschers zum Islam war die Geschichte der jüdischen Dynastie auf dem Thron des Chasarenreiches an ihrem Ende angelangt.

Spanien und Südfrankreich

Als römische Bürger hatten sich zahlreiche Juden im Gebiet des heutigen Spaniens und Portugals angesiedelt. Überall auf der Iberischen Halbinsel entstanden seit der Antike jüdische Gemeinden. Die christlichen Herrscher waren zunächst relativ tolerant gegenüber ihren jüdischen Untertanen; Misshandlungen und Verfolgungen waren selten. Erst mit dem Übertritt des Westgotenkönigs Rekkared I. († 601) vom arianischen Christentum zur römischen Kirche (587) verschlechterte sich die Lage der Juden und es begannen Verfolgungsmaßnahmen gegen sie. Bereits zwei Jahre nach Rekkareds Übertritt wurde angeordnet, dass Juden in seinem Reich fortan keine christlichen Ehefrauen, Konkubinen oder Sklaven mehr haben durften. Unter

König Sisebut († 621), der um die Einheit seines Staatsvolkes auch in Glaubensfragen bemüht war, kam es im Jahre 613 zu zahlreichen *Zwangstaufen* und zur Vertreibung der nicht bekehrungswilligen Juden.

Nach der *arabischen Invasion* Südspaniens kamen viele Juden zusammen mit den maurischen Eroberern auf die Iberische Halbinsel, wobei sie nicht nur die babylonisch-jüdische religiöse Tradition, sondern auch die arabische Wissenschaft (z. B. Astronomie, Geographie, Mathematik, Medizin) und die griechische Philosophie (insbesondere Aristoteles) mitbrachten. Als unter einem »Schutzvertrag« (»*Dhimma*«) stehend (s. o. S. 41) wurden sie auch im islamischen Spanien toleriert, besaßen eine eigene Gerichtsbarkeit und genossen Religionsfreiheit. Jüdische Höflinge, die sogar reiten durften und keine Signalkleidung tragen mussten, begleiteten muslimische Herrschaftsträger. Gebildete Juden an den Höfen der Kalifen der maurischen Kleinstaaten Spaniens dienten den muslimischen Herrschern als Ärzte, spezialisierte Handwerker, Finanzberater, Gelehrte, Schriftsteller, Übersetzer, Sekretäre, Militärs oder Minister, um deren politische und wirtschaftliche Macht zu festigen und auszuweiten.

Unter maurischer Herrschaft begann das »goldene Zeitalter«, eine mehrere Jahrhunderte andauernde kulturelle Blütezeit für das Judentum des Westens. Spanien wurde rasch zu einem anerkannten Zentrum der jüdischen Gelehrsamkeit. Unter arabischem Einfluss wurden nun erstmals Aussprache, Grammatik und Vokabular der hebräischen Sprache in wissenschaftlicher Weise bearbeitet.

Die spanischen jüdischen Gemeinden strebten nach Unabhängigkeit von den gaonäischen Schulen Bagdads (s. o. S. 42) und nabelten sich allmählich von den ehemals dominierenden babylonischen Lehrautoritäten ab. In spanischen Städten entstanden eigenständige Zentren jüdischer Gelehrsamkeit und Kultur, lehrten bedeutende Rabbinen. Zwischen den jüdischen Gemeinden überall im Gebiet des ehemaligen Römischen Reichs und in der arabischen Welt bestanden starke Netzwerke in Gestalt grenzüberschreitender familiärer Beziehungen. Einige spanische Juden erlangten hohes Ansehen und politischen Einfluss durch die hierdurch erleichterte Anbahnung und Organisation von internationalen *Handelsbeziehungen*. Die allermeisten Angehörigen der jüdischen Gemeinden auf der Iberischen Halbinsel lebten jedoch als einfache Bauern oder Handwerker. Ein blühendes Kulturleben beschränkte sich auf die schmale jüdische Oberschicht.

Das Vordringen der radikalmuslimischen *Almohaden* aus Nordwestafrika und der anwachsende Druck durch die beginnende *Reconquista*, die christliche Rückeroberung Spaniens von Norden her, führten seit 1031 zum Niedergang des Kalifats von Córdoba. Viele Juden, unter ihnen die Familie des bedeutenden Philosophen Moses Maimonides (s. u. S. 134–137), flohen in die unter christlicher Herrschaft stehenden Territorien, wo sie zunächst aufgrund ihrer Sprachkenntnisse und ihrer Beziehungen zum islamisch dominierten Teil der Iberischen Halbinsel gebraucht wurden, um zwischen den beiden Machtbereichen zu vermitteln.

Während die spanischen Juden im christlichen Spanien zunächst noch geduldet wurden, nahm die Toleranz gegenüber Juden im islamischen Spanien nun ein jähes Ende. Im Jahre 1066 kam es in Granada, das in maurischem Besitz geblieben war, zu gewaltsamen Aktionen der muslimischen Bewohner der Stadt gegen die jüdische Bevölkerung. Die Überlebenden wurden aus dem Emirat von Granada vertrieben.

Im 13. Jahrhundert nahm der Druck auch im christlichen Teil des Landes zu. Die auf dem 4. *Laterankonzil* am 11. November 1215 verabschiedete Bestimmung, dass fortan alle Juden eine allgemein verbindliche besondere Tracht oder ein Abzeichen in Signalfarbe zu tragen hatten, durch die sie sich von der christlichen Bevölkerung unterscheiden sollten, wurde in Spanien prompt in die Tat umgesetzt. Im Jahre 1272 wurde erstmals in Spanien verboten, dass Juden unter Christen wohnen. Die verheerende *Pestepidemie* der Jahre 1348–1358 löste zahlreiche lokale Judenverfolgungen in dem Gebiet aus. Im Jahre 1391 kam es zunächst in Andalusien und Kastilien, dann auch in Aragón, Katalonien und auf den Balearen zu judenfeindlichen Ausschreitungen, Verfolgungen und Zwangstaufen. Viele Juden flohen wieder zurück in den islamischen Einflussbereich und nach Nordafrika; nicht wenige wanderten weiter bis in die Gebiete der heutigen Türkei und Griechenlands, wo sie ihre sefardischen Traditionen fortsetzen konnten.

In der Stadt Tortosa fand in den Jahren 1413 und 1414 eine *Zwangsdisputation* zwischen christlichen Magistern und Rabbinern aus dem Bereich der Krone Aragóns statt. Von den Christen festgelegte »Gesprächsthemen« waren u. a. der Vorwurf des jüdischen Wuchers und der Erweis der Messianität Jesu aus dem Talmud. Den beteiligten jüdischen Gelehrten wurde dabei keine gleichberechtigte Stellung oder gar die Möglichkeit zur Verteidigung ihrer Positionen zuerkannt. Im Anschluss an die Disputation wurden restriktive Maßnahmen gegenüber den jüdischen Gemeinden erlassen. Es kam zu zahlreichen *Konversionen* unter den verunsicherten spanischen Juden. Die unter Zwang Getauften erfuhren aber auch als Angehörige christlicher Gemeinden keine gesellschaftliche Anerkennung oder gar Gleichberechtigung. Als »*Marranen*« (»Schweinekerle«) blieben sie ausgestoßen und als angebliche »Geheimjuden« überdies der kirchlichen Inquisition verdächtig. Abtrünnigen Getauften drohte die Todesstrafe.

Als Vorabbildung einer zentralen Vorstellung des neuzeitlichen *Antisemitismus* (s. u. S. 85 f.) kann die während dieser Zeit entstandene und in Spanien bis in die Neuzeit hinein anzutreffende Behauptung gelten, das »*jüdische Blut*« auch eines getauften Konvertiten verbiete seine gesellschaftliche Gleichberechtigung und sei ein Grund, seinen sozialen Aufstieg zu verhindern. An Christen mit jüdischem Familienhintergrund wurden in Spanien jahrhundertelang keine Kirchenämter vergeben.

Im Jahre 1480 begann die *Inquisition* unter dem ehemaligen Beichtvater der Königin Isabella, Thomas de Torquemada (1420–1498), auch getaufte Juden zu verfolgen, die unter dem Verdacht standen, auch als Christen weiterhin heimlich ihrem alten Glauben anzuhängen. Drei Jahre darauf wurden die Juden aus Andalusien ausgewiesen. Im Jahre 1491 kam es zur öffentlichen Verbrennung von Marranen unter dem Vorwurf angeblicher *Hostienschändung* – man nahm an, dass die Juden die Hinrichtung Jesu an Hostien, die sie aus den Kirchen gestohlen hatten, symbolhaft wiederholten – und (besonders um die Osterzeit) des *Ritualmordes* an Christenkindern. Unmittelbar nachdem im Jahre 1492 die letzte maurische Bastion in christliche Hand gefallen und die Reconquista abgeschlossen war, erließ Ferdinand II. von Aragón am 30. März auf Vorschlag der spanischen Inquisition die Anordnung, dass jeder der ca. 200.000 spanischen Juden, die sich nicht taufen lassen wollten, Kastilien und Aragón unverzüglich zu verlassen hatten. Vier Jahre später erfolgte die *Vertreibung* der Juden auch aus Portugal. Hunderttausende Juden flohen von der Iberischen Halbinsel entweder in den islamisch dominierten Raum oder nach Norden, in die Niederlande, nach Flandern und Norddeutschland. Spanischstämmige sefardische Juden aus Amsterdam gehörten zu den ersten Siedlern in den holländischen Kolonien in der Neuen Welt.

Edikt über die Ausweisung der Juden

Da wir darüber in Kenntnis gesetzt wurden, dass es in unseren Königreichen einige schlechte Christen gibt, die sich dem Judentum zugewandt haben und von unserem heiligen katholischen Glauben abgefallen sind, wofür der Hauptgrund im Umgang von Juden mit Christen liegt, haben wir in den Cortés, die wir in der Stadt Toledo im Jahre 1480 abgehalten haben, angeordnet, dass sich die besagten Juden in allen Städten, Ortschaften und Plätzen unserer Königreiche und Gebiete in Judenvierteln und an eigenen Orten absondern müssen, wo sie leben und wohnen sollen, in der Hoffnung, dass diese ihre Absonderung dem Übel abhelfen werde. Weiter haben wir untersucht und Befehle erteilt, die Inquisition in unseren besagten Königreichen einzusetzen, was bekanntlich schon seit zwölf Jahren geschieht, wodurch viele schuldige Personen entdeckt wurden, wie allgemein wohl bekannt... und da uns von den Inquisitoren und vielen anderen weltlichen, religiösen und kirchlichen Personen mitgeteilt wurde, dass großer Schaden entstanden sei und immer noch entstehe, und es heißt, dass dieser anscheinend von der Teilnahme, Gesellschaft und dem weiteren Austausch herrührt, die sie mit Juden unterhielten und noch unterhalten, die sich anscheinend auf jede Art und Weise darum bemühen, unseren heiligen katholischen Glauben zu untergraben und gläubige Christen dazu veranlassen, sich davon zurückzuziehen und sich von ihm zu trennen und sie zu ihren schädlichen Meinungen und Glauben anziehen und pervertieren, indem sie sie in die Zeremonien und Bräuche ihrer Religion einführen und auch Zusammenkünfte abhalten, bei denen sie sie lehren, was sie gemäß ihrer Religion glauben und befolgen sollen... und obwohl wir von dem größten Teil dieser Tatsachen schon vorher Kenntnis hatten und wussten, dass all diese Kränkungen und Unannehmlichkeiten nur ein Unterbinden jeglichen Umgangs besagter Juden mit Christen und ihre Verbannung aus allen unseren Königreichen sichere Abhilfe schaffen kann, haben wir uns damit begnügt, ihnen zu befehlen, alle jene Städte, Ortschaften und Plätze in Andalusien zu verlassen, in denen sie augenscheinlich den größten Unfrieden angerichtet haben, in der Annahme, dass dieses ausreichen würde und dass jene in anderen Städten, Ortschaften und Plätzen aufhören würden, das gleiche zu tun und anzurichten.

Und da uns aber mitgeteilt wurde, dass weder dieses noch die Hinrichtung einiger der besagten Juden, die erwähnter Verbrechen und Vergehen gegen unseren heiligen katholischen Glauben für schuldig befunden wurden, ausreichten, um endgültig Abhilfe zu schaffen, damit eine derartige Schmähung und Beleidigung des katholischen Glaubens und der Religion vermieden und ihr Einhalt geboten wird, und da es sich erwiesen und gezeigt hat, dass die besagten Juden, wo immer sie leben und sich versammeln, täglich ihre bösen und schäd-lichen Absichten weiterverfolgen und verstärken, wir ihnen aber keine weitere Gelegenheit mehr bieten wollen, unseren heiligen katholischen Glauben zu beleidigen, sondern jene, die es Gott gefallen hat zu be-wahren, wie auch jene, die gefallen sind, sich aber gebessert haben und zu unserer heiligen Mutter Kirche zurückgekehrt sind, was wegen der Schwäche unserer menschlichen Natur und der teuflischen Versuchung, die ständig Krieg mit uns führt, leicht eintreten kann, es sei denn, die Hauptursache davon wird entfernt, was bedeutet, die besagten Juden aus unseren Königreichen auszuweisen.

Und so wie es recht ist, wenn von einigen Personen an einer Schule oder Universität ein ernstes, verachtenswertes Verbrechen begangen wird, man eine solche Schule oder Universität auflöst und vernichtet, wobei das Geringere für das Größere leidet und der eine für den ande-ren bestraft wird oder jene, die das Wohlergehen und rechte Leben der Städte und Ortschaften stören und durch Ansteckung andere verletzen, daraus ausgewiesen werden müssen. selbst wegen geringerer Ursachen, die dem Staat schädlich sind, um wieviel mehr gilt dieses dann für das größte, gefährlichste und ansteckendste Verbrechen, wie es dieses hier ist.

(1492)

Auch in der südfranzösischen *Provence,* einer der ersten und am stärksten romanisierten Regionen des Westens, waren Juden bereits seit der Spätantike ansässig. Schon Bischof Gregor von Tours (538–594) erwähnte die Anwesenheit einer größeren jüdischen Gemeinde in der Region. Vor allem innerhalb der südfranzösischen Städte bildeten sich nach und nach jüdische Ansiedlungen, deren geschlossenes Wohnumfeld das kommunale Leben und auch das Halten der Toragebote erleichterte. Im 12. und 13. Jahrhundert genossen die überwiegend in den östlichen Teilen der Region ansässigen Juden in der Provence zumeist obrigkeitlichen Schutz und eine bemerkenswerte Freiheit, wobei auch dem Erwerb von Grundstücken und Immobilien durch Juden zu ihrer Nutzung und zu ihrem Besitz keine Hindernisse in den Weg gelegt wurden. Erst die *Pest* machte dieser Blütezeit des südfranzösischen Judentums im 14. Jahrhundert ein Ende. Sie zog mit dem Untergang der ländlichen Gemeinden Südfrankreichs eine geographische Verengung des jüdischen Siedlungsraums und einen demographischen Niedergang nach sich.

Der Sozialverband der mittelalterlichen jüdischen *Gemeinden,* auch in Spanien und Südfrankreich, war zugleich Solidargemeinschaft und Kontrollinstanz; hier wurden Feste gefeiert und Gericht gehalten und hier fand die Sozialisation der jüdischen Kinder statt; jeder religiös volljährige Jude ging zweimal am Tag in die Synagoge zum gemeinschaftlichen Gebet (s. u. S. 202 f.). Eines der grundlegenden Prinzipien der *Autonomie* dieser jüdischen Gemeinden war das Recht ihrer Mitglieder, bestimmte interne Rechtsstreitigkeiten auf der Grundlage des Talmuds (s. u. S. 121–123) und der Tora (s. u. S. 93–96) zu klären und sich hier nur vor den eigenen Richtern (»Dajanim«) und Gerichten verantworten zu müssen. Seit dem Ende des 12. Jahrhunderts wurde dafür zunehmend die Einrichtung des rabbinischen Gerichts (»*Bet Din*«) genutzt. Dieses Gericht befand sich – ebenso wie andere jüdische Gemeindeeinrichtungen wie z. B. das Ritualbad (s. u. S. 211) oder die Schule – in einer größeren Siedlung zumeist in der engeren Umgebung der örtlichen Synagoge (s. u. S. 194 ff.).

Eine solche jüdische Gemeinde wurde von einem ernannten oder gewählten Gremium (»*Parnasim*«) unter der Führung eines Gemeindevorstehers (»*Rosch ha-Kahal*«) geleitet. Dieses Leitungsgremium sorgte für die rituellen, gesellschaftlichen und politischen Bedürfnisse ihrer Mitglieder und übte dabei zumeist eine strenge Sozialdisziplinierung aus. Wer sich seinen Anordnungen und Entscheidungen dauerhaft widersetzte, konnte dafür mit dem Ausschluss aus dem Gemeindeverband mitsamt seinen sozialen Sicherungssystemen bestraft werden. Die Gemeindeleitung ernannte und kontrollierte die verschiedenen Bediensteten; sie sorgte für den Friedhof (s. u. S. 170–173), die Synagoge, das Gericht, das Armenwesen und für andere Bedürfnisse der jüdischen Gemeinschaft. Sie sammelte auch die obrigkeitlichen Steuern ein, denn die jüdischen Gemeinden in der Provence waren einer einheitlichen Steuerpolitik durch die christliche Obrigkeit unterworfen, die sich an der Gesamtheit der geduldeten »ungläubigen« Untertanen orientierte. Da diese Steuererhebung gemeinschaftlich erfolgte, war nicht der einzelne Jude, sondern die Gesamtgemeinde bzw. ihr Leitungsgremium für ihr Aufkommen und ihre Ablieferung verantwortlich und haftbar.

Das Frankenreich und Deutschland

Wo in der Spätantike römische Garnisonen lagen, waren in der Regel auch Juden. Die ältesten Zeugnisse einer jüdischen Ansiedlung im rheinischen Raum reichen zurück in die Römerzeit. Zwei Dekrete Kaiser Konstantins aus den Jahren 321 und 331 belegen die Anwesenheit von Juden in der römischen Siedlung *Colonia Agrippina* (Köln), dem Sitz des Statthalters der Provinz Germania inferior. In den Edikten wurde angeordnet, dass die Juden nicht länger vom (kostspieligen) Amt des örtlichen Steuereinziehers befreit bleiben durften. Erste jüdische Gemeinden entstanden auch in anderen von den Römern gegründeten Städten an Rhein und Mosel. Entlang der großen Verkehrswege breitete sich das Judentum bald auch bis nach Frankreich und Flandern aus.

Nach dem 5. Jahrhundert versiegen die Quellen für eine dauerhafte Präsenz von Juden in Deutschland. Erst vier Jahrhunderte später entstanden hier wieder jüdische Ansiedlungen, und erst seit dem Ende des 10. Jahrhunderts ist ihr kontinuierlicher Bestand nachweisbar. Romanische Namen auf den ältesten Grabsteinen belegen, dass diese Immigranten aus Südeuropa kamen.

In den europäischen Nachfolgestaaten des Weströmischen Reiches war die Situation des zahlenmäßig unbedeutenden Judentums zunächst recht stabil; Zwangsmaßnahmen waren selten. Viele Stadtherren erhofften sich von der Ansiedlung jüdischer *Kaufleute*, die im *Fernhandel* mit Stoffen, Seide, Pelzen, Gewürzen, Medikamenten und Sklaven dominierten, einen wirtschaftlichen Aufschwung und höhere Steuereinnahmen. Unter den fränkischen Königen wurden immer wieder einzelnen Juden bzw. einzelnen jüdischen Gemeinden *Privilegien* zugestanden, jedoch nicht aus »Toleranz«, sondern nur, weil und wenn man sie brauchte. Auch in der Zeit Kaiser Karls des Großen (747–814) sah man in ihnen vor allem nützliche Förderer der Wirtschaft. Kaiser Ludwig der Fromme (778–840) erließ *Schutzzusicherungen* an einzelne prominente Juden, die den Privilegienträger dazu berechtigten, sich unmittelbar an die kaiserliche Gerichtsbarkeit zu wenden. Auch unter der Herrschaft der Ottonen und Salier blieb ihre Situation noch weitgehend stabil. Im 9. Jahrhundert lag der Sklavenhandel in Deutschland zumeist in jüdischen Händen. Es entstanden und wuchsen jüdische Niederlassungen entlang der bedeutenden Verkehrs- und Handelswege in den dünn besiedelten Norden und Osten Europas. Das gleichzeitige rasche allgemeine Bevölkerungswachstum in Deutschland und die einsetzende Wanderungsbewegung in die neu erschlossenen Gebiete des Ostens schlossen auch zahlreiche Juden mit ein. Im 11. Jahrhundert sind Juden in England und Polen erwähnt.

In den Nachfolgestaaten des Weströmischen Reiches blieb auch der christliche Druck auf das Judentum bestehen. Das Christentum, das sich selbst zum neuen Israel erklärt hatte, instrumentalisierte die traditionelle *Judenfeindschaft*, wie sie in der gehässigen Bezeichnung der Juden als »Christusmörder« zum Ausdruck kommt, in immer stärkerem Maße zur Selbstdefinition. Der zunehmende Einfluss der christlichen Religion auf alle Bevölkerungsschichten begünstigte eine anwachsende judenfeindliche Stimmung, zumal die vorwiegend agrarisch geprägte

Gesellschaft in den Gebieten des heutigen Deutschlands die Juden anfangs überwiegend als »fremde« Fernhändler wahrnahm, obwohl Juden auch Äcker und Weinberge bewirtschafteten, Mühlen oder Salinen betrieben. Die ersten judenfeindlichen Bestimmungen wurden erlassen. Bereits unter den Karolingern schrieben Gesetze fest, dass Juden während der Passions- und Osterzeit der Aufenthalt unter Christen verboten ist.

Lebten Anfang des 11. Jahrhunderts nur ca. 5000 Juden im Deutschen Reich, so waren es einhundert Jahre später bereits ca. 20.000. In den Bischofssitzen Mitteldeutschlands (Magdeburg, Merseburg) und vor allem in den alten Rheinstädten Speyer, Worms und Mainz (in der jüdischen Tradition oft nach ihren hebräischen Anfangsbuchstaben gemeinsam als »SchUM« bezeichnet) entwickelten sich bedeutende wirtschaftliche und intellektuelle Zentren des europäischen jüdischen Lebens. Wer eine fundierte Ausbildung in jüdischem Recht und halachischer Tradition wollte, begab sich – wie Rabbi Schelomo Jizchaki aus Troyes (»Raschi«; s. u. S. 130–133) – in eine dieser Rheinstädte, um hier zu studieren. Jüdische Zuwanderer kamen aus Italien und Spanien. In den Städten entstanden jüdische Wohnviertel, die allerdings anfangs weder baulich von den umliegenden Wohngebieten der Christen abgegrenzt noch rein jüdisch besiedelt waren. Die hier ansässigen Gemeinden hatten eigene Verwaltungen, interne Gerichtsbarkeiten (zumeist in den Händen des örtlichen Synagogenvorstehers) und eigene Vertretungen gegenüber der lokalen Stadtobrigkeit. Da keine übergeordnete und zentrale Leitungsinstanz existierte, waren die einzelnen jüdischen Gemeinden prinzipiell voneinander unabhängig. Die im mittelalterlichen Deutschland einsetzende jüdische Siedlungskonzentration erfolgte zunächst ohne Zwang von außen. Wenn um den jüdischen Wohnbezirk eine Mauer gezogen wurde, wie 1084 in Speyer, so geschah das zunächst zum Schutz der Juden. Mehrheitlich von Juden besiedelte Wohngebiete ermöglichten bzw. erleichterten den örtlichen Gemeinden die ungestörte Religionsausübung und schützten zugleich vor der *Assimilation* (»Anpassung«) an die nichtjüdische Umwelt. Ebenso wurde die Organisation des alltäglichen gemeinsamen kulturellen und sozialen Lebens erleichtert. Man errichtete Gemeinschaftseinrichtungen wie eigene Friedhöfe (s. u. S. 170–173) und Synagogen

(s. u. S. 194 ff.). Große jüdische Ortsgemeinden unterhielten sogar eigene Tanzhäuser und Hospitäler.

Die wenigen erhaltenen Relikte mittelalterlicher Synagogengebäude, die *Pogrome* (»Zerstörungen«) und Vertreibungen überstanden haben, bezeugen vor allem den äußeren Druck auf die jüdischen Gemeinden, sich auch hinsichtlich der architektonischen und bildhaften Ausgestaltung ihrer Synagogen der herrschenden christlichen Mehrheit anzupassen. Aufgrund dieses äußeren Drucks konnten sich innerhalb des Judentums bilderfeindliche Strömungen durchsetzen. Die *Bildlosigkeit* gewann nun Bedeutung als ein Mittel der Integration nach innen und der Abgrenzung nach außen. Juden innerhalb des christlichen Herrschaftsbereichs sahen innerhalb ihres örtlichen Lebensbereichs immer wieder christliche Monumente und christliche Bilder, die sie als Fremdkultstätten und damit als Problem oder als Ärgernis empfanden, ohne in irgendeiner Weise dagegen vorgehen zu können. Kunst und Architektur im öffentlichen Raum verkörperten durchweg christliche, d. h. fremde Spiritualität. Insbesondere die Funktion des Bildes in der zeitgenössischen christlichen Volksfrömmigkeit als Bibelersatz für Analphabeten und auch die hohe Bedeutung von Reliquien und Grabstätten für den Kirchenbau trugen dazu bei, dass die akzentuierte Bildlosigkeit im mittelalterlichen Judentum eine religionssoziologische Funktion für die Sicherung der überlebensnotwendigen Gruppenidentität einer machtlosen und bedrohten Minderheit bekam.

Die Erwerbsstruktur und die soziale Schichtung der Juden im mittelalterlichen Deutschland spiegeln die allgemeinen Verhältnisse dieser Zeit wider. Allein eine Konzentration auf Dienstleistungsberufe, Binnenhandel und Kleingewerbe ist festzustellen, bedingt durch die Weigerung der meisten Zünfte, Gilden und Korporationen, Juden aufzunehmen. Nur in bestimmten Handwerksberufen, die nicht zünftig organisiert waren (z. B. Glaser oder Goldschmied), konnten Juden auch für Christen arbeiten. Jüdische Händler, Trödler und Hausierer sorgten für den notwendigen Warenaustausch zwischen Stadt und Land, versorgten viele Bauern mit Gebrauchsgütern des täglichen Bedarfs und belieferten die städtischen Märkte mit landwirtschaftlichen Produkten und Waren. Die Verdrängung von Juden in das *Geld-*

und Pfandgeschäft (1215 hatte Papst Innozenz III. [1198–1216] ein an die Christen gerichtetes Verbot der Zinsnahme erlassen) bedeutete nicht nur für diejenigen, die diesem riskanten, aber wenig profitablen Gewerbe nachgingen, soziale Ausgrenzung und Anfeindung, sondern mündete bald auch in die allgemeine Formulierung böswilliger judenfeindlicher Stereotypen. Durch die Schuldentilgungserlasse Kaiser Wenzels (1378–1400) kam der jüdische Geldverleih fast vollständig zum Erliegen.

Angehörige der unter der Herrschaft der Karolinger aus dem italienischen Lucca nach Deutschland zugewanderten, weitverzweigten jüdischen Familie *Kalonymos*, die vor allem in Mainz und Speyer lebten, unter ihnen religiöse Dichter, Gelehrte und Gemeindevorsteher, prägten für mehrere Generationen das geistige Leben des Judentums am Rhein. Die Autorität des in Mainz wirkenden Gelehrten Rabbi Gerschom ben Jehuda aus Metz (ca. 960–1028) begründete die allgemeine Verbindlichkeit der ihm zugeschriebenen »*Takkanot*« (»Verordnungen«) für die Gemeinden. Unter seiner Führung wurde die rabbinische Schule in Mainz, wo 917 erstmals eine jüdische Gemeinde Erwähnung findet, zum allgemein anerkannten Zentrum des westlichen Judentums. Die auf den Zusammenkünften der Gelehrten der Rheinstädte beschlossenen Takkanot fanden breite Akzeptanz und Anerkennung, ohne dass es irgendeines Druckmittels hierfür bedurfte.

Im Jahre 1095 rief Papst Urban II. (1088–1099) auf der Synode von Clermont zum *Kreuzzug* in das Heilige Land auf. Für den Papst war der Kreuzzug nach Jerusalem zur Befreiung der heiligen Stätten aus der Hand der Muslime ein heiliger Krieg. Der Kreuzzugsaufruf wurde von nicht wenigen Kreuzfahrern und vor allem von den sich ihnen anschließenden Banden als willkommene Legitimation ihrer schwelenden Judenfeindschaft verstanden. Eine Woge blinden Hasses überrollte die jüdischen Gemeinden. Bereits zu Beginn des 1. Kreuzzugs (1096–1099) kam es im Jahre 1096 in verschiedenen Rheinstädten zu Tumulten und blutigen Gewaltaktionen gegen Juden. Die jüdischen Gemeinden litten schwer unter Ermordungen, Plünderungen, Schändungen und Zwangstaufen; viele Juden wählten angesichts der Ausweglosigkeit ihrer Lage für sich und ihre Familien den Märtyrertod. Mittelalterliche jüdische Dichter hielten die Gräuel der Verfolgung während der Kreuzzugszeit und den Heldenmut der jüdischen Glaubenszeugen in poetischen Dichtungen fest, die in der Liturgie des 9. Av (s. u. S. 189 f.) und des Jom ha-Kippurim (s. u. S. 177–179) bis heute weiterleben.

Wer gibt meinem Auge genügende Tränen
Zu beweinen die Morde, geübt an den Söhnen,
Den Alten, den Frauen, den Kindern, den Greisen
In meiner Gemeinde, der Stätte der Weisen? –

O beweint und bejammert, die gefallen durchs Schwert,
Das Israel, mein Volk, ohn' Erbarmen verheert.
So weine mein Auge, so klage mein Mund
Über die, die gefallen in schrecklicher Stund'
Zu Speyer am Rhein; im Ijar am achten
Da erfüllete sich der Boshaften Trachten:
Die Alten gemordet, die Jüngling' erschlagen,
Sie weihten ihr Leben, doch ohne zu klagen,
Dem einzigen Gott; in heldhaftem Mut
Vergossen für ihn sie ihr Heldenblut.

An diesen Kummer, an diesen Schmerz
Knüpft andern Jammer mein blutendes Herz,
Wenn ich der ferneren Bluttaten denke,
Im Geiste auf Worms meine Blicke hinlenke,
Die Stadt der Großen und Herzensreinen,
Wie sie sich hingaben dem Einzigeinen;
Im Ijar und Siwan ein sind da gedrungen
Ins Gotteshaus, da man das Hallel gesungen,
Die Mörder und metzelten alles nieder.
Darum ertönen die Klagelieder;
Sie seien ein Kranz, zum Gedächtnis gewunden,
Für die, welche starben in Liebe verbunden.

Auch die Großen von Mainz, der berühmten Gemeinde,
Erlagen dem Tode im heil'gen Vereine;
Sie, schneller als Adler und mut'ger denn Leu'n,
Sie standen bereit, sich dem Tode zu weihn.

Als wär' zerstört worden in diesen Tagen
Der heilige Tempel, so will ich klagen;
In Trümmern das Bethaus, verwüstet das Lehrhaus –
Wer kann wohl diesen Jammer ertragen? ...

Und da schwerer kein Geschick kann sein,
Will ich der Wecker des Schmerzrufs sein;
Will jammern, weinen und will klagen
Und überall den Schmerz hintragen;
Von morgens bis abends seien die Seufzer gehört
Über Israel, mein Volk, das vom Schwerte verheert.

KALONYMOS BEN JEHUDA, KLAGELIED AUF DIE MÄRTYRER ZU SPEYER,
WORMS UND MAINZ IM JAHRE 1096

Während der Zeit der Kreuzzüge entstand in den jüdischen
Zentren Europas eine elitäre esoterische Bewegung innerhalb
des europäischen Judentums, die durch ihr besonderes Streben nach persönlicher Gotteserfahrung charakterisiert wird.
Zu den lokalen Zentren dieser »Chasside aschkenas« (»Frommen
Deutschlands«) während des 12. und 13. Jahrhunderts wurden
das nördliche Frankreich, England und Deutschland, insbesondere Regensburg und die Rheinmetropolen Speyer, Worms und
Mainz. Ihre – auch durch Formen zeitgenössischer Mönchsidea-
le und christlicher Mystik beeinflusste – besondere Religiosität
war gekennzeichnet durch innige Torafrömmigkeit, asketische
Lebensführung und mystische Kontemplation; als Ideale galten
ihnen bußfertige Lebensführung, Gleichmut, Selbstlosigkeit und
Entsagung. Die Anhänger der Bewegung verfassten eine Reihe
spekulativ-esoterischer und ethischer Traktate. Als ein für die
Frömmigkeitsrichtung beispielhaftes und besonders einfluss-
reiches Werk gilt die Sammlung ethischer Lehrsätze und Bei-
spielerzählungen im »Sefer chassidim« (»Buch der Frommen«),
das dem von seinen jüdischen Zeitgenossen verehrten Wormser
Gelehrten Rabbi Jehuda ben Samuel he-Chassid aus Regensburg
(gest. 1217) zugeschrieben wurde. Einige Ideen und Begriffe des
aschkenasischen Chassidismus wurden später von der *Kabbala*
(s. u. S. 137–141) rezipiert.

57

Im Jahre 1097 durften die während der Überfälle auf die Gemeinden zwangsgetauften Juden mit Billigung Kaiser Heinrichs IV. (1084–1105) wieder ins Judentum zurückkehren. Dennoch hatte sich die wirtschaftliche, rechtliche und soziale Gesamtsituation der Juden in Deutschland nach der Zeit der Kreuzzüge erheblich verschlechtert. Mit dem zunehmenden Aufschwung der Reichsstädte nahmen christliche Kaufleute den Fernhandel – anfangs eine Domäne jüdischer Händler – in die eigene Hand und begannen, ihre unliebsamen Konkurrenten zu verdrängen. Die jüdischen Gemeinden zogen sich nach ihren traumatischen Verfolgungserfahrungen immer mehr von ihrer Umwelt zurück und führten zunehmend ein zurückgezogenes Leben, das jedoch seinerseits christliche böswillige Unterstellungen heimlicher christenfeindlicher Umtriebe, der Hostienschändung, der Brunnen- und Quellenvergiftung sowie des Ritualmords von Christenkindern provozierte. Gegenbeweise und Gutachten richteten gegen den – durch soziale Missgunst angefachten – Irrglauben nichts aus. Geständnisse wurden durch grausame Folter erpresst. Immer wieder kam es, vor allem in den Reichs- und landesherrlichen Städten Süddeutschlands, zu lokalen gewaltsamen Übergriffen, Ermordungen, Enteignungen und Vertreibungen von Juden.

Heinrich IV. nahm die Juden zwar im Landfrieden von 1104 offiziell in Schutz (der seit Friedrich I. Barbarossa [ca. 1122–1190] bei jeder Krönung von neuem von ihnen erkauft werden musste), führte aber für Speyer und Worms das Institut der »*Kammerknechtschaft*« ein. Im Jahre 1236 weitete Friedrich II. (1212–50) diese – den minderen Rechtsstatus der Juden definierende – Bestimmung auf das gesamte Reichsgebiet aus. Juden waren demnach als *servi camerae nostrae* (»Knechte unserer Kammer«), d. h. als privilegierte Schützlinge der kaiserlichen Finanzverwaltung unterworfen. Für die Juden wurde ein umfassendes Sonderrecht festgestellt. Dieses Sonderrecht gewährleistete ihnen zwar Handelsfreiheit, Befreiung von Zollabgaben und relative Sicherheit vor Verfolgungen. Fortan waren sie aber »Eigentum« des Kaisers. Er konnte nun nach Belieben über ihre Person und ihr Gut verfügen. Übergriffe gegen die Juden galten fortan als Übergriffe gegen die Finanzkammer der Krone und veranlassten die Vertreter der Reichsgewalt zum Einschreiten. Im Jahre

1241 wurde eine allgemeine Reichsjudensteuer erhoben, wie aus Steuerlisten der deutschen Städte hervorgeht. Zwar wurde den deutschen Juden weiterhin die freie Religionsausübung gestattet, aber sie mussten der Krone für ihren Schutz hohe Abgaben leisten. Diesen einträglichen »Schutz« der Juden konnten die Kaiser verpfänden, verleihen oder verkaufen.

Wir, Karl, von Gottes Gnaden Römischer König, zu allen Zeiten Mehrer des Reichs und König zu Böhmen, verkündigen öffentlich mit diesem Briefe allen denen, die ihn sehen, hören oder lesen: Wir sind durch offenkundige Not unser und des Reichs, die jetzo entstanden ist und schon eine Weile gewährt hat, durch Kriege und Zweiungen des Reichs in Schulden, Kosten, Bedrängnis und großen Schaden gekommen. Um diese zu beheben, dem Reiche zu Ehren und zu Nutze, sind wir übereingekommen mit den Schöffen, dem Rat und den Bürgern zu Frankfurt, unsern und des Reichs lieben Getreuen, dass sie angesehen haben unsere und des Reichs Ehre und Nutz. Und sind wir mit ihnen und sie mit uns übereingekommen und haben sie sich darum großen Schaden getan und haben uns und dem Reiche zu Nutz und Ehren und um den Schaden und die Schuld zu beheben, gereicht und bezahlt fünfzehntausend und zweihundert Pfund Heller guter Währung, die wir zu offenkundigem Nutzen und Not des Reiches, wie hievor geschrieben ist, verwendet haben. Für dieselbe Summe Geldes haben wir ihnen zu Pfande gesetzt und verpfändet unsere Juden insgesamt zu Frankfurt, unsere Kammerknechte, reich und arm, die jetzt da sind oder hernach dahinkommen mögen, samt und sonders, ihr Leib und Gut zu Frankfurt oder außerhalb derselben Stadt, in demselben Gebiet oder anderswo, wo es sei, liegende, schwimmende oder fahrende Habe, versucht und unversucht, auch bereite Habe, wie sie immer erdenklich oder nennbar sei, namentlich aber ihre Höfe, ihre Häuser, ihren Kirchhof, ihren Schulhof, ihr Eigen und ihr Erbe und was sie haben, innerhalb oder außerhalb der Stadt Frankfurt gelegen. Das soll alsolange gelten, bis dass wir oder unsere Nachkommen an dem Reiche die Juden von den Bürgern der Stadt Frankfurt oder von ihren Nachkommen wieder lösen mit fünfzehntausend und zweihundert Pfund Hellern guter Währung, und bis wir das Geld denen von Frankfurt gänzlich haben bezahlt und gewährt. Und sollen wir oder unsere Nachkommen an dem Reiche oder irgend jemand von unseretwegen an die Juden samt oder sonders darüber hinaus keine Forderungen richten oder Ansprü-

che, noch von ihnen fordern keinerlei Geld, keinerlei Dienst, keinerlei Steuer oder Forderung, was man davon erdenken möchte, ohne jeden Hinterhalt. Ausgenommen sei der Zins, den sie dem Stifte von Mainz und der Herrschaft von Eppstein seit langem bisher von des Reichs wegen entrichtet haben, und dass sie, wenn wir oder unsere Nachkommen an dem Reiche gen Frankfurt kommen, uns dann dienen sollen für unsere Kanzlei mit Pergament, für unseren Hof mit Betten, für unsere Küche mit Kesseln, wie es hergebracht ist. Sonst sollen weder wir noch unsere Nachkommen an dem Reich noch irgend jemand unseretwegen oder unserer Nachkommen wegen keinerlei Dienst von ihnen heischen, er sei klein oder groß, oder wie er sei, solange sie unsern und des Reichs Bürgern und der Stadt Frankfurt zu Pfande stehen, ausgenommen die Rechte unserer Amtleute. Und sagen auch wir dieselben Juden samt und sonders frei, ledig und los aller Dienste, aller Gefälle und aller Nutzen, damit sie uns und dem Reiche in diesen Zeiten, solange sie unsern und des Reichs Bürgern zu Frankfurt zu Pfande stehen, dienen könnten, und heißen und gebieten wir bei unsern und des Reichs Hulden denselben Juden samt und sonders, dass sie den Bürgern und der Stadt Frankfurt fortan aufwarten und dienen, wie hievor geschrieben steht, solange bis wir oder unsere Nachkommen an dem Reich sie von ihnen lösen ...

SCHREIBEN KÖNIG KARLS IV. (1316–1378)
AN DIE STADT FRANKFURT (1349)

Die Verfügung über die in dem jeweiligen Herrschaftsbereich lebenden Juden wurde zunehmend auf die geistlichen und weltlichen Territorialfürsten übertragen. Die Juden mussten fortan das – zeitlich prinzipiell begrenzte – Recht auf Anwesenheit von ihrem Landesherrn kaufen, dessen Willkür sie praktisch wehrlos ausgeliefert waren. Nur durch Geldzahlung wurden sie temporär in die Bürgerschaft aufgenommen – ein Privileg, das ihnen allerdings jederzeit wieder entzogen werden konnte. In der »*Goldenen Bulle*« von 1356, einem der wichtigsten »Grundgesetze« des Heiligen Römischen Reiches, ging das »*Judenregal*« an die sieben Kurfürsten über, die es ihrerseits weiterverkauften.

Die gesellschaftliche Isolation des deutschen Judentums nahm seit dem Hochmittelalter immer mehr zu; immer deutlicher wurden Juden an den Rand der Gesellschaft gedrängt. Das Verbot des 4. Laterankonzils (1215), Juden mit öffentlichen Ämtern zu betrauen, beraubte sie gesellschaftlicher Einflussmöglichkeiten. Landbesitz wurde ihnen verwehrt; ihre Handelsmöglichkeiten wurden eingeschränkt. Während des Interregnums (1254–1273) kam es in mehreren Reichsstädten zu Ausschreitungen gegen sie. In immer mehr Gemeinden brach das eigenständige Rechts- und Verwaltungssystem infolge des zermürbenden Drucks von außen zusammen. Nachdem eine Pestepidemie (»Schwarzer Tod«) in der Mitte des 14. Jahrhunderts die Bevölkerung stark dezimiert und ganze Landstriche nahezu entvölkert hatte, wurden an vielen Orten die Juden für die Schuldigen an der Heimsuchung erklärt; es kam zu Ermordungen durch den christlichen Mob und zu öffentlichen Verbrennungen von Juden. Viele der Überlebenden flohen aus ihrer Heimat. Viele Gemeinden erholten sich nie wieder. Immer mehr verlagerte sich nun das jüdische Leben in den Osten Europas, auch begünstigt durch Privilegien polnischer Fürsten und Könige. Die Juden aus Deutschland, die sich hier ansiedelten, brachten ihre rhein- und moselfränkischen Dialekte mit, die sich mit hebräischen und slawischen Sprachelementen vermischten. Dieses »*Jiddisch*« genannte Idiom setzte sich in Osteuropa als jüdische Umgangs- und Literatursprache durch.

Hatte bereits die Provinzialsynode von Breslau (1267) den Juden in der Stadt an der Oder ein abgeschlossenes Wohnviertel zugewiesen, so wurden erst im 15. Jahrhundert in vielen europäischen Städten die Judenviertel deutlicher von den christlichen Stadtvierteln getrennt. Es kam zu Ausweisungen, zu zwangsweisen Umsiedlungen und zur Einrichtung von Judenvierteln in städtischen Randlagen. Die hierfür gebräuchliche Bezeichnung »*Ghetto*« leitet sich vom italienischen Ortsnamen »*geto nuovo*« (»neue Gießerei«) ab, einem Viertel in Venedig, in das im Jahre 1516 alle Juden der Stadt übersiedeln mussten.

Neuzeit und Gegenwart

Palästina und der Staat Israel

Nach der Vertreibung der Juden von der Iberischen Halbinsel im Jahre 1492 gaben die Türken sefardischen Juden überall in ihrem Reich die Möglichkeit der dauerhaften Ansiedelung, besonders in Griechenland und Nordafrika. Auch Palästina wurde zum Anlaufpunkt für viele Flüchtlinge, denen es jedoch immer weniger gelang, ihren Lebensunterhalt dauerhaft selbst zu bestreiten. Im obergaliläischen Safed bildete sich ein wissenschaftlich und literarisch bedeutsames Zentrum des orientalischen Judentums, wo rabbinische Weisheit, jüdische Dichtung und Mystik gepflegt wurden. Hier lehrten große jüdische Lehrer wie der sefardische Gelehrte Joseph ben Ephraim Karo, der Verfasser des »Schulchan Aruch« (s. u. S. 141–143). In der Nähe Safeds wurde später die erste jüdische Buchdruckerei in Palästina eingerichtet.

Als die Türken im Jahre 1517 von Jerusalem Besitz ergriffen, lebten hingegen unter den ca. 13.000 Bewohnern der Stadt nur noch 600 jüdische Familienväter, zumeist Kleinhändler, Goldschmiede, Weber, Färber und Schuhmacher, in großer Armut. Mittlerweile hatten sich innerhalb der jüdischen Gemeinde vier ethnische Gruppen herausgebildet, zwischen denen es wiederholt zu Auseinandersetzungen kam. Neben den *arabischen Juden*, die seit Jahrhunderten in der Stadt lebten, grenzten sich die *afrikanischen*, die *nordeuropäischen* und die *spanischstämmigen* Juden voneinander ab, wobei die letztere Landsmannschaft bald die Oberhand gewann. Zudem hatte die jüdische Bevölkerung unter der despotischen Herrschaft lokaler Amtsträger zu leiden. So wurde im Jahre 1554 der Rabbiner David ibn Simra, der sich dazu bereit erklärt hatte, ehrenamtlich die Leitung der Jerusalemer Gemeinde zu übernehmen, vom Stadtpräfekten, der den Verzicht auf ein Gehalt als Indiz für den großen Reichtum des

Rabbiners betrachtete, verhaftet und so lange gefoltert, bis er ihm seinen gesamten Besitz abgepresst hatte. Auch im 17. und 18. Jahrhundert wurden die Gemeinden, die nun auch durch Zuwanderer aus Osteuropa vergrößert wurden, von den muslimischen Stadtobersten wiederholt drangsaliert und erpresst.

Um zu überleben, waren die palästinischen Juden, deren wirtschaftliche Basis aufgrund der hohen Steuerlast und der wenigen Verdienstmöglichkeiten prekär war, auf Unterstützung von außen angewiesen. Man entsandte Geldsammler durch ganz Europa, um von dort Spenden zu erhalten. Immer mehr arme Juden verschuldeten sich bei arabischen Kreditgebern. Versuche verzweifelter Schuldner, sich ihren Gläubigern durch Flucht zu entziehen, führten zur Verhaftung der Oberrabbiner, denn die Gemeinde musste kollektiv für jedes ihrer Mitglieder haften. Erst nachdem der ägyptische Pascha Mohammed Ali (1805–1849) im Jahre 1832 die Herrschaft über Palästina ergriffen hatte, nahmen die Erpressungen der Juden durch die lokalen Machthaber ein Ende.

Der Beginn der erneuerten unmittelbaren osmanischen Herrschaft über Palästina im Jahre 1841 änderte wenig an der bedrückenden Situation der ca. 5000 Juden in Jerusalem, die nun innerhalb der von Sultan Suleiman dem Prächtigen (1520–1566) errichteten hohen Stadtmauer in einem eigenen Wohnviertel unter beengten Verhältnissen und zersplittert in einzelne Landsmannschaften lebten. Ihre rechtliche Stellung im Osmanischen Reich war seit 1865 bestimmt durch das sogenannte »Millet-System«, das ihnen als anerkannter religiöser Sondergruppe eine begrenzte rechtliche und administrative Selbstverwaltung zubilligte. Der Anstieg der Stadtbevölkerung, bedingt durch vermehrte Zuwanderung und verbesserte medizinische Versorgung, führte bald zu einer weiteren Verschlechterung der Lebensbedingungen in der kleinen Altstadt Jerusalems. Das Wirken christlicher Missionsvereine, die ihre Bekehrungspredigten mit Armenspeisungen verbanden, ließ nicht wenigen die Taufe als »Einlassschein in den christlichen Speisesaal« erscheinen.

Als der britisch-jüdische Philantrop Moses Montefiore (1784–1885), der in Jerusalem Spitäler und Schulen errichten ließ, den Bau eines neuen jüdischen Wohnviertels außerhalb der Stadtmauer betrieb, hatte er große Schwierigkeiten, Familien zu finden, die bereit waren, hier zu wohnen, denn der ungeschützte Aufenthalt außerhalb des Judenviertels erschien nicht wenigen von ihnen als lebensgefährlich. Nur zögerlich begannen sich die Juden Jerusalems in den neuen Wohngebieten im Norden und Nordwesten der nunmehr rasch wachsenden Stadt anzusiedeln.

In den siebziger Jahren des 19. Jahrhunderts setzte ein wachsender Zustrom von Juden ein, die vor der Armut und den schweren Pogromen in Russland und Rumänien nach Palästina flohen. Die erste »*Alija*« (»Aufstieg«) brachte zwischen 1882 und 1904 ca. 25.000 jüdische Immigranten in das Land. Viele, die mit dieser ersten neuzeitlichen Einwanderungswelle aus Osteuropa ankamen, waren streng orthodoxe (»rechtgläubige«) Juden, die eine traditionelle, weltabgewandte Lebensweise pflegten (s. u. S. 81 f.). Ein Teil von ihnen siedelte sich in dem 1874 gegründeten Wohngebiet Mea Schearim (»Hundert Tore«) an. Neben den frommen Flüchtlingen aus Osteuropa kamen bald auch säkularisierte junge Arbeiter und Studenten zumeist aus Deutschland und Österreich, die – geleitet von der Idee des Zionismus (s. u. S. 86 f.) – im Aufbau Israels als Nation die Erneuerung des jüdischen Volkes sahen. Vom arabischen Standpunkt aus betrachtet war der Zionismus eine aggressive Bewegung.

Hatten zuvor die meisten in Jerusalem beheimateten Juden außerhalb von Schule und Synagoge allein Arabisch gesprochen, so betrieben diese zionistischen Immigranten die Renaissance der hebräischen Sprache auch im Alltag. Zu Beginn des 20. Jahrhunderts bestand mehr als die Hälfte der ca. 45.000 Stadtbewohner aus Juden, die in sechzig abgegrenzten Wohngebieten lebten. Mit der zweiten Alija kamen zwischen 1904 und 1919 ca. 40.000 junge mittel- und osteuropäische Juden nach Palästina. Der wachsende europäische Einfluss führte bald zu einer allgemeinen Modernisierung des Lebens in der Großstadt Jerusalem.

Während des Ersten Weltkriegs litt ganz Jerusalem unter der schlechten Versorgung mit Lebensmitteln und Trinkwasser. Mangelerkrankungen und Seuchen verbreiteten sich. Ihre europäische Herkunft wurde zahlreichen Juden in Palästina nun zum Verhängnis, denn die Türken isolierten das Land und zwangen viele von ihnen zur Zwangsarbeit. Am 11. Dezember

1917 besetzten die englischen Truppen unter Feldmarschall Hynman Allenby Jerusalem und versuchten, die Versorgung ihrer Bewohner mit den nötigsten Lebensmitteln und vor allem mit Trinkwasser sicherzustellen. Die englischen Beamten der britischen Mandatsverwaltung, allesamt ohne koloniale Verwaltungserfahrung, setzten einen Stadtrat ein, der aus Juden, Christen und Muslimen bestand, dem jedoch durchweg ein muslimischer Bürgermeister vorstand, obwohl die absolute Mehrheit der Wohnbevölkerung jüdischen Glaubens war.

Ministerium des Äußeren, 2. 11. 1917

Mein lieber Lord Rothschild!
Zu meiner großen Genugtuung übermittle ich Ihnen namens S.M. Regierung die folgende Sympathieerklärung mit den jüdisch-zionistischen Bestrebungen, die vom Kabinett geprüft und gebilligt worden ist. Seiner Majestät Regierung betrachtet die Schaffung einer nationalen Heimstätte in Palästina für das jüdische Volk mit Wohlwollen und wird die größten Anstrengungen machen, um die Erreichung dieses Zieles zu erleichtern, wobei klar verstanden werde, dass nichts getan werden soll, was die bürgerlichen und religiösen Rechte bestehender nichtjüdischer Gemeinschaften in Palästina oder die Rechte und die politische Stellung der Juden in irgendeinem anderen Land beeinträchtigen könnte.
Ich bitte Sie, diese Erklärung zur Kenntnis der zionistischen Föderation zu bringen.
Gez. James Balfour

BALFOUR-ERKLÄRUNG (1917)

Der Versuch der britischen Behörden, die 1917 unterzeichnete »*Balfour-Erklärung*« über die Errichtung einer jüdischen Heimstätte in Palästina zu verwirklichen und zugleich die getätigten vollmundigen Zusagen gegenüber den verbündeten arabischen Palästinensern einzuhalten, provozierte den Zustand eines bis heute ungelösten Dauerkonflikts zwischen den Bevölkerungsgruppen, die in Palästina leben.

Mit der dritten Alija kamen zwischen 1919 und 1923 erneut über 35.000 Juden nach Palästina, darunter viele idealistische Flüchtlinge aus der Sowjetunion, die über die Realität des dortigen kommunistischen Systems enttäuscht waren. Diese Immigranten nahmen entscheidenden Anteil am Aufbau zahlreicher »Kibbuzim« (»Sammlungen«), auf freiwilliger Basis genossenschaftlich organisierter Gemeinschaftssiedlungen mit gemeinsamer Produktion und gemeinsamem Eigentum. Zwischen 1920 und 1939 erlebte das Land mehrere blutige Araberaufstände, denen zahlreiche jüdische Bewohner zum Opfer fielen und die in Jerusalem viele Überlebende nötigten, die Altstadt zu verlassen, zumal hier ein heftiges Erdbeben im Jahre 1927 schwere Verwüstungen angerichtet hatte. Nach dem Zweiten Weltkrieg eskalierten die gewaltsamen Aktionen palästinensischer und jüdischer Extremisten in Jerusalem.

Am 23. Januar 1950 verkündete der erste israelische Premierminister David Ben Gurion (1886–1973) vor dem versammelten Parlament des jungen Staates Israel in einer feierlichen Erklärung, dass die heilige Stadt Jerusalem »schon immer« die unteilbare Hauptstadt des jüdischen Volkes gewesen sei und dies auch weiterhin bleiben werde. Tatsächlich bezog sich dieser politische Beschluss der Knesset, des gewählten israelischen Parlaments, mit weitreichenden Konsequenzen allein auf den westlichen Teil der Stadt. Dieser war seit 1949 durch Stacheldraht von ihrem Ostteil getrennt, der von Jordanien kontrolliert wurde.

Der Unabhängigkeitskrieg Israels hatte die faktische Teilung der von ca. 165.000 Menschen, darunter knapp 100.000 Juden, bewohnten Stadt auf dem Gebirgskamm des judäischen Berglandes bewirkt. Bereits am 29. November 1947 hatte die Generalversammlung der Vereinten Nationen in New York mit der erforderlichen Mehrheit von 33 gegen 13 Stimmen durch die Resolution 181 die Aufteilung des britischen Mandatsgebiets Palästina in einen jüdischen und einen arabischen Staat beschlossen. In dem Teilungsbeschluss war für Jerusalem und zunächst auch für Bethlehem ein eigenständiger völkerrechtlicher Status als »Corpus separatum« unter internationaler Verwaltung vorgesehen. Die Mehrheit der jüdischen Einwanderer stimmte diesem vermittelnden Beschluss zu. Jedoch kam es, ausgelöst auch durch Gewaltaktionen extremer jüdischer

Gruppen, unter der nichtjüdischen Bevölkerung Palästinas zu einer Fluchtwelle in den als sicher geltenden Machtbereich Jordaniens, die vor allem die überwiegend städtische soziale Mittelschicht wie auch die politisch-kulturelle Elite erfasste, die aber auch zu Aufständen der in Palästina verbliebenen Araber führte, welche ihrerseits eine Ausweitung der jüdischen Übergriffe auf die arabische Bevölkerung provozierten. Die britische Mandatsverwaltung resignierte angesichts der bald nicht mehr zu beherrschenden Terroraktionen und Schießereien palästinensischer und jüdischer Extremisten und erklärte ihre Absicht, ihre Truppen abzuziehen und den Krisenherd Palästina am 15. Mai 1948 zu räumen.

Bereits am frühen Freitagmorgen des 14. Mai 1948 verließ der letzte britische High Commissioner Sir Alan Cunningham (1887–1983) vom Haifaer Hafen aus das Land. In der noch am Abend desselben Tages von David ben Gurion vor Vertretern sämtlicher in der zionistischen Organisation vertretenen politischen Gruppen proklamierten und bereits am darauffolgenden Sabbattag in Kraft getretenen Unabhängigkeitserklärung des souveränen *Staates Israel* wurden die Grenzen des jüdischen Staatswesens nicht erwähnt, denn ihr zukünftiger Verlauf war angesichts der offensichtlichen Diskrepanz zwischen den – zu einem gewissen Grad auch religiös bzw. heilsgeschichtlich begründeten – jüdischen Gebietsansprüchen und den faktischen Machtverhältnissen in der Region noch völlig unsicher. Ben Gurion musste seine Proklamation allein deshalb im Museum für Moderne Kunst in Tel Aviv vornehmen, weil Jerusalem, das Integrationssymbol des Judentums, zu diesem Zeitpunkt noch vollständig in arabischer Hand war.

Unmittelbar nach dem britischen Abzug im Mai 1948 marschierten Truppen der umliegenden arabischen Länder (Ägypten, Jordanien, Irak, Syrien, Libanon) in Palästina ein, und es begann eine erbittert geführte militärische Auseinandersetzung. In dem neugegründeten Staat kam es bald zu Vertreibungen; zehntausende muslimische und christliche Palästinenser mussten die von Israel annektierten Gebiete im Westjordanland »aus strategischen Gründen« verlassen. Hunderte von arabischen Dörfern in Israel verschwanden; jüdische Siedlungen mit jüdischen Namen wurden an dieselbe Stelle gesetzt.

Währenddessen wurde am 20. September 1948 durch eine jordanische Proklamation eine vorläufige Mufti-Regierung über die arabisch beherrschten Gebiete Cisjordaniens eingesetzt. Am 1. Oktober ließ sich der haschemitische Emir und König von Transjordanien Abdullah ibn Hussein I. (1882–1951) vor Tausenden ausgewählter arabischer Standespersonen zum Herrscher des arabischen Palästina (»Westbank«), dem alten Judäa und Samaria, ausrufen, wodurch die Fläche Jordaniens zwar um lediglich sieben Prozent erweitert, seine Population jedoch durch fast 500.000 zusätzliche palästinensische Einwohner mehr als verdreifacht wurde. Der strategisch motivierte Verlauf dieser vorläufigen Grenzziehung zwischen Israel und seinem östlichen Nachbarstaat stimmte mit dem aktuellen militärischen Kräfteverhältnis überein. Er entsprach jedoch weder den geographischen Gegebenheiten noch den Bedürfnissen großer Teile der arabischen Wohnbevölkerung des Landes.

Die militärische Konfrontation zwischen Israelis und Arabern konzentrierte sich bald auf den Besitz Jerusalems und seines angrenzenden Territoriums. Nach andauernden Bombardierungen und verbissenen Kampfhandlungen der Bodentruppen hatten die arabischen Streitkräfte gegen Ende des Jahres 1948 die östlich gelegene Altstadt mitsamt der »Klagemauer« (dem Westteil der äußeren Umfassungsmauer des im Jahre 70 [s. o. S. 28 f.] von den Römern zerstörten Herodianischen Tempelbezirks) und dem jüdischen Wohnviertel innerhalb der alten Stadtmauern erobert und hielten sie besetzt, während die Juden ihrerseits den Großteil Westjerusalems kontrollierten. Nach dem am 3. April 1949 unterzeichneten Waffenstillstand mit Jordanien einigte sich die israelische Militärführung mit der haschemitischen Regierung Jordaniens auf die Einrichtung einer undurchlässigen Demarkationslinie zwischen den städtischen Hoheitsgebieten, durchbrochen nur durch einen schmalen bewachten Durchgang, das »Mandelbaum-Tor«. Juden blieb der Zugang zu den heiligen Stätten im Ostteil der Stadt verwehrt. Aus israelischer Sicht blieb der Status quo allein deshalb unbefriedigend; man hatte sich nach dem Unabhängigkeitskrieg mit den Staatsgrenzen und insbesondere mit der Teilung Jerusalems abgefunden, sie jedoch zu keiner Zeit akzeptiert oder gar gesetzlich verankert.

Wenige Wochen vor seiner Bestätigung im Amt des Premierministers kündigte David ben Gurion am 2. Februar 1949 an, dass der Westteil Jerusalems nunmehr nicht mehr nur als »besetztes Territorium« gelte, sondern offizieller Teil des israelischen Staatsgebiets sei. Die haschemitische Regierung zog nach und unterstellte ihrerseits das von ihr beherrschte östliche Stadtgebiet mitsamt dem im Jahre 691/92 erbauten *Felsendom* auf dem ehemaligen Tempelgelände, dem Herrschaftssymbol und nach der Kaaba in Mekka wichtigsten Heiligtum und Pilgerziel des Islam, bald darauf am 1. März einer zivilen jordanischen Verwaltung. Gleichzeitig versuchte aber auch die internationale Staatengemeinschaft auf diplomatischem Wege Einfluss auf die Schaffung von politischen und administrativen Rahmenbedingungen einer friedlichen Koexistenz von Juden und Arabern in Jerusalem zu nehmen. Obwohl das ehrgeizige Programm einer Internationalisierung der Stadt nach dem Waffenstillstandsvertrag zwischen Israel und Jordanien nahezu illusorisch geworden war, bemühten sich die Vereinten Nationen weiterhin angestrengt um einen Kompromiss. In jeder Zone Jerusalems sollte eine unabhängige Stadtverwaltung die kommunalen Angelegenheiten regeln, während einem von der UNO einzusetzenden Hochkommissar die Aufgabe zufallen sollte, zwischen den beiden verfeindeten Parteien zu vermitteln, für den Schutz der heiligen Stätten zu sorgen und eine Gefährdung des labilen Gleichgewichts zwischen den verschiedenen Bevölkerungsgruppen (etwa durch die Politik einer gesteuerten Zuwanderung von jüdischen bzw. arabischen Stadtbewohnern) zu verhindern. Dass eine solche Internationalisierung Jerusalems wohl die vernünftigste und gerechteste Lösung gewesen wäre, zeigte sich gerade darin, dass sie von beiden Konfliktparteien mit der gleichen Vehemenz abgelehnt wurde.

Ungeachtet drastischer öffentlicher Willensbekundungen, die beiderseits ein kompromissloses Festhalten am alleinigen Anspruch auf die Heilige Stadt zum Ausdruck bringen sollten, wurden zwischen den Politikern und Militärs der beiden verfeindeten Staaten weiterhin pragmatische Geheimverhandlungen über die Zukunft Jerusalems geführt. Infolge dieser Verhandlungen wurde das Stadtgebiet schließlich am 1. September 1949 in ein israelisches und ein jordanisches Territorium aufgeteilt, dessen Verlauf und Fläche jeweils mit den bisherigen militärischen Sektoren übereinstimmte. Drei Monate später stimmte die Knesset am 13. Dezember 1949 nahezu einhellig (mit 60 Ja- und nur 2 Nein-Stimmen) dem Antrag des Premierministers Ben Gurion zu, den *Regierungssitz* Israels mitsamt dem Parlament, den Verwaltungsbehörden und dem Obersten Gericht zukünftig in die Jerusalemer Neustadt zu verlegen; allein das Verteidigungsministerium, das Außenministerium und die Polizeiverwaltung sollten in Tel Aviv verbleiben. Dieser Demonstration des israelischen Anspruchs auf die Heilige Stadt folgte eine unmittelbare arabische Reaktion. Noch am gleichen Tag erließ König Abdullah eine Verordnung, die besagte, dass alle palästinensischen Einwohner der Westbank – und somit auch alle Einwohner des arabischen Jerusalems – jordanische Staatsbürger mit allen Rechten und Pflichten seien. Einer am 8. Dezember 1949 in der UN-Resolution 303 ergangenen eindringlichen Aufforderung des (tatsächlich militärisch machtlosen) internationalen Treuhänderrats, die beabsichtigte »Verlegung israelischer Dienststellen nach Jerusalem rückgängig zu machen«, folgte Israel dabei ebensowenig wie den weiteren Forderungen und Kompromissvorschlägen der internationalen Staatengemeinschaft zur Beilegung des regionalen Konflikts. Bereits am 27. Dezember 1949 trat die Knesset zu ihrer ersten Sitzung in Jerusalem zusammen.

Die Beanspruchung Jerusalems als Hauptstadt des Staates Israel entsprach der traditionellen Bedeutung der Heiligen Stadt als des wichtigsten emotionellen, kulturellen und religiösen Integrationssymbols des Judentums. Bereits im August 1949 hatte eine der ersten politischen Handlungen des jungen israelischen Staats darin bestanden, die sterblichen Überreste Theodor Herzls (s. u. S. 86 f.), dessen visionäre Idee des Zionismus die Erneuerung des jüdischen Volkes im Aufbau Israels als Nation begründete, demonstrativ nach Jerusalem zu überführen und dort feierlich beizusetzen. Die ideologische Begründung dieser zeichenhaften Handlung ist evident; Jerusalem sollte fortan als das ideelle Zentrum des von Herzl erhofften jüdischen Staats erscheinen. Auch die am 23. Januar 1950 erfolgte Erklärung des israelischen Premierministers Ben Gurion berief sich vor allem darauf, dass Jerusalem schon seit der Zeit König Da-

vids die *Hauptstadt* Israels und das religiöse Zentrum der israelitischen Religion bzw. des Judentums sei. Dieser religiös bzw.
ideologisch motivierte Rückgriff auf die heilsgeschichtlichen
Angaben der biblischen Überlieferung zur Begründung aktueller territorialer Besitzansprüche des säkularen Staats Israel
stand nicht nur im Widerspruch zu den Mehrheitsbeschlüssen
der Vereinten Nationen (deren 59. Mitglied Israel seit dem 11.
Mai 1949 war), sondern erschwerte auch die Aufnahme von
Verhandlungen mit den haschemitischen Herrschern Jordaniens, die in dem Konflikt um *Al-Quds*, »die Heilige (Stadt Jerusalem)« ihrerseits einen unverrückbaren Standpunkt vertraten.
Die Erklärung Westjerusalems zur Hauptstadt Israels, die von
zahlreichen Ländern, wie z. B. der Türkei, von Anfang an nicht
anerkannt wurde (auch heute noch haben zahlreiche Länder,
die diplomatische Beziehungen mit Israel unterhalten, ihre Bot-
schaften in Tel Aviv), trug so ihren maßgeblichen Teil dazu bei,
dass die Jerusalemfrage als Teil der Lösung des verwickelten
Nahostkonflikts bis heute von überaus großer Aktualität ist.

Im modernen Staat Israel ist die *Orthodoxie* die einzige offiziell anerkannte Form der jüdischen Religion. Etwa die Hälfte
der jüdischen Bevölkerung Israels bezeichnet sich als »säkular«
bzw. ist religiös indifferent. Nichttraditionelle Juden sind in Israel nicht als legitime Zweige des religiösen Judentums anerkannt.

Die volle Bandbreite jüdischer religiöser und kultureller Strömungen gibt es gegenwärtig allein in den U.S.A. Insbesondere
das progressive Judentum ist dort eine ebenso gut organisierte
wie politisch einflussreiche Bewegung, die sich mit aktuellen
kulturellen Entwicklungen auseinandersetzt und aktiv auch im
interreligiösen Dialog ist.

Deutschland

Nach den blutigen Verfolgungen Mitte des 15. Jahrhunderts
lebten nur noch wenige Juden in Deutschland. An der Schwel-
le zur Neuzeit erhofften sich diese deutschen Juden durch die
geistesgeschichtlichen und politischen Umwälzungen der Epo-

che auch eine Verbesserung ihrer rechtlichen Situation. Diese Hoffnung erwies sich jedoch bald als trügerisch.

Im Zeitalter der *Reformation* beeinflusste, vor allem durch die Vervollkommnung des Buchdrucks, zum ersten Mal in der abendländischen Geschichte die massenhafte Produktion und Verbreitung von Flugschriften die Volksmeinung. In diesen Flugschriften wurden auch die älteren Elemente des gehässigen Judenstereotyps aufgegriffen, konkretisiert, volkstümlich gemacht und weit verbreitet: Juden als Ritualmörder, Hostienschänder, Christushasser und Gottesmörder, Bilderschänder, Marienverächter, Giftmischer, Paktierer mit dem Teufel, Wucherer, Betrüger, Verbündete der Türken, Kindsräuber und Brunnenvergifter.

Im Jahre 1523 brachte *Martin Luther* in seiner Missionsschrift »Dass Jesus Christus ein geborener Jude sei« seine Hoffnung auf die Bekehrung der Juden zu Bundesgenossen der Reformation zum Ausdruck. Luthers eigene Position erschien ihm selbst dabei zunächst identisch mit der Position der Juden. Er hoffte sogar, mit einer allgemeinen Judenbekehrung durch den evangelischen Glauben dessen Überlegenheit gegenüber dem Katholizismus, dem dies während all der Jahrhunderte nicht gelungen war, zu beweisen. Der Reformator behauptete, die Juden würden nur ihren ursprünglichen Glauben wieder übernehmen, wenn sie Christen würden.

Die Schrift »Dass Jesus Christus ein geborener Jude sei« diente allerdings nicht dem Gespräch mit den Juden, sondern in erster Linie der innerchristlichen Verständigung über den Umgang mit ihnen. Die Vorstellung von einem einvernehmlichen Nebeneinander des Christentums mit dem Judentum war Luther ebenso wie seinen Zeitgenossen völlig fremd. Es gab im 16. Jahrhundert keine »religiöse Toleranz«.

In Luthers explizit judenfeindlicher Spätschrift »Von den Juden und ihren Lügen« aus dem Jahre 1543 zeigt sich die judenfeindliche Position des alten Luther als Lehrwächter der Reformation. Die Juden, die sich entgegen seiner früheren Hoffnungen der Sache der Reformation nicht angeschlossen hatten, galten Martin Luther nun gemeinsam mit Papst und Türken als Verräter, Handlanger und Exponenten des drohenden Antichristen.

In »Von den Juden und ihren Lügen« unternahm er deshalb eine ausführliche Apologie der christlichen Lehre gegenüber allen vermeintlichen jüdischen Bestreitungen. Luther nahm dabei bewusst die verbreitete mittelalterliche Judenfeindschaft auf, um seinem harten theologischen Antijudaismus Ausdruck zu verleihen. Die in diesen drastischen Anwürfen zum Ausdruck kommende verhärtete Position des alten Luther nahm sowohl die traditionelle Judenkritik der mittelalterlichen scholastischen Theologie als auch die antijüdische Volksmeinung auf.

Auch von anderen kirchlichen Theologen der Reformationszeit wurde das Judentum in zunehmendem Maße als die verantwortliche Größe hinter den verschiedenen christlichen Randgruppen und radikalen »Irrlehren« verstanden. Dieser Verdacht zog seinerseits das Bedürfnis nach sich, sich selbst deutlich vom jüdischen Glauben abzusetzen, um dem gegenseitig erhobenen Vorwurf des »*Judaisierens*« keine zusätzlichen Angriffsflächen zu bieten. Meinungen, Vorstellungen und Bilder vom Judentum waren jedoch zumeist nicht das Resultat eigener Begegnungen und Gespräche mit Juden, sondern das Produkt überkommener Traditionen, aktueller innerchristlicher Diskurse und gesellschaftlicher Normen. Auch die verstärkte Beschäftigung der Humanisten mit den hebräischen Quellenschriften führte zumeist zu keiner Annäherung der christlichen Hebraisten an das Judentum.

Gegen die Beschlagnahme aller jüdischen Bücher und öffentliche Talmudverbrennungen, welche der von den Kölner Dominikanern instrumentalisierte Konvertit *Johannes Pfefferkorn* (1469 bis ca. 1522) durchzusetzen versuchte, wandte sich der humanistische Gelehrte *Johannes Reuchlin* (1455–1522). Gegen den 1505 in Köln getauften Pfefferkorn, der behauptete, die jüdische Traditionsliteratur stecke voller christenfeindlicher Aussagen, verfasste Reuchlin im Jahre 1510 ein sachliches Gutachten, in dem er gegenüber Kaiser Maximilian I. (1459–1519) darlegte, der Talmud (s. u. S. 121–123) und die kabbalistischen Schriften (s. u. S. 137–141) enthielten Beweise für die Wahrheit des christlichen Glaubens. Es entstand ein jahrelanger Streit. Zwar wurde Reuchlin im Jahre 1520 vom Papst verurteilt, aber die öffentliche Meinung der gebildeten Schichten wurde durch sein Eintreten nachhaltig beeinflusst, und eine Konfiskation von Talmudausgaben fand nicht statt.

Bereits 1509/10 wurde *Josel ben Gerschon von Rosheim* (1478–1554) von der unterelsässischen Landjudenschaft zu ihrem »Vorsteher und Leiter« gewählt. Es gelang ihm, die Juden im Elsass im Bauernkrieg 1525 durch sein Verhandlungsgeschick vor Übergriffen des Bauernheeres zu bewahren. Seit 1530 »Befehlshaber und Regierer der gemeinen Judenheit im Reich«, erwirkte er die Durchsetzung einer Judenordnung auf dem Reichstag zu Augsburg (1530). Eine solche freiwillige Unterstellung unter die Führung einer Person war (und ist) im Judentum höchst ungewöhnlich. 1544 erlangte der »*Schtadtlan*« Josel im »Speyerer Privileg« weitgehende Rechtssicherheit für die deutschen Juden.

Die Verwüstungen ganzer Landstriche während des Dreißigjährigen Krieges (1618–1648) erschütterten die wirtschaftlichen und sozialen Verhältnisse im Reich. Auch die jüdischen Gemeinden erlitten in dieser Zeit schwere Verluste. Die der Kriegszeit folgende Neuordnung des Machtgefüges zwischen Kaiser und Reichsständen brachte den Territorialfürsten ein hohes Maß an Unabhängigkeit von der kaiserlichen Autorität. Immer mehr deutsche Territorien gestatteten die Ansiedlung von Juden, deren Duldung allerdings vor allem ökonomisch motiviert war. Gegen Mitte des 16. Jahrhunderts gab es in Württemberg fast keine Reichsstadt mehr, die noch Juden in ihren Mauern duldete. Immer wieder kam es vor, dass Juden aus einem Herrschaftsbereich vertrieben wurden und heimatlos umherziehen mussten, bis sie in einem anderen wieder Aufnahme fanden.

Vermögende Juden dienten als Heereslieferanten und Geldbeschaffer der absolutistischen Fürsten, denen grundsätzlich jeder recht war, der ihre Macht durch die Steigerung der Staatseinkünfte stärkte. Hunderte von »*Hofjuden*« oder »*Hoffaktoren*« (»Faktor« = verantwortlich für das Wirtschaftswesen) waren von den geltenden Judengesetzen befreit, um als Finanzberater, Kreditvermittler oder Warenbeschaffer das Vermögen und die Macht ihrer Herren zu vermehren. Der Aufstieg Preußens verdankte sich zu einem wesentlichen Teil der Tätigkeit der Berliner Hofjuden. Auch die territoriale Expansion der großen süddeutschen Städte wäre ohne die Hilfe einiger jüdischer Bankiers nicht möglich gewesen. In dieser ebenso konfliktträchtigen wie riskanten Stellung waren sie den christlichen Potentaten völlig ausgeliefert und als Steuereintreiber zugleich die Zielscheibe der Feindschaft der Stände und der Aversion der Bevölkerung. Beispielhaft ist die Gestalt des »*Jud Süß*« genannten Joseph Süß Oppenheimer (1698–1738), der als »Schatullenverwalter«, Finanzier und Ratgeber des Herzogs Karl Alexander von Württemberg (1684–1737) dessen aufwändige Hofhaltung finanzierte und unmittelbar nach dem plötzlichen Tod des absolutistischen Fürsten auf Betreiben der Stände verhaftet, in einem Schauprozess zum Tode verurteilt und öffentlich gehängt wurde. Oppenheimers tragisches Schicksal wurde später von der antisemitischen Propaganda instrumentalisiert.

Die meisten deutschen Juden (ca. 0,5% der Gesamtbevölkerung) lebten im 17. und 18. Jahrhundert jedoch in kleinen Gemeinschaften überwiegend im ländlichen Raum unter prekären Lebensbedingungen und in unsicherer rechtlicher Stellung. Ihre Duldung war noch immer von dem Nutzen abhängig, den man sich durch ihre Anwesenheit erhoffte. Nur dann und dort, wo es der Wirtschaft förderlich war, gestattete man ihnen die Anlage von Manufakturen und die Ausübung von Handwerken, die nicht zünftisch gebunden waren. So gewährte Friedrich II. von Preußen (1740–1786) im Jahre 1750 in einem »*Revidierten General-Privilegium und Reglement für die Judenschaft im Königreich Preußen*« unterschiedliche Schutz-, Wohn- und Handelsrechte der Juden je nach wirtschaftlicher Potenz der Betroffenen. »Unvergleitete« mittellose Juden wurden des Landes verwiesen. Der Erlass blieb bis 1812 in Kraft.

Das in den deutschen Staaten verbindliche *Parochialprinzip*, das die Ansiedlung einzelner Juden an ihre Mitgliedschaft in der örtlichen jüdischen Gemeinde knüpfte, führte dazu, dass die Mehrheit der Gemeindeangehörigen faktisch darüber bestimmen konnte, ob ein zugewanderter Jude das Bürgerrecht erhielt bzw. behielt oder der lokalen Fremdenpolizei unterstellt blieb. Für den Einfluss einer religiösen Strömung war deshalb allein ihre Akzeptanz in den Gemeinden entscheidend, zumal es keine zentrale Instanz in religiösen Fragen gab.

Der seit dem 18. Jahrhundert rasch fortschreitende Prozess der Toleranz und *Aufklärung* in Westeuropa brachte auch den Juden in den deutschen Ländern eine sukzessive Verbesserung ihrer rechtlichen Position innerhalb der Gesellschaft. Die Epoche der Aufklärung bedeutete für das Judentum jedoch auch die Lockerung aller religiösen Bindungen und die Infragestellung der identitätstiftenden Traditionen zugunsten einer immer stärker werdenden Orientierung an der »aufgeklärten« menschlichen Vernunft. Durch die Trennung von persönlicher Religion und öffentlichem Leben wurden wesentliche Elemente des Judentums in Frage gestellt. Der Anschluss des Judentums an seine Umwelt machte nach Überzeugung zahlreicher Juden auch religiöse Reformen unerlässlich. Die Wortführer der »Haskala« (»Aufklärung«) im Judentum, unter denen der Schriftsteller und Philosoph Moses Mendelssohn (s. u. S. 143–146) herausragt, strebten in dieser Umbruchsituation ein Ende der seit Jahrhunderten bestehenden Isolierung der Gemeinden von ihrer nichtjüdischen Umwelt an. Sie beabsichtigten die kulturelle Öffnung des Judentums im Sinne einer Synthese zwischen der traditionellen jüdischen Lebensweise und den modernen gebildeten Geistesströmungen.

Als Gegenbewegung zu den »Maskilim« (»Aufklärern«) formierte sich bald eine traditionalistische Strömung, deren Vertreter ihrerseits die strenge Wahrung des religiösen Erbes akzentuierten. Diese Gegner der jüdischen Aufklärer erblickten in der Haskala eine schwerwiegende Bedrohung für die Aufrechterhaltung der jüdischen Identität. Diese Befürchtung war nicht von der Hand zu weisen, zumal das Streben der deutschen Juden nach bürgerlicher Gleichbehandlung in den Augen der christlichen Majorität ihre weitgehende kulturelle Assimilation voraussetzte. Der Übertritt zum Christentum war für nicht wenige Juden verlockend, die soziale Mobilität anstrebten. Nicht wenige aufstiegsorientierte Juden und Jüdinnen heirateten einen christlichen Ehepartner oder ließen sich taufen, um die von ihnen manchmal geradezu als Makel empfundene Separation zu überwinden und hiermit – wie der durch seine jüdische Herkunft tief geprägte Heinrich Heine (1797–1856), der bedeutendste Lyriker der deutschen Romantik, es zum Ausdruck brachte – das »Entréebillet« zur modernen europäischen Kultur und Gesellschaft zu erhalten. Ein vom österreichischen Kaiser Joseph II. (1765–1790) erlassenes »Toleranzpatent«, das die Aufhebung verschiedener Beschränkungen wie der Leibmaut bewirkte und

jüdischen Kindern Zugang zu den öffentlichen Schulen ver-
schaffte, wurde darum von vielen aschkenasischen Rabbinern
als Einladung zum Abfall vom Judentum aufgefasst.

Die Ideen der Aufklärung verbreiteten sich zuerst in der
urbanen jüdischen Oberschicht. Die Maskilim konnten binnen
kurzer Zeit auch die Mehrheit des städtischen Judentums für
sich gewinnen. Die große Mehrheit des deutschen Judentums
wurde von den Reformbestrebungen jedoch zunächst kaum be-
rührt. Die Zahl der deutschen Juden war indes im 19. Jahrhundert deutlich angewachsen, was nicht nur mit dem allgemeinen
starken Bevölkerungszuwachs korrespondierte, sondern auch
eine Folge der Abschaffung von Heiratsbeschränkungen für Juden in fast allen deutschen Ländern war.

Die unabhängig von der Religionszugehörigkeit zugestan-
denen grundlegenden *Bürgerrechte* wurden erstmals in der
amerikanischen Unabhängigkeitserklärung (»Virginia Decla-
ration of Rights«) von 1776 gesetzlich festgeschrieben. Der
Bürgerrechtserlass der französischen Nationalversammlung
von 1791 sicherte den französischen Juden die Gleichberechtigung zu. 1808 wurden ihre Angelegenheiten der Aufsicht eines
Zentralkonsistoriums in Paris unterstellt. Unter Kaiser Napoleon I. Bonaparte (1769–1821) wurden sie als Körperschaft des
öffentlichen Rechts anerkannt. Die unter französische Herrschaft geratenen deutschen Staaten mussten ähnliche Gesetze
erlassen (z. B. Hessen und Westfalen 1808; Baden 1809; Meck-
lenburg und Bayern 1813). Die preußische Städteordnung von
1808 sprach den Schutzjuden das städtische Bürgerrecht zu.
Von König Friedrich Wilhelm III. (1797–1840) wurden am 11.
März 1812 alle preußischen Juden in einem »*Edikt, betreffend die
bürgerlichen Verhältnisse der Juden*« zu »Einländern und preußischen Staatsbürgern« erklärt. Das Edikt bedeutete für die Juden im preußischen Kernland das Recht auf Freizügigkeit, auf
Grundbesitz und auf freien Handel sowie die Befreiung von
allen Sondersteuern. Sie unterlagen nun der Wehrpflicht, mussten bürgerliche Familiennamen annehmen und ihre Geschäfts-
bücher fortan auf Deutsch führen. Der Zugang zu staatlichen
Ämtern blieb Juden versperrt.

Auf dem Wiener Kongress wurde auch beschlossen, Schritte
zur endgültigen *Emanzipation* (»Befreiung« bzw. »Gleichstel-

lung«) der Juden zu unternehmen. Nach dem Rückzug der Franzosen versagte man den deutschen Juden im Kontext der antinapoleonischen Restaurationspolitik der Länder jedoch vielerorts bald wieder die bürgerliche Gleichstellung, zumal man die Rücknahme der ihnen durch Napoleon gewährten Rechte als eine ungefährliche Form des Widerstandes gegen den verhassten französischen Herrscher realisieren konnte. Mit den *Karlsbader Beschlüssen* wurden 1819 die judenfreundlichen napoleonischen Gesetze wieder aufgehoben und die Statusverbesserung der Juden in vielen Territorien offiziell wieder rückgängig gemacht. 1819 und in den Folgejahren kam es in mehreren süddeutschen Städten zu antijüdischen Krawallen. 1827 wurde vom Rat der Stadt Hamburg ein Gesetz erlassen, das den in der Hansestadt lebenden Juden nur noch das Heimatrecht, nicht jedoch das Bürgerrecht zubilligte.

Die Judenemanzipation stand im Zusammenhang mit dem Ringen um die nationale Einheit Deutschlands, ebenso war sie ein Teilphänomen des Übergangs von der ständisch-feudalen Gesellschaft zur bürgerlichen Gesellschaft. Jedoch verlief ihre Entwicklung nicht parallel, erkennbar im unterschiedlichen Verlauf der Prozesse der Reform des jüdischen Gemeindelebens, der politischen Gleichberechtigung und des Abbaus von tradierten judenfeindlichen Vorurteilen.

Entsprechend den von Frankreich ausgehenden Revolutionsidealen und dem aufgeklärten Geist der Zeit mehrten sich innerhalb der deutschen jüdischen Gemeinden vor allem in den Städten die Stimmen, die das eigentliche Wesen der jüdischen Religion weniger in ihrer Traditionskontinuität zur Vergangenheit als vielmehr in ihrer Bedeutung für die Gegenwart erkannten. Erstrebt wurde von einem wachsenden Teil der Judenschaft nunmehr die politische, rechtliche, soziale und kulturelle Eingliederung des Judentums in die deutsche Gesellschaft.

Aus dem Judentum sollte eine »vernünftige« Religion werden. Die Bestimmungen der Tora (s. u. S. 93–96) wurden von den Reformern als zeitgebundene Bräuche in ihrer Bedeutung relativiert. Sie beabsichtigten die Anpassung der Tradition an die lokalen Gegebenheiten, denn das Judentum müsse sich ihres Erachtens entwickeln, um zeitgemäß zu bleiben.

Der Talmud (s. u. S. 121–123) galt den Anhängern der Reformbewegung weniger als verbindliches Gesetz denn als religiöse Literatur. Die Orthopraxie, d. h. mit den geoffenbarten Weisungen der Tora korrespondierendes und an der religiösen Tradition orientiertes Verhalten in sämtlichen Lebensbereichen, verlor ihre identitätstiftende und statusbestimmende Bedeutung. An die Stelle der Gemeindezugehörigkeit als nicht voluntaristischer Mitgliedschaft mit statusbestimmenden Rechtsfolgen trat der freiwillige Zusammenschluss Gleichgesinnter, an die Stelle der bestimmenden religiösen Identität seiner Mitglieder eine weithin kulturell vermittelte Identität. Die Reformer forderten die strikte Trennung von Religion und Staat. Es kam zur Gründung autonomer jüdischer Kultusverbände, deren Zugehörigkeit auf einer freiwilligen Entscheidung basierte.

Die jüdischen *Reformer* forderten die Annäherung an die ästhetischen und philosophischen Werte der Umwelt und eine würdevolle, erhabene Feierlichkeit des Gottesdienstes. Sie propagierten deshalb die Verkürzung, Vereinfachung, Ästhetisierung und Germanisierung des synagogalen *Gottesdienstes* (s. u. S. 197 ff.). Gebet und Gottesdienst galten ihnen nicht mehr als Rituale zur Erfüllung einer objektiven Pflicht, sondern als Ausdruck des subjektiven Bedürfnisses nach spiritueller Erhebung. Die Befürworter der gottesdienstlichen Reformen waren bestrebt, auf der Basis einer zeitgemäßen Form von Religion und Ritual den ästhetischen Vorstellungen der Zeit zu entsprechen und auf diese Weise dem Judentum den Rang eines den christlichen Konfessionen ebenbürtigen Glaubensbekenntnisses zu sichern.

Auch die traditionelle Bedeutung des *Rabbinats* (s. u. S. 109–111) erfuhr eine Annäherung an die Funktionen des evangelischen Geistlichen. Die *Reformrabbiner* trugen die Amtstracht lutherischer Pastoren und orientierten sich auch in ihren deutschen Predigten, deren Auslegung der Tora der Erbauung, Belehrung und Erziehung der Gemeinde dienen sollte, an zeitgenössischen bzw. als zeitgemäß empfundenen protestantischen homiletischen Modellen. Daneben kam der musikalischen Tradition im Reformgottesdienst eine hohe Bedeutung zu, was sich auch darin niederschlug, dass in vielen Gemeinden Orgelmusik und Chorgesang (auch Damenchor) eingeführt wurden.

Reformgebetbücher wie der Hamburger Seder ha-Avoda von 1818 wiesen eine Reihe bedeutender Unterschiede zu zeitgenössischen traditionellen Gebetbüchern (s. u. S. 201) auf, so z. B. die Streichung zahlreicher aschkenasischer gottesdienstlicher Dichtungen, vor allem Werke spekulativ-mystischen und eschatologischen Charakters, die Abänderung sonstiger partikularistischer Bezugnahmen auf die Auferstehung der Toten und die Zionssehnsucht, der Verzicht auf poetische Beschreibungen von Engelwesen, des Tempels, des Opferkultes und konkreter messianischer Hoffnungen insbesondere auf die endzeitliche Sammlung der zerstreuten Israeliten »in Zion«. Die Reformer wollten den positiven Eigenwert des Lebens in der Diaspora – nämlich in Deutschland – betonen.

Das religiöse *Gemeindeleben* konzentrierte sich immer mehr auf die Synagoge (s. u. S. 194–197), und an die Stelle der allgemein verbindlichen religiösen Weisungen von Rabbinern (s. u. S. 109–111) und Gemeindevorständen trat ein breites Spektrum theologischer und ideologischer Positionen. In vielen Städten wurden neue Synagogenbauten im Stil der Epoche errichtet, die dem erstarkten Selbstbewusstsein des deutschen Judentums auch im öffentlichen Raum Ausdruck verliehen. Zugleich begegnen auch in zeitgenössischen Stadtplänen nicht nur Kirchenbauten, sondern auch Synagogen.

Die Teilnahme am Gottesdienst wurde zunehmend als eine vernachlässigbare kollektive Ausdrucksform des nunmehr aufgeklärten individuellen Glaubens verstanden. In Berlin verneinte der Reformrabbiner Samuel Holdheim (1806–1866) die unbedingte Autorität des Talmuds, verlegte die Sabbatfeier auf den Sonntag und erklärte sogar das Beschneidungsgebot als nicht länger bindend.

Im 19. Jahrhundert war in den meisten deutschen Landgemeinden jedoch die traditionelle Ausrichtung des jüdischen Gottesdienstes und des Gemeindelebens an den Geboten der Tora und der hieraus erwachsenden Überlieferung mit dem Rabbinat und dem Gemeindevorstand als oberster Entscheidungsinstanzen nicht nur in religiösen Dingen, sondern auch hinsichtlich der gesamten Gemeindeorganisation und -zugehörigkeit sowie bei der Regelung gemeindeinterner ziviler Streitfälle vorherrschend. Gemäß dem üblichen *Parochialprinzip* musste jeder, der mit den religiösen Überzeugungen und Praktiken seiner Gemeinde nicht mehr übereinstimmte, entweder das Glaubensbekenntnis wechseln oder seinen Wohnort verlassen und sich eine andere jüdische Gemeinde suchen, die ihn aufnahm. Diese strukturell isolationistische Ausrichtung wurde von der Mehrheit der Gemeindeangehörigen zwar noch als bestimmend angesehen, aber immer mehr – zumeist wirtschaftlich besser gestellte und gebildetere städtische – Juden in Deutschland erlebten die traditionellen Formen der Religion als ein gravierendes Hindernis auf dem angestrebten Weg der Akkulturation an die sie umgebende moderne Gesellschaft.

Die Mehrheit der Reformwilligen lehnte zwar die weltabgewandten und antimodernistischen Ausprägungen der traditionellen jüdischen Religion ab, strebte aber nach Gleichberechtigung als Juden. Sie verstanden die Partizipation an der modernen Gesellschaft und Kultur nicht als Belohnung für die erfolgte Angleichung, sondern im Sinne der naturrechtlichen Konstruktion vom Menschenrecht. Die Reformer erstrebten daher die Bürgerrechte ohne Aufgabe ihrer Religion. Sollte ihre Akkulturation keine völlige Assimilation sein, teuer erkauft durch eine Preisgabe des eigenen Bekenntnisses oder durch eine völlige religiöse Indifferenz, so erlaubte es allein eine Reform des religiösen Lebens den assimilationswilligen Juden, ihre Bindung an die Kultusgemeinde zugleich zu erleichtern und zu erhalten.

Dennoch sahen die altgläubigen Gegner der jüdischen Reformbestrebungen in dem durch die Neuerungen ausgelösten Wegfall des sozialen Drucks einen verhängnisvollen Faktor der Destabilisierung der Gemeinden. Sie befürchteten, dass ein lediglich als Religion verstandenes Judentum nicht mehr gemeinschaftsbildend sein werde. Ihres Erachtens war in den Reformgemeinden kein einheitlicher theologischer Leitgedanke mehr zu erkennen, der inneren Zusammenhalt zu stiften vermochte, sondern nur noch eine dem äußeren Druck nachgebende und zudem inkonsequente Anpassung an die geänderten gesellschaftlichen Verhältnisse der Umwelt.

Angesichts des Verlustes der *Gemeindeautonomie* verstanden die Reformgegner gerade die traditionelle Religion immer mehr als fundamentales Identitätskennzeichen des Judentums.

Neben den orthodoxen »*Charedim*« (»Frommen«), die die *Halacha* (s. u. S. 111 f.) in vollem Umfang aufrecht erhielten und ein uneingeschränktes Verhältnis zur Tora als alleinige Basis der Lebensgestaltung und der Weltordnung forderten, entstand die »*Neo-Orthodoxie*«. Der geläufige Begriff »*orthodox*« (»rechtgläubig«) zur Bezeichnung dieser jüdischen Glaubensrichtung ist problematisch, denn ihren Anhängern geht es weniger um rechte Dogmen als um die rechte Beachtung der Mizwot. Geprägt wurde der Begriff im 19. Jahrhundert im Zusammenhang der antitraditionellen Polemik der jüdischen Reformbewegung. Anhänger traditionsverbundener Glaubensrichtungen im Judentum bezeichnen sich oftmals als »glaubenstreu« oder selbstbewusst als »normativ«.

Die Anhänger dieses Konzeptes einer »modernen« Orthodoxie sahen sich als jüdische Angehörige des deutschen Volkes. Sie begrüßten sowohl die gesellschaftliche Emanzipation, soweit sie den inneren Kräften des Judentums freien Spielraum gewährte, als auch die moderne Wissenschaft, soweit sie ein Leben in Treue zur Tora und die Befolgung der Gebote bestätigte und stärkte. Sie lehnten jedoch beides ab, falls sie dieser unerlässlichen Treue Abbruch täten. Auf Initiative des neo-orthodoxen Frankfurter Rabbiners Samson Raphael Hirsch (1808–1888) verabschiedete 1876 der preußische Landtag ein Austrittsgesetz, dessen Inkrafttreten es Juden ermöglichte, ihre Gemeinde zu verlassen, ohne ihr Judentum aufzugeben. Viele Anhänger der Neoorthodoxie konnten sich nun von der in vielen Städten mittlerweile dominierenden liberalen jüdischen Mehrheitsgemeinde trennen und gründeten ihrerseits *Austrittsgemeinden* (z. B. Frankfurt/Main oder Berlin).

Das in Reaktion auf die Aufklärung entstandene *Reformjudentum* strebte nach der historischen und kulturellen Erforschung und Darstellung der Quellen und der Entwicklung des Judentums mit den wissenschaftlichen Methoden und Erkenntnissen der Moderne. Bereits 1819 wurde in Berlin der »*Verein für Cultur und Wissenschaft der Juden*« gegründet. Als erster Vorsitzender des Vereins amtierte Leopold Zunz (1794–1886), dessen wissenschaftliches Werk zu grundlegenden Aspekten der jüdischen Geschichte und Literatur wegweisend wurde. Zu seinen Visionen gehörte die Einführung von Jüdischen Studien als

Studienfach an deutschen Universitäten. Insbesondere fanden die Erkenntnisse der neuzeitlichen historisch-kritischen Bibelwissenschaft durch die »Wissenschaft des Judentums« Eingang ins Judentum. Die Reformer setzten sich auch als erste für die akademische Ausbildung von Rabbinern ein. Der Verein löste sich bereits 1824 wieder auf, nachdem führende Mitglieder sich hatten taufen lassen.

Gegründet wurde die erste jüdische akademische Lehranstalt, das Breslauer *»Jüdisch-theologische Seminar Fraenkelscher Stiftung«*, jedoch nicht von Vertretern einer radikalen Reform, sondern von dem gelehrten Dresdener Oberrabbiner Zacharias Frankel (1801–1875). Frankel und seine Anhänger vertraten eine *»konservative«* Mittelposition zwischen Reformern und Traditionalisten. Dieses *»positiv-historische Judentum«* geht von der traditionellen *Halacha* (s. u. S. 111 f.) aus, interpretiert sie nach modernen Kriterien und akzentuiert dabei die schöpferische Spannung zwischen der unwandelbaren Tora und den sich ändernden Lebensbedingungen. Seine Anhänger lehnen ein Aufgehen des Judentums in der Mehrheitskultur entschieden ab und versuchen, die jüdischen traditionellen Gebote und Werte so weit zu bewahren, wie sie mit der modernen Lebenswelt und der neuzeitlichen Wissenschaft vereinbar sind, ohne lebensfremd zu werden. Zur Ausbildung ihrer Rabbiner gründeten auch die anderen Richtungen später Seminare.

Mit dem Erstarken des politischen Liberalismus mehrten sich die Wortführer des Gedankens, dass die Religion als solche prinzipiell nicht dem Einflussbereich des Staates unterliegen dürfe, sondern dass sie nur noch als eine Privatsache zu gelten habe, die ihrerseits keinen bestimmenden Einfluss auf die Gesellschaft ausüben dürfe. Einer der bekanntesten Vertreter dieser Richtung war der promovierte Notar Gabriel Riesser (1806–1863). Riesser, der im Jahre 1848 in den Verfassungsausschuss und zum zweiten Vorsitzenden der Frankfurter Nationalversammlung gewählt wurde und den die Hamburger Bürgerschaft im Jahre 1859 zu ihrem Vizepräsidenten ernannte, propagierte ein jüdisches Selbstverständnis als *»Deutsche jüdischer Konfession«*. Riessers Antwort auf die *»Judenfrage«*, d. h. die Frage nach der adäquaten und berechtigten Stellung von Juden in der Gesellschaft, bestand in der liberalen Akzentuierung des privaten

Charakters der jüdischen Religion und seiner Hinwendung zum deutschen Nationalismus als Vehikel der Judenemanzipation.

Die *Märzrevolution* des Jahres 1848 schien Riessers Emanzipationskonzept zunächst zu begünstigen. Die Judenemanzipation wurde zum Bestandteil der politischen Programmatik der Liberalen, und die jüdische Reformbewegung unterstützte ihrerseits die liberalen politischen Forderungen. Die *Paulskirchenverfassung* nahm die folgende Bestimmung in die »Grundrechte des deutschen Volkes« auf:

»*(§ 16) Durch das religiöse Bekenntnis wird der Genuss der bürgerlichen und staatsbürgerlichen Rechte und Pflichten weder bedingt noch beschränkt. Den staatsbürgerlichen Pflichten darf dasselbe keinen Abbruch tun.*«

Das Scheitern der bürgerlichen Revolution in Deutschland war ein Rückschlag für die Judenemanzipation. Die Gleichberechtigung der Juden hing nun wieder von den Einzelstaaten ab. Zunächst gespeist von religiös motivierten und kirchlich tradierten, volkstümlichen Vorurteilen, fand zugleich mit der fortschreitenden Gleichstellung und Integration der Juden in Deutschland eine Identifikation von Juden und Judentum mit den personal gedachten Urhebern der wirtschaftlichen und sozialen Umwälzungen statt, die mit dem unaufhaltsamen Transformationsprozess von der statischen, ständisch-feudalen Gesellschaft zur dynamischen, bürgerlichen Konkurrenzgesellschaft verbunden waren.

In den folgenden Jahrzehnten wurde die rechtliche Lage der deutschen Juden durch eine Reihe von Verordnungen verbessert. In Preußen gelang es 1869 liberalen Abgeordneten, die Verabschiedung eines Gesetzes durchzusetzen, das in allen von Preußen annektierten Staaten nördlich der Mainlinie außer Sachsen und Hessen-Darmstadt die religiös motivierte Diskriminierung von Juden untersagte. Alle Juden im Norddeutschen Bund erlangten durch das *Emanzipationsgesetz* die politische Gleichberechtigung. Am 16. April 1871 wurde dieses Gesetz für das gesamte Territorium des durch Verträge mit den Einzelstaaten gegründeten Deutschen Reiches unter der Vorherrschaft Preußens übernommen. Viele deutsche Juden nutzten die Chancen, die sich ihnen nun boten. Manchen von ihnen gelangen erstaunliche Karrieren in vielen Bereichen von Wissenschaft, Medizin, Kultur, Industrie, Handel, Bankwesen, freien und künstlerischen Berufen.

Zeitgleich mit dem Kampf der Juden in Deutschland um ihre bürgerliche Gleichberechtigung und beeinflusst von tradierten judenfeindlichen Stereotypen war auf der Basis der traditionellen, religiös begründeten Judenfeindschaft die neuzeitliche säkulare antisemitische Ideologie entstanden. In der zweiten Hälfte des 19. Jahrhunderts entwickelte sich der rassenideologische *Antisemitismus*, der den Juden die Fähigkeit zur nationalen und kulturellen Zugehörigkeit zur Mehrheitsgesellschaft absprach, ihre kulturelle, soziale, religiöse und moralische Minderwertigkeit behauptete, dabei im Wirken des Judentums eine Schädigung nationaler und ethnischer Strukturen erblickte und daraus die Notwendigkeit der Bekämpfung des Judentums ableitete. Judenfeindliche Agitatoren und Schriftsteller wie Wilhelm Marr (1819–1904) behaupteten, die Juden seien ein degeneriertes »Mischvolk« und ein »fremdes Element« in Deutschland. Mit dem Ende der Epoche des Liberalismus und durch die ökonomischen und politischen Folgen der »*Gründerkrise*« nach 1873 erstarkten diese auf Diskriminierung und Ausgrenzung der inzwischen weitgehend emanzipierten Juden bedachten antisemitischen Strömungen.

Durch die *industrielle Revolution* wurde eine umfassende soziale Umschichtung auch in Deutschland eingeleitet. Vor diesem Hintergrund entwickelten die Antisemiten ihre Lehren zu einem System, das ihnen die vermeintliche Erklärung und Lösung aller Weltprobleme bot, und verbanden es mit einer biologisch-deterministischen *Rassenlehre*. Der moderne Antisemitismus wurde zu einer Fundamentalkritik an den Prinzipien und Erscheinungsformen der modernen liberalen Gesellschaft. Er sah in den – ebenso wie ihre nichtjüdischen Mitbürger – nach Emanzipation und sozialer Mobilität strebenden Juden die Exponenten einer von ihm missbilligten bzw. nicht verstandenen Entwicklung von Staat und Gesellschaft.

Aus der Perspektive des betroffenen Individuums erschienen die gewaltigen Umwälzungen, die mit der Entwicklung der modernen Gesellschaft einhergingen, nicht selten als undurchschaubar, verunsichernd und bedrohend –, um so mehr bei all denen, die ihren sozialen Status und ihre ökonomische Basis durch diese Entwicklung bedroht sahen. Der Antisemitismus bot die Identifikation des Judentums mit den personal gedachten Urhebern dieser wirtschaftlichen, gesellschaftlichen, politischen und kulturellen Entwicklungen an. Die Behauptung der durchweg misanthropen Absichten des Judentums als abgegrenzter und identifizierbarer – weil als Stereotype wahrgenommener – Gruppe diente als Deutungsschlüssel und als Projektionsfläche für das individuelle Bedürfnis vieler Menschen nach Welterklärung – gerade dort, wo eine Sehnsucht nach vermeintlich einfachen und klaren Antworten bestand. Die Juden wurden für die Benachteiligten und Kritiker des sich entwickelnden wirtschaftlichen Systems zur negativen Symbolfigur des Kapitalismus. Die sozial motivierten Unzufriedenheiten und die hierdurch bewirkten Kompensationssehnsüchte der Unterschicht und der vom Abstieg bedrohten Angehörigen der Mittelschicht entluden sich immer wieder in lokalen gewalttätigen Judenverfolgungen.

Seit dem späten 19. Jahrhundert erhofften sich jüdische Denker wie Moses Hess (1812–1875) oder Leon Pinsker (1821–1891) angesichts des verbreiteten Antisemitismus die Erneuerung des jüdischen Volkes durch den Aufbau Israels als einer Nation. Als Begründer der *zionistischen Weltbewegung* gilt Theodor Herzl (1860–1904) mit seiner Programmschrift »*Der Judenstaat. Versuch einer modernen Lösung der jüdischen Frage*« (1896). Der einer assimilierten jüdischen Familie entstammende Herzl hatte als Korrespondent der Wiener »Neuen Freien Presse« in Paris den Prozess gegen den französischen Hauptmann *Alfred Dreyfus* verfolgt, der zum Symbol eines konstanten Antisemitismus in einer neuzeitlichen demokratischen Gesellschaft – nicht nur in Frankreich – wurde. Herzls Behauptung des Judentums nicht als Religion, sondern als Volk mit dem Anspruch auf nationale Einheit und Territorium, im »*Basler Programm*« formuliert als angestrebte »Schaffung einer öffentlich-rechtlichen gesicherten Heimstätte für das jüdische Volk in Palästina«, entsprach nicht dem Denken und Wollen der großen Mehrheit seiner jüdischen Zeitgenossen in Mittel- und Westeuropa. Tatsächlich existierte keine politische Gemeinschaft zwischen deutschen und ausländischen Juden. Deutsche Juden fühlten sich als Deutsche, französische Juden als Franzosen. Die meisten jüdischen Deutschen um die Jahrhundertwende fühlten sich mit ihrem Heimatland Deutschland durch Sprache, Recht, Kultur und Geschichte verbunden. Die Anhänger des traditionellen Judentums lehnten vor allem Herzls areligiöse Ideen ab. Herzls zionistische Gefolgschaft repräsentierte deshalb zunächst nur ein dünnes gesellschaftliches Stratum junger Akademiker aus Deutschland und Österreich – wie der junge Martin Buber (s. u. S. 146–151) – und einfache Lohnarbeiter aus dem Ostjudentum, die allesamt noch keine Wurzeln in der bürgerlichen Gesellschaft schlagen konnten.

Erstmals gelang nun vielen deutschen Juden der gesellschaftliche Aufstieg durch ihre Fähigkeiten und Kenntnisse. Männer wie Heinrich Hertz (1857–1894), Paul Ehrlich (1854–1915), Albert Ballin (1857–1918), Kilian von Steiner (1833–1903), Hermann Tietz (1837–1907) und Gustav Mahler (1860–1911) hatten prägenden Anteil an der Wissenschaft, Wirtschaft und Kultur in der Wilhelminischen Ära. Viele deutsche Juden meldeten sich beim Ausbruch des *Ersten Weltkriegs* freiwillig, um ihren uneingeschränkten Patriotismus zu beweisen. Die Hoffnung auf eine Beförderung ihrer Gleichstellung durch die Demonstration ihrer vaterländischen Gesinnung durch mutigen Kampf für Deutschland wurde jedoch enttäuscht. Das Ergebnis einer politisch gewollten *»Judenzählung«*, die 1916 die mangelnde Tapferkeit jüdischer Frontkämpfer »beweisen« sollte, aber tatsächlich deren weit überdurchschnittlichen Einsatz zu Tage brachte, wurde nie veröffentlicht. Politische und soziale Instabilität und materielle Not nach dem verlorenen Krieg führten gerade in Deutschland zu einem erneuten Aufflammen judenfeindlicher Propaganda. Wieder wurde der Antisemitismus zum Ventil für kollektive Unzufriedenheit und Aggression. Die *»Dolchstoßlegende«* behauptete eine angebliche Verschwörung des »internationalen Judentums« gegen Deutschland. Seit 1918 strömten viele jüdische Flüchtlinge vor den Judenpogromen im bolschewistischen Russland aus dem Osten nach Deutschland. Internationale jüdische Hilfsorganisationen versuchten auch in Deutschland Leid von Juden und Nichtjuden zu lindern. Deutsche Juden waren bereits während der Kriegsjahre auf Posten der öffentlichen Verwaltung berufen worden – dies allerdings wohl weniger aus emanzipatorischen Motiven als wegen der Notwendigkeit nationaler Einheit aller Bürger des in seiner Existenz bedrohten Kaiserreichs. In der Weimarer Republik waren deutsche Juden überall in Wissenschaft (z. B. Fritz Haber [1868–1934] und Albert Einstein [1879–1955]), Medizin (z. B. Sigmund Freud [1856–1939]), Industrie und Politik (z. B. Walther Rathenau [1867–1922]), Handel und Bankwesen (z. B. Paul Warburg [1868–1932]), Architektur (z. B. Fritz Landauer [1883–1968]), Kunst (z. B. Max Liebermann [1847–1938]), Literatur (z. B. Franz Kafka [1883–1924]) und Kultur (z. B. Samuel Fischer [1859–1934] und Walter Benjamin [1892–1940]) anzutreffen. Nie gab es ein vielfältigeres, lebendigeres und religiös wie kulturell differenzierteres jüdisches Leben in Deutschland. Die Abgrenzungen der Glaubensrichtungen gegeneinander waren in vielen Bereichen fließend.

Durch die Akzeptanz der im 19. Jahrhundert entstandenen rassistischen judenfeindlichen Ideologie in großen Teilen der deutschen Bevölkerung wurde der Boden bereitet für den Erfolg der Werke antisemitischer Agitatoren, deutschnationaler Aktivisten und nationalistischer Esoteriker, die für die Planung und Begründung des nationalsozialistischen Terrors von unmittelbarer Bedeutung waren. Die Instrumentalisierung und Verbreitung dieser populären Wahnideologie durch die *Nationalsozialisten* wurden 1933 mit der Entlassung von Juden aus dem Staatsdienst, ihrem Ausschluss aus dem Kulturleben und einem reichsweiten Boykott jüdischer Geschäfte manifest. An den Universitäten wurde durch das »Gesetz gegen die Überfüllung deutscher Schulen und Hochschulen« ein Numerus clausus für Juden verhängt; durch das »Gesetz zur Wiederherstellung des Berufsbeamtentums« konnten die Hochschulen ihre jüdischen Angehörigen entlassen.

Die *Nürnberger Gesetze* von 1935 schlossen Juden von der Reichsbürgerschaft aus. Von nun an war es ihnen auch nicht mehr erlaubt, ein Staatsexamen abzulegen. Es folgten Misshandlung, gesellschaftliche Degradierung und Enteignung von Juden. Es kam zur Schließung aller jüdischen Läden und Handwerksbetriebe und während der Novemberpogrome 1938 (»*Reichskristallnacht*«) zur organisierten und gelenkten Zerstörung von insgesamt über 1000 Synagogen. Mit Wirkung vom 1. Januar 1939 mussten die Juden den Zusatznamen »Israel« bzw. »Sara« annehmen, sofern sie keine eindeutig jüdisch klingenden Vornamen besaßen. Jüdische Kinder, die bereits zuvor auf »Judenbänken« isoliert waren, konnten fortan nur noch jüdische Schulen besuchen. Eine jüdische Gemeinde nach der anderen wurde aufgehoben.

Seit September 1942 mussten die Juden den gelben *Davidstern* tragen. Auf der *Wannseekonferenz* wurde am 20. Januar 1942 die »*Endlösung*« der Judenfrage formal beschlossen. Der Judenhass der Nationalsozialisten und ihrer Parteigänger mündete schließlich in die massenhafte Verschleppung und industriell organisierte Ermordung von ca. 6 Millionen Juden in Deutschland und in den von Deutschland besetzten Ländern (»Holocaust« bzw. »Schoa«).

Bis zum Jahre 1945 waren von den deutschen Juden über 170.000 ermordet worden. Die ersten jüdischen Gemeinden im Nachkriegsdeutschland setzten sich aus wenigen Überlebenden der Konzentrationslager, Rückkehrern und zahlreichen jüdischen »displaced persons« aus Osteuropa zusammen, die nach ihrer Entlassung aus den Übergangslagern in Deutschland blieben. Zudem löste ein Aufflackern des Antisemitismus in Osteuropa eine neue Welle von jüdischen Flüchtlingen nach Deutschland aus. Gemeinsam legten diese Gruppen den Grundstein für einen Neuanfang des deutschen Judentums.

Am 19. Juli 1950 wurde in Frankfurt/Main der »*Zentralrat der Juden in Deutschland*« als weltliche Dachorganisation und Interessenvertretung aller jüdischen Gemeinden gegründet, denen ihrerseits als öffentlich-rechtliche Körperschaften alle Juden an einem Ort angehörten. Die jüdischen Gemeinden der einzelnen Bundesländer sind zusammengeschlossen in den jeweiligen Landesverbänden. Seit 1999 ist der Hauptsitz des Zentralrats in Berlin. Die von ihm nach außen vertretenen »*Einheitsgemeinden*« waren und sind aufgrund der anfänglichen Dominanz des osteuropäischen Judentums von traditionellen Formen der Religion geprägt; progressive Strömungen entwickelten sich nach 1945 zunächst nur außerhalb Deutschlands. Die Gebetsordnung der deutschsprachigen Gemeinden folgt zumeist dem osteuropäischen aschkenasischen Ritus, den der von Selig Bamberger herausgegebene »*Sidur Sefat Emet*« (Basel 1986) abbildet. Erst seit Ende des 20. Jahrhunderts ist ein beginnender Pluralisierungsprozess innerhalb des deutschen Judentums zu verzeichnen. In der *DDR* blieb die in fünf Gemeinden zusammengeschlossene jüdische Gemeinschaft sehr klein und unter ständiger Beobachtung durch den atheistisch, antizionistisch und antiisraelisch orientierten Staatsapparat.

Deutschland ist gegenwärtig das Land, dessen jüdische Bevölkerung weltweit am schnellsten wächst. Der Charakter der jüdischen Gemeinden in Deutschland hat sich allerdings durch die Zuwanderung zahlreicher Juden aus den aus der ehemaligen Sowjetunion hervorgegangenen Staaten gründlich verändert. In vielen Gemeinden bilden sie gegenwärtig die Mehrheit. Auch nichtorthodoxe religiöse Gemeinschaften sind im Wachsen und kämpfen für ihre Rechte. Ebenso wie das Christentum hat auch das deutsche Judentum heute mit fortschreitender Säkularisierung, religiöser Indifferenz und religiösen Bildungsdefiziten vieler Gemeindeglieder zu kämpfen.

Der Zentralrat der Juden in Deutschland zählte für das Jahr 2006 102 jüdische Gemeinden mit mehr als 104.000 Mitgliedern. Hinzu kommen die Mitglieder der wachsenden liberalen Gemeinden, die von dieser Zählung nicht erfasst werden.

2.

DOKUMENTE DES JUDENTUMS

Die Tora

Die *Tora* ist die Voraussetzung der wesenhaft nachbiblischen jüdischen Religion. Der Begriff Tora (hebr. »Lehre«, »Weisung«) bezeichnet im engeren Sinne den *Pentateuch* (griech. »Fünf-buch«: Genesis; Exodus; Leviticus; Numeri; Deuteronomium), d. h. die fünf Bücher Moses als Kern der hebräischen heiligen Schriften des Judentums (»*schriftliche Tora*«). Im weiteren Sinne bezeichnet der Begriff in jüdischer Tradition die Gesamtheit der gemäß Ex 19 ff. am Sinai ergangenen und als verbindlich gel-tenden Wortoffenbarung Gottes, deren nicht in der schriftlichen Tora enthaltene Teile von Moses an mündlich tradiert wurden (»*mündliche Tora*«). Schriftliche und mündliche Tora gelten im Judentum als gemeinsame Quelle der *Halacha* (s. u. S. 111 f.).

Die in narrative Kontexte von der Erschaffung der Welt bis zum Tod des Moses eingebetteten und so planvoll heilsge-schichtlich verankerten rechtlichen und kultischen Traditions-komplexe, Textschichten und Erzählwerke der Tora, die mehr-heitlich dem priesterlichen Überlieferungsbereich entstammen, härteten in exilisch-nachexilischer Zeit (s. o. S. 16 ff.) zu einem geschlossenen und fortan relativ einheitlich überlieferten Text-corpus aus, der zum bestimmenden Basisdokument für die reli-giöse und politische Konstitution des Judentums wurde. Unter Aufnahme weisheitlicher Traditionen entstanden über die Jahr-hunderte die Vorstellungen, in der Tora als Zeichen der Erwäh-lung und Verpflichtung Israels sei der geoffenbart allumfassende Gotteswillen, das präexistente Werkzeug und der Bauplan der Schöpfung und der einzige Weg des Frommen zum individu-ellen und kollektiven Heil enthalten. In Reaktion auf den Druck durch das Christentum gewann die jüdische *Torafrömmigkeit* im rabbinischen Judentum (s. u. S. 109 ff.) deutliche Konturen als Symbol einer umfassenden Perspektive auf die Welt und einer dieser Perspektive entsprechenden Lebensführung.

Die Tora gilt als der exklusive Ort der heilvollen Offenbarung Gottes in Gestalt seiner Selbstmitteilung und der Kundgebung seines Willens. Sie war und ist für den frommen Juden der Weg zum Heil, denn in ihr hat Gott den Menschen die Möglichkeit eröffnet, in Übereinstimmung mit seinem Willen zu leben. Sie ist Grundlage der Beziehung Gottes zu Israel als Volk und eröffnet ihm das Verständnis für die Welt als den Raum von Gottes Offenbarung. Die Zahl der *Gebote und Verbote* in der schriftlichen Tora beträgt nach traditioneller rabbinischer Zählung 613. Den 365 Verboten, so viele wie die Zahl der Tage im Sonnenjahr, stehen 248 Gebote gegenüber, so viele wie die Anzahl der Knochen im menschlichen Körper. Diese idealen Zahlen sollen versinnbildlichen, dass sich die in der Tora enthaltene Lebensweisung Gottes auf den gesamten Kosmos und auf das gesamte Leben des Menschen erstreckt.

Der verbreitete deutsche Begriff »Gesetz« zur Wiedergabe des hebräischen Wortes stellt eine Engführung dar und ist ungenau. Zwar war die Tora in hellenistisch-römischer Zeit auch *Staatsgesetz bzw. Verfassung* des von Hohempriester und Sanhedrin regierten jüdischen Tempelstaates Jerusalem (s. o. S. 22 f.), aber ihre Weisungen wurden von frommen Juden zu keiner Zeit als Vorschriften empfunden, die die private Lebensführung beengten, sondern als Möglichkeit, das ganze Leben nach Gottes Willen auszurichten. Hierin liegt auch eine grundlegende theologische Differenz zwischen dem Judentum und dem Christentum, denn für das Christentum wurde der Messias, Jesus Christus, der exklusive Weg zum Heil (s. o. S. 24 f.). Der oft zu hörende und zu lesende Satz, der Hauptunterschied zwischen Judentum und Christentum bestehe darin, dass »die Juden noch auf den Messias warten würden, während die Christen glaubten, dass er in Jesus aus Nazaret bereits angekommen wäre«, ist falsch, denn er geht von falschen Voraussetzungen aus. Im Judentum hat die Tora und nicht die Gestalt des Messias eine zentrale Bedeutung als Heilsweg.

Da rief Moses ganz Israel zu und sagte zu ihnen: Höre, Israel, die Gesetze und Rechtsordnungen, die ich heute vor euren Ohren darstelle; lernet sie und habet acht, sie zu erfüllen. Gott, unser Gott, hat mit uns einen Bund zu Choreb geschlossen. Nicht mit unseren Vorfahren hat Gott diesen Bund geschlossen, sondern mit uns, wir, die wir hier heute alle noch am Leben sind. Angesicht in Angesicht hat Gott mit euch auf dem Berge aus dem Feuer heraus gesprochen. Ich stand zu jener Zeit zwischen Gott und euch, euch das Wort Gottes entgegen zu bringen; denn ihr fürchtetet euch vor dem Feuer und waret nicht den Berg hinangegangen zum Ausspruch: Ich Gott sei dein Gott, der ich dich aus dem Lande Mizrajim, aus dem Sklavenhause hinaufgeführt. Es soll dir nicht ein anderer Gott sein vor meinem Angesichte. Mache dir nicht in Bild, nicht in irgendeiner Darstellung, was im Himmel in der Höhe, was auf Erden in der Tiefe oder was im Wasser ist tief unter der Erde; wirf dich ihnen nicht hin und diene ihnen nicht; denn ich G«tt, dein Gott, bin ein sein ausschließendes Recht fordernder Gott, denke die Sünde von Eltern an Kindern und an dritten und vierten Geschlechtern denen, die mich hassen, und übe Liebe tausenden, denen, die mich lieben, und denen, die meine Gebote hüten. Nimm nicht den Namen Gott, deines Gottes, zu Gleichgültigem auf dich; denn es läßt Gott den nicht frei, der seinen Namen zu Gleichgültigem auf sich nimmt. Hüte den Sabbattag, ihn zu heiligen, wie dir Gott, dein Gott, geboten. Sechs Tage diene und schaffe all dein Werk, und der siebente Tag ist Sabbat Gott, deinem Gotte; keinerlei Werk sollst du schaffen, du und dein Sohn und deine Tochter und dein Knecht und deine Magd und dein Ochs und dein Esel und all dein Vieh und dein Fremder, der in deinen Toren, damit dein Knecht und deine Magd dir gleich ruhen; und gedenke, dass du Sklave im Lande Mizrajim warst, als Gott, dein Gott, dich von dort mit starker Hand und mit gestrecktem Arme hinausgeführt; darum hat Gott, dein Gott, dir geboten, den Sabbattag in Tat zu vollziehen. Ehre deinen Vater und deine Mutter, wie dir Gott, dein Gott, geboten, damit lange deine Tage dauern und damit es dir gut ergehe auf dem Boden, den Gott, dein Gott, dir gibt. Du sollst nicht morden, und du sollst nicht ehebrechen; und du sollst nicht stehlen; und du sollst nicht als nichtiger Zeuge wider deinen Nächsten aussagen. Und du sollst nicht erlüsten das Weib deines Nächsten, und sollst dir nicht gelüsten das Haus deines Nächsten, sein Feld, seinen Knecht, seine Magd, seinen Ochsen und seinen Esel, noch irgend, was deinem Nächsten gehört. Diese Worte sprach Gott zu eurer ganzen Versammlung auf dem Berge aus dem Feuer heraus, dem Gewölke und dem Wolkendüster – eine große Stimme, und reichte nicht weiter – und schrieb sie auf zwei Steintafeln und gab sie mir. Da war es, als ihr die Stimme aus der Dunkelheit heraus hörtet und der Berg in Feuer lohete:

da tratet ihr zu mir hin, alle Häupter eurer Stämme und eure Ältesten, und sagtet: Siehe, es hat Gott, unser Gott, uns seine Herrlichkeit und seine Größe sehen lassen, und seine Stimme haben wir aus dem Feuer heraus gehört; heute haben wir gesehen, dass Gott mit dem Menschen spreche und er am Leben bleibe. Und nun, warum sollen wir sterben, dass uns dieses große Feuer verzehre! Fahren wir nicht fort, Gottes, unseres Gottes, Stimme zu hören, so sterben wir. Denn irgendwer in seiner Leiblichkeit ist es, der die Stimme des lebendigen Gottes aus dem Feuer heraus uns gleich reden gehört hat und ist am Leben geblieben! Tritt du hin und höre alles, was Gott, unser Gott, sagen wird, und du sprich getreu zu uns alles, was Gott, unser Gott, zu dir sprechen wird, wir werden es hören und vollbringen. Da hörte Gott die Stimme eurer Worte, indem ihr zu mir sprachet, und Gott sagte zu mir: Ich habe die Stimme der Worte dieses Volkes gehört, welche sie zu dir gesprochen haben; sie haben alles gut gemeint, was sie gesprochen. Wer gäbe, dass diese ihre Gesinnung ihnen bleibe, mich zu fürchten und alle meine Gebote zu hüten alle Tage, damit es ihnen und ihren Kindern auf ewig wohl ergehe. Gehe, sage ihnen: Kehret zu euren Zelten zurück. Und du, hier bleibe bei mir, damit ich zu dir die ganze Verpflichtung, die Gesetze und die Rechtsordnungen ausspreche, welche du sie lehren sollst, und haben sie sie in dem Lande zu vollbringen, welches ich ihnen zum Besitze gebe. So erfüllet denn achtsam, wie euch Gott, euer Gott, geboten, weichet nicht rechts noch links. In dem ganzen Wege, den euch Gott, euer Gott, geboten, wandelt, damit ihr lebet und euch wohl sei und ihr lange in dem Lande bleibet, welches ihr in Besitz nehmet.

5. Buch Moses 5,1–30 (Übers. Samson Raphael Hirsch)

Literatur: F. Crüsemann, Die Tora. Theologie und Sozialgeschichte des alttestamentlichen Gesetzes, München 1992; F. Avemarie, Tora und Leben (TSAJ 55), Tübingen 1996; H. Seebaß, Art. Pentateuch, in: TRE 26 (1996), S. 185–209; E. Zenger (Hg.), Die Tora als Kanon für Juden und Christen (HBSt 10), Freiburg i. Br. u.a. 1996; E. Zenger, Einleitung in das Alte Testament (KStTh 1,1), Stuttgart ⁵2004, S. 60–187.

DIE HEBRÄISCHE BIBEL

Die Tora bildete gemeinsam mit den Prophetenbüchern und den Hagiographen eine dem Umfang nach im ersten Jahrhundert bereits feststehende (vgl. 4. Esra 14,44–46; Josephus, Gegen Apion 1, 38–42) Sammlung 22 bzw. 24 (entsprechend der Anzahl der Buchstaben im hebräischen bzw. griechischen Alphabet) göttlich inspirierter und widerspruchsfreier heiliger Schriften, die hebräische Bibel (*TeNaK*). Zum Kanonteil *Nebiim* (»Propheten«) zählen neben den eigentlichen Schriftpropheten auch die Bücher Josua bis 2. Könige, zu den *Ketubim* (»Hagiographen«) die Psalmen, welche als Dichtungen König Davids galten, die Sprüche, Hiob und die fünf »*Megillot*« (»Schriftrollen«), das Hohe Lied Salomos, das Buch Rut, die Klagelieder Jeremias, Prediger und Ester, die an bestimmten Feiertagen im Gottesdienst verlesen wurden.

Die bislang identifizierten Textfunde aus *Qumran* (s. o. S. 26–28) und aus der Wüste Juda haben gezeigt, dass die Tora im Judentum über Jahrhunderte hinweg immer wieder bearbeitet wurden und bereits in der Antike in einer Vielfalt von unterschiedlichen Textformen und Rezensionen vorlag. Grundsätzlich lassen sich aufgrund signifikanter gemeinsamer Merkmale drei verschiedene *Textformen* bzw. Lokaltypen der hebräischen Bibel unterscheiden: eine alexandrinische, eine palästinische und eine babylonische Rezension (neben diesen drei im ägyptischen, palästinischen und babylonischen Judentum entstandenen Rezensionen steht noch die von diesen unabhängige Texttradition des samaritanischen Pentateuchs). Während die alexandrinische Textgestalt nach der Tempelzerstörung im Jahre 70 und dem Untergang der ägyptischen Diaspora zu Beginn des zweiten Jahrhunderts durch die von der neuen Elite des Rabbinats vehement geförderte palästinische Tradition fast völlig verdrängt wurde, konnte der babylonische Text im Osten wohl fortbestehen, wenn es auch im Verlauf seiner Überlieferung immer wieder Angleichungen gegeben haben wird, bis sich die palästinischen jüdischen Gelehrten von Tiberias schließlich durchsetzen konnten. Der heute gebräuchliche hebräische Bibeltext beruht grundlegend auf dem palästinischen Lokaltypus der jüdischen heiligen Schriften. Die Überlieferung des (in aramäischer Quadratschrift geschriebenen) *Konsonantentextes* der jüdischen heiligen Schriften war jahrhundertelang in Bewegung. Diese *Textfluktuation* und das Nebeneinander verschiedener hebräischer Textgestalten verfestigten sich erst um die Zeitenwende zu einer Textform, die als »*protomasoretisch*« bezeichnet wird. Die verschiedenen protomasoretischen Kopien, Rezensionen und Überlieferungen der hebräischen Bibel beruhen jedoch ihrerseits auf keinem ursprünglichen und eindeutig zu fixierenden literarischen Ort im Sinne eines »*Urtextes*«. Vielmehr stellen sie alle jeweils eine redaktionelle Auswahl unterschiedlicher hebräischer Textformen mit eigenständigem Charakter dar, an denen bisweilen jahrhundertelang redigierend gearbeitet wurde und die in keine eindeutige ursächliche oder gar chronologische Abfolge zu bringen sind. Ein auf den Annahmen einer eindeutigen redaktionellen Identität und einer einheitlichen Text- und Verständnistradition »*des*« Bibeltextes beruhendes lineares literarisches Entwicklungsmodell ist vor diesem Hintergrund nicht mehr als eine Glaubensüberzeugung. Mit anderen Worten: Es gibt keinen buchstäblich rekonstruierbaren »Urtext« der hebräischen Bibel; ihre Entstehungsgeschichte und ihre Textgeschichte überschneiden sich.

In der Spätzeit des Zweiten Tempels (s. o. S. 24 f.) begann sich in Palästina die protomasoretische Textform allmählich durchzusetzen; sie härtete jedoch – ebenso wie die Abgrenzung des »kanonischen« Inhalts der hebräischen Bibel – erst im zweiten Jahrhundert, u. a. aufgrund des Kulturdrucks durch das sich formierende und ausbreitende Christentum (s. o. S. 32 f.), zu einer konstanten und fortan auch im Diasporajudentum sehr einheitlich und stabil überlieferten Textgröße aus: der für das Judentum maßgeblich gewordenen *masoretischen Texttradition*. Gleichzeitig verfestigten sich die hermeneutischen Regeln der jüdischen Textauslegung. Im Verlauf eines jahrhundertelangen, kontinuierlichen Standardisierungsprozesses wurden fortan sprachlich vereinfachende hebräische »Vulgärtexte« zugunsten traditioneller (bzw. als traditionell erachteter) Texttraditionen aufgegeben. Hiervon abweichende Texttraditionen wurden vom Hauptstrom der Textüberlieferung im rabbinischen Judentum zunächst entweder durch Korrektur angeglichen oder gänzlich verworfen.

Dieser lang andauernde Prozess fand seinen Abschluss in der Vereinheitlichungsarbeit der schriftgelehrten *Masoreten* (»*Tradenten*«). In den Masoretenschulen wurde seit dem 8. Jahrhundert eine auch in der Aussprache und Phrasierung des maßgeblichen hebräischen Bibeltextes überlieferte Verständnistradition des gesicherten Konsonantenbestandes des palästinischen Lokaltypus mittels eines detaillierten Vokalisationssystems für den synagogalen Gebrauch vereinheitlicht, fixiert und gesichert. Dem masoretischen Bibeltext folgten nahezu alle späteren hebräischen Bibelhandschriften und Drucke sowie die meisten Bibelzitate in der rabbinischen Traditionsliteratur.

Literatur: Chr. Dohmen, G. Stemberger, Hermeneutik der Jüdischen Bibel und des Alten Testaments (KStTh 1,2), Stuttgart u.a. 1996; M. Sæbø (Hg.), Hebrew Bible/Old Testament. The History of Its Interpretation, Bd. I/1, Göttingen 1996; Bd. I/2, Göttingen 2000; H. Liss, Tanach – Lehrbuch der jüdischen Bibel, Heidelberg 2005.

JÜDISCHE SCHRIFTEN AUS HELLENISTISCH-RÖMISCHER ZEIT

In allen katholischen Bibelübersetzungen und auch in einigen Ausgaben der Lutherbibel finden sich zwischen den Schriften des Alten und des Neuen Testaments die sogenannten Apokryphen (»Verborgenen«), die Bücher Judit, Tobit, Jesus Sirach, Baruch, die Weisheit Salomos, zwei Bücher der Makkabäer, Stücke zu Ester und Daniel, schließlich das Gebet Manasses. Keine dieser zwischen ca. 200 v. Chr. und dem ersten Jahrhundert entstandenen griechischen Schriften überwiegend lehrhaften Charakters ist in den jüdischen Sammlungen heiliger Schriften enthalten. Keine von ihnen war jemals Bestandteil des jüdischen

Kanons (»Maßstabs«) zum gottesdienstlichen Gebrauch geeigneter heiliger Schriften, wenn auch einige von ihnen derart geschätzt wurden, dass so mancher der Rabbinen es gern gesehen hätte, wenn einige von ihnen in den Rang einer heiligen Schrift erhoben worden wären.

Die *Apokryphen* begegnen uns als (in Anordnung und Umfang voneinander abweichende) Sammlungen allein in christlichen Bibelhandschriften. Erhalten sind sie fast ausschließlich in der Überlieferung der Kirche. Als Dokumente der Glaubensvorstellungen im antiken Judentum zu hellenistisch-römischer Zeit sind die Apokryphen jedoch von großem Wert. Ähnliches gilt auch für die *Pseudepigraphen*. Dieses religiöse Schrifttum hatte zunächst allein innerhalb einzelner jüdischer Gruppierungen Geltung. Der Begriff »*Pseudepigraphen*« meint eigentlich Schriften, die unter einem Pseudonym in Umlauf waren. Diese Definition ist in mehrfacher Hinsicht problematisch, denn zum einen fehlt bei einigen dieser Schriften jeglicher Hinweis auf den Verfasser, und zum anderen sind auch die fünf Bücher Moses nicht von Moses selbst abgefasst.

Strahlend und unvergänglich ist die Weisheit; wer sie liebt, erblickt sie schnell, und wer sie sucht, findet sie. Denen, die nach ihr verlangen, gibt sie sich sogleich zu erkennen. Wer sie am frühen Morgen sucht, braucht keine Mühe, er findet sie vor seiner Türe sitzen. Über sie nachzusinnen ist vollkommene Klugheit; wer ihretwegen wacht, wird schnell von Sorge frei. Sie geht selbst umher, um die zu suchen, die ihrer würdig sind; freundlich erscheint sie ihnen auf allen Wegen und kommt jenen entgegen, die an sie denken. Ihr Anfang ist aufrichtiges Verlangen nach Bildung; das eifrige Bemühen um Bildung aber ist Liebe. Liebe ist Halten ihrer Gebote; Erfüllen der Gebote sichert Unvergänglichkeit, und Unvergänglichkeit bringt in Gottes Nähe. So führt das Verlangen nach Weisheit zur Herrschaft hinauf. Ihr Herrscher der Völker, wenn ihr Gefallen an Thronen und Zeptern habt, dann ehrt die Weisheit, damit ihr ewig herrscht. Ich will verkünden, was die Weisheit ist und wie sie wurde, und will euch kein Geheimnis verbergen. Ich will ihre Spur vom Anfang der Schöpfung an verfolgen, ihre Kenntnis will ich verbreiten und nicht an der Wahrheit vorbeigehen. Verzehrender Neid soll mich nicht auf meinem Weg begleiten; denn er hat mit der

Weisheit nichts gemein. Eine große Anzahl von Weisen ist Heil für die Welt, ein kluger König ist Wohlstand für das Volk. Lasst euch also durch meine Worte unterweisen; es wird euch von Nutzen sein.

WEISHEIT SALOMOS 6,12–25

Unter den »*Apokryphen und Pseudepigraphen*« bzw. »jüdischen Schriften aus hellenistisch-römischer Zeit« finden sich die unterschiedlichsten literarischen Gattungen: Weisheitsliteratur, Rechtsquellen, liturgische und poetische Texte, Geschichtsschreibung, Geheimwissen, zeitgeschichtliche Kritik und Polemik, Prophezeiungen, Orakel und die sogenannte »apokalyptische«, den Weltlauf deutende und das erwartete Weltende enthüllende Literatur. Die Funktionen dieser jüdischen Schriften bestanden vor allem in der Ermahnung, Tröstung, Vergewisserung und Konsolidierung der Gemeinschaft. Daneben findet sich häufig zeitgeschichtliche Legitimation, Kritik und Polemik.

Text: E. Kautzsch (Hg.), Die Apokryphen und Pseudepigraphen des Alten Testaments, Tübingen u.a. 1900 (Ndr. Darmstadt 1992); W. G. Kümmel, H. Lichtenberger (Hg.), Jüdische Schriften aus hellenistisch-römischer Zeit (JSHRZ), Gütersloh 1973 ff.

Literatur: L. Rost, Einleitung in die alttestamentlichen Apokryphen und Pseudepigraphen einschließlich der großen Qumran-Handschriften, Heidelberg, Wiesbaden 1979; S. Meurer, Die Apokryphenfrage im ökumenischen Horizont, Stuttgart ²1993.

DIE APOKALYPTIK

Der Begriff »*Apokalypse*« wurde von der christlichen Johannesoffenbarung (Apk 1,1) auf sachlich verwandte antike jüdische Schriften übertragen. Sein Gebrauch als literarische Gattungsbezeichnung ist sekundär. Zu den zentralen Bestandteilen apokalyptischer Vorstellungen gehört der Gedanke, dass das Heil von einer Zukunft erwartet wird, für deren Konturen die bekannten Modelle göttlichen Heilshandelns keine Verlässlichkeit mehr besitzen. Die Erlösung der Gerechten wird als grundlegende Veränderung der bedrückenden irdischen Verhältnisse verstanden; sie ist nicht die kausale Folge, sondern das Ende der Geschichte. Die Apokalyptik birgt eine bestimmte Betrachtungsweise der Welt und der Geschichte, deren Dauer in Perioden berechnet wird.

Träger der apokalyptischen Literatur waren glaubenstreue Strömungen im Judentum wie z. B. die Essener (s. o. S. 27 f.), die angesichts der als bedrohlich empfundenen Diskrepanz zwischen ihren individuellen Glaubensüberzeugungen und ihrer Wahrnehmung der Gegenwart (bzw. ihrer enttäuschten Hoffnungen) ihren Blick auf das baldige endgültige, rettende Eingreifen Gottes selbst oder seines Mandatars in das bedrohliche Weltgeschehen richteten. Im Kontext solcher Hoffnungen auf eine Durchsetzung der Königsherrschaft Gottes stand auch die Erwartung des »Messias« (»Gesalbten«; s. o. S. 24) als eines idealen, davidischen Königs, der sein Volk Israel bis zur endgültigen Umwandlung der Welt von der Fremdherrschaft befreit.

Und danach geschah es: Henoch berichtete aus den Büchern, und Henoch sprach: »Über die Kinder der Gerechtigkeit und über die Auserwählten der Welt und über die Pflanze der Rechtschaffenheit – darüber will ich zu euch reden, und ich habe es euch, meine Kinder, wissen lassen; ich, Henoch, entsprechend dem, was mir in der Vision des Himmels erschienen ist und (was) ich durch die Rede der heiligen Engel weiß und durch die Tafeln des Himmels erkannt habe.« Und also fing er an, aus den Büchern zu erzählen, und sprach: »Ich bin als der Siebente in der ersten Woche geboren, solange Recht und Gerechtigkeit noch andauerten.

Und nach mir, in der zweiten Woche, wird sich die große Bosheit erheben, und die Falschheit wächst empor, und in ihr wird das erste Ende sein, und in ihr wird ein Mann gerettet werden. Nachdem (sie) zu Ende ist, wird die Ungerechtigkeit wachsen, und er wird den Sündern eine Ordnung schaffen. Und danach, in der dritten Woche, an ihrem Ende, wird ein Mann zur Pflanze des gerechten Gerichts erwählt werden, und nach ihm wird die Pflanze der Gerechtigkeit für immer und ewig erscheinen. Und danach, in der vierten Woche, an ihrem Ende, werden die Visionen der Heiligen und Gerechten gesehen werden, und ein Gesetz wird für alle Generationen und ein umfriedeter Raum wird für sie geschaffen werden. Und danach, in der fünften

Woche, an ihrem Ende, wird das Haus der Herrlichkeit und Herrschaft für die Ewigkeit gebaut werden. Und danach, in der sechsten Woche, werden die, die in ihr leben werden, alle verblendet sein, und die Herzen aller werden die Weisheit vergessen; und in ihr wird ein Mann auffahren, und an ihrem Ende wird das Haus der Herrschaft mit Feuer verbrannt werden, und in ihr wird das ganze Geschlecht der auserwählten Wurzel zerstreut werden.

Und danach, in der siebten Woche, wird sich ein abtrünniges Geschlecht erheben, und seine Taten (werden) zahlreich (sein), aber alle seine Taten (werden) Abfall (sein). An ihrem Ende werden die erwählten Gerechten von der ewigen Pflanze der Gerechtigkeit erwählt werden, denen siebenfache Unterweisung über seine ganze Schöpfung zuteil werden soll. Und danach werden die Wurzeln der Ungerechtigkeit abgehauen werden, und die Sünder werden mit dem Schwert vernichtet werden; den Gottlosen (oder: Lästerern) werden sie an jedem Ort abgehauen, und die, die Ungerechtigkeit vorhaben und Lästerung begehen, werden mit dem Schwert vernichtet werden. Und danach wird eine andere (Woche) sein, die achte Woche, die der Gerechtigkeit, und ein Schwert wird ihr gegeben werden, damit ein gerechtes Gericht an denen vollzogen werde, die Unrecht verüben, und die Sünder werden in die Hände der Gerechten ausgeliefert werden. Und an ihrem (der Woche) Ende werden sie wegen ihrer Gerechtigkeit Häuser erwerben, und ein Haus wird gebaut werden für den großen König zur Herrlichkeit bis in Ewigkeit. Und danach, in der neunten Woche, wird das gerechte Gericht der ganzen Welt offenbart werden, und alle Werke der Gottlosen werden von der ganzen Erde verschwinden, und die Erde wird zur Vernichtung aufgeschrieben werden; und alle Menschen werden nach dem Weg der Rechtschaffenheit schauen. Und danach, in der zehnten Woche, im siebenten Teil, wird das ewige Gericht stattfinden, und es wird an den Wächtern des ewigen Himmels vollzogen, das (große) Gericht, das mitten unter den Engeln ausbrechen wird. Und der erste Himmel wird verschwinden und vergehen, und ein neuer Himmel wird erscheinen, und alle Kräfte der Himmel werden siebenfach leuchten in Ewigkeit. Und danach werden viele Wochen – ohne Zahl – in Ewigkeit sein, in Glück (oder: Güte) und in Gerechtigkeit, und die Sünde wird von da an nicht mehr erwähnt werden bis in Ewigkeit.

Äthiopischer Henoch 93,1–10; 91,11–17

Literatur: S. Beyerle, Von der Löwengrube ins himmlische Jerusalem: Erwägungen zur jüdischen Apokalyptik, in: GlLern 14 (1999), S. 23–34; Gerbern Oegema, Apokalypsen (JSHRZ IV 1,5), Gütersloh 2001.

PHILON VON ALEXANDRIEN

Der jüdische Religionsphilosoph Philon aus Alexandria (ca. 20 v. Chr.–50) ist ein wichtiger Repräsentant »modernen« jüdischen Denkens in der ägyptischen Diaspora im ersten Jahrhundert (s. o. S. 35 f.). Er unternahm in seinem umfangreichen theologischen und philosophischen Werk den Versuch, die Tora und besonders die mosaische Gesetzgebung, die er vorwiegend allegorisierend auslegte, um ihren vernünftigen Charakter zu beweisen, mit einzelnen Gedanken der zeitgenössischen stoischen und platonischen Philosophie, insbesondere mit dem Intellektoptimismus und der Ideenlehre, zu verbinden, ohne dabei die biblisch-jüdische Tradition oder gar den bildlosen Monotheismus preiszugeben.

Er (Moses) sagte: »erschuf Gott den Himmel und die Erde.« Darunter versteht er nicht, wie manche glauben, den Anfang hinsichtlich der Zeit; denn die Zeit existierte nicht vor der Welt, sie ist vielmehr entweder mit ihr oder nach ihr ins Dasein getreten. Denn da die Zeit das Intervall der Bewegung des Weltalls ist, Bewegung aber nicht früher als das Bewegte eintreten kann, sondern entweder später oder zugleich entstanden sein muss, so muss auch die Zeit entweder ebenso alt sein wie die Welt oder jünger als sie sein; der Versuch, sie als älter zu erweisen, wäre unphilosophisch. Wenn aber hier unter »Anfang« nicht der zeitliche zu verstehen ist, so wird natürlich der Anfang der Zahl nach gemeint sein, so dass »im Anfang schuf« dasselbe bedeutet wie »zuerst schuf« er den Himmel. In der Tat ist es vernunftgemäß, dass dieser als das vorzüglichste und aus dem reinsten (Stoff) der Materie gebildete aller geschaffenen Dinge zuerst ins Dasein trat, da er die hochheilige Wohnung der sichtbaren und sinnlich wahrnehmbaren Götter sein sollte. Denn wenn auch der Schöpfer alles zugleich erschuf, so war doch nichtsdestoweniger Ordnung in der schönen Schöpfung; denn nichts ist schön bei Unordnung. Ordnung aber ist die Aufeinanderfolge und Verbindung vorangehender und nachfolgender Dinge, wenn auch nicht immer in der Ausführung, so doch in den Gedanken der Verfertiger; so klar und deutlich und nicht verworren, mussten diese gefasst sein. Zuerst also erschuf der Schöpfer einen unkörperlichen Himmel und eine unsichtbare Erde und die Idee der Luft und die des leeren Raumes; von den beiden letzteren nannte er die eine »Finsternis«, da der Luftraum seiner Natur nach dunkel ist, die andere »Abgrund«, denn der leere Raum ist sehr tief und weit ausgedehnt. Dann schuf er die unkörperliche Substanz des Wassers und die des Lufthauches und zu allen (diesen Dingen) als siebentes die Idee des Lichtes, das gleichfalls unkörperlich war, das gedachte Musterbild der Sonne und aller Licht spendenden Gestirne, die am Himmel entstehen sollten.

PHILON VON ALEXANDRIEN, ÜBER DIE WELTSCHÖPFUNG, § 7

Text: Leopold Cohn u. a., Philo von Alexandria, Die Werke in deutscher Übersetzung, 7 Bde., Berlin 1962–1964.

Literatur: I. Heinemann, Philons griechische und jüdische Bildung, Breslau 1932; M. Frenschkowski, Art. Philon von Alexandrien, in: BBKL 7 (1994), Sp. 523–539.

FLAVIUS JOSEPHUS

Als der bedeutendste jüdische Schriftsteller der Antike gilt Flavius Josephus (37/38–ca. 100). Sein literarisches Werk ist für die Erhellung der Geschichte und Religion des Judentums in der hellenistisch-römischen Zeit von großem Wert. Seine literarischen Hauptanliegen bestanden in der Verteidigung des Judentums und in der religiösen Interpretation der Geschichte seines Volkes für die Zeit nach der Zerstörung des Zweiten Tempels im Jahre 70 (s. o. S. 28 f.).

Erhalten sind vier Schriften des Josephus in griechischer Sprache. Als sein erstes Werk gilt der in sieben Bücher gegliederte »Jüdische Krieg« (»*De bello Iudaico*«), veröffentlicht kurz vor dem Tod Kaiser Vespasians (90), in dem er nach einer ausführlichen Vorgeschichte umfassend von den dramatischen Ereignissen berichtet, deren Augenzeuge er wurde. Im ersten Regierungsjahr Domitians (93/94) schrieb Josephus sein umfangreichstes Werk, die an gebildete Griechen und Römer gerichteten »Jüdischen Altertümer« (»*Antiquitates Iudaicae*«). In dieser griechischen Version der jüdischen Geschichte mit speziell religiösen Implikationen stellte er anhand einer ausführlichen Nacherzählung der hebräischen heiligen Schriften und zahlreicher weiterer Quellen in 20 Büchern dar, wie sich das Judentum im Verlauf seiner langen und bewegten Geschichte von der Erschaffung der Welt bis zum Ausbruch des Jüdischen Kriegs im Jahre 66 entwickelte, in welchen Staatsformen es sich im Laufe der Zeit organisierte, wie seine Gesetze und Sitten beschaffen sind und auf wen diese zurückgehen.

Als einen knappen Anhang zu den »Jüdischen Altertümern« verfasste Josephus seine eigene »Biographie« (»*Vita*«), in der er von seiner priesterlichen Herkunft, seinem persönlichen Werdegang und seinem bisherigen Wirken (insbesondere seiner Teilnahme am Jüdischen Krieg) erzählt, um seine – offenbar nicht unumstrittene – Qualifikation als Geschichtsschreiber und Feldherr unter Beweis zu stellen. Als letzte uns erhaltene Schrift veröffentlichte der antike jüdische Schriftsteller eine in zwei Bücher gegliederte Verteidigung des Judentums »Gegen Apion« (»*Contra Apionem*«), in der er sich gegen die verfälschende Böswilligkeit judenfeindlicher Autoren wie des alexandrinischen Grammatikers Apion bei der Darstellung der Geschichte des Judentums zur Wehr setzte, indem er danach trachtete, sie gravierender Fehler zu überführen, nämlich der mangelnden Übereinstimmung, der fehlenden Wahrheitsliebe und des geringen Alters ihrer Quellen. Das Werk enthält zahlreiche wertvolle Auszüge aus den umfangreichen Schriften bekannter antiker Historiker wie z. B. Manetho, Menander oder Berossos, die an keiner anderen Stelle überliefert sind.

Während Josephus im Judentum bald als »Verräter« in Ungnade fiel, weil er im Verlauf des Krieges zu den Römern übergelaufen war, hatte die christliche Kirche ein großes Interesse an der Überlieferung seiner Werke. Die Kirchenväter verstanden insbesondere den »Jüdischen Krieg« und die hierin enthaltene ausführliche Schilderung der Belagerung und Zerstörung Jerusalems als Beweis für die Voraussagen Jesu über das Ende des Zweiten Tempels (Mk 13,1f.parr.; s. o. S. 28 f.), weswegen gerade dieses Werk im Christentum besonders häufig abgeschrieben wurde.

Josephus hat viele Vorgänge und Ereignisse genau beobachtet und zahlreiche authentische Dokumente und Quellen wiedergegeben. Er bietet als vornehmer Jerusalemer Priestersohn viele zuverlässige Informationen aus dem Umkreis des Jerusalemer Tempels und beweist zugleich eindrücklich, wie tiefgehend die Verflechtung des antiken Judentums mit der hellenistischen Kultur tatsächlich war. Für die Erhellung der Geschichte der Juden in der Antike ist er einer der wichtigsten Gewährsleute, denn ohne sein monumentales Werk wüssten wir nur sehr wenig über das Schriftverständnis, die kulturellen Einflüsse und religiösen Strömungen, die politischen Vorgänge und Ereignisse sowie über das Alltagsleben im antiken Palästina und in der Diaspora.

Wir Juden bewohnen weder ein Küstenland, noch haben wir Freude am Handel und dem dadurch begünstigten Verkehr mit den Fremden – sondern unsere Städte liegen weit vom Meer entfernt, und wir beschäftigen uns hauptsächlich mit der Bearbeitung unseres vortrefflichen Ackerbodens. Den größten Eifer aber verwenden wir auf die Erziehung der Kinder, und die Beobachtung der Gesetze wie der durch sie überlieferten Frömmigkeit machen wir zur wichtigsten Aufgabe unseres Lebens. Erwägt man nun außer dem Gesagten noch die Eigentümlichkeit unserer Lebensweise, so ergibt sich, dass keiner von den Anlässen vorlag, welche in früheren Zeiten einen Verkehr der Letzteren mit den Ägyptern durch die Ein- und Ausfuhr, mit den Bewohnern der phönizischen Küste durch den Eifer im Klein- und Großhandel aus Liebe zum Geldgewinn entstand. Auch verlegten sich unsere Vorfahren nicht wie gewisse andere Völker auf Räubereien oder Eroberungskriege, obgleich ihr Land viele tausend beherzte Männer aufwies. So kam es denn, dass die Phönizier, indem sie des Handels wegen zu den Griechen segelten, alsbald mit diesen bekannt wurden, und durch sie die Ägypter und weiterhin all diejenigen, aus deren Ländern sie, weite Meeresstrecken durchfahrend, den Griechen Schiffsladungen zubrachten. In der Folge lernten sie auch die Meder und die Perser dadurch kennen, dass diese ihre Herrschaft weiter über Asien ausbreiteten, die Letzteren insbesondere durch deren Kriegszug in den anderen Weltteil; von den Thrakern erhielt man Nachricht, weil sie in ziemlicher Nähe wohnten, von den Skythen durch die den Pontus befahrenden Schiffer. Überhaupt kam zu denen, welche sich in Geschichtsschreibung versuchen wollten, viel eher die Kunde von den Küstenbewohnern, mochte es sich nun um das östliche oder das westliche Meer handeln, als von den Völkern im Binnenland, über die sie zumeist gar nichts erfuhren. Das war augenscheinlich schon in Europa der Fall: denn die Stadt Rom, die bereits seit langer Zeit eine bedeutende Macht erlangt hatte und von der so herrliche Kriegstaten ausgegangen waren, hat weder Herodot noch Thukydides noch ein Zeitgenosse dieser beiden erwähnt, sondern erst verhältnismäßig spät drang ein dunkles Gerücht von ihr zu den Griechen. Und vollends über die Gallier und Iberer sind die Geschichtsschreiber, welche für die gründlichsten gelten, wie z. B. Ephoros, in solcher Unwissenheit, dass dieser die Iberer, die doch einen großen Teil der westlichen Welt inne haben, für die Bewohner einer einzigen Stadt hält, und dass jene Geschichtsschreiber insgemein ihnen Gewohnheiten als wirklich bei ihnen bestehend zuschreiben, die weder unter ihnen anzutreffen noch sonst von jemandem behauptet worden sind. Dass sie die Wahrheit nicht kannten, lag an dem mangelhaften Verkehr, dass sie falsche Berichte schrieben, an der Sucht, mehr als alle anderen erzählen zu wollen. Ist es da noch zu verwundern, wenn auch unser Volk, das so weit vom Meer entfernt wohnt und eine so eigentümliche Lebensweise führt, nicht gar vielen bekannt wurde und keinen Anlass bot, es in Schriftwerken zu erwähnen?

FLAVIUS JOSEPHUS, GEGEN APION 1,12

Text: Jüdische Altertümer. Übersetzt und mit Einleitung und Anmerkungen versehen von Dr. Heinrich Clementz, Wiesbaden ¹⁵2004; Geschichte des Jüdischen Krieges, Kleinere Schriften, Wiesbaden ¹⁵2005.

Literatur: G. Mayer, Art. Josephus Flavius, in: TRE 17 (1988), S. 258–264; Flavius Josephus – Geschichtsschreiber zur Zeit Jesu (Welt und Umwelt der Bibel 32), Stuttgart 2004.

DIE RABBINISCHE TRADITIONS-LITERATUR

Die jüdische Religion beansprucht universale Geltung. Grundlage und Voraussetzung der jüdischen Religion ist die frühestens im 5. Jahrhundert v. Chr. abgeschlossene *Tora* (s. o. S. 93–96). Das Bedürfnis nach einer lebensnahen kulturkompatiblen und rational begründbaren Deutung der Toragebote führte bereits in der hellenistisch-römischen Antike dazu, dass dem hebräischen Text der fünf Bücher Moses ein prinzipieller Sinnüberschuss zuerkannt wurde, dessen Annahme seine fortwährend aktualisierende, kreative Auslegung und Anwendung mittels der Anwendung geeigneter Methoden der *Allegorese* und des *Analogieschlusses* ermöglichte. Diese Entwicklung mündete in das Konzept der zweifachen Tora, demzufolge außer der schriftlichen Tora, dem Pentateuch, von Moses am Sinai auch die Weisungen der mündlichen Tora empfangen und an Josua, von ihm an die Richter Israels, von diesen an die Propheten, von hier aus an die Versammlung der Weisen (vgl. Neh 8) und schließlich an die Rabbinen weitergegeben wurden (»*Traditionskette*«), die sie lehrten, sammelten und literarisch fixierten. Das Selbstverständnis, mit der Ordination ein Glied in der langen und ununterbrochenen Kette der Tradenten der unveränderten »mündlichen Tora« zu werden, findet man bei traditionellen Rabbinern bis auf den heutigen Tag.

DER RABBINER

Seit der Zerstörung des Jerusalemer Tempels im Jahre 70 (s. o. S. 28 f.) bezeichnet der Begriff *Rabbi* (dt. Plural *Rabbinen*; hebr. »mein Meister«), der ursprünglich die allgemeine Ehrenbezeichnung eines Schriftgelehrten darstellte, einen durch Charisma und Kompetenz ausgewiesenen Angehörigen eines Netzwerkes von jüdischen Toragelehrten. Seit dem Zeitalter des Talmuds (s. u. S. 118 ff.) verfestigte sich der titulare Gebrauch und wurde der Gelehrtentitel mit einer förmlichen Ordination (hebr. »*Semicha*«) verbunden, wobei die palästinischen Gelehrten als *Rabbi*, die babylonischen Gelehrten als *Rav* angesprochen wurden. Der den Rabbinen und ihren Schülerkreisen von den jüdischen Gemeinden zuerkannte Einflussbereich beschränkte sich auf die Lehre und die Entscheidung hinsichtlich aller Fragen der Auslegung und Anwendung der Tora im Alltag, insbesondere hinsichtlich personen-, familien- und sachenrechtlichen Angelegenheiten und hinsichtlich der Regelung von Streitfällen zwischen Einzelpersonen. Im jüdischen Gottesdienst hatten die Rabbinen hingegen zunächst keine besondere Funktion. Seit dem Hochmittelalter ist der Begriff *Rabbiner* (dt. Plural *Rabbiner*) Amts- und Funktionsbezeichnung eines jüdischen Gelehrten im Dienst einer Gemeinde. Das allmähliche Entstehen von hierarchisch strukturierten Instanzen (Oberrabbiner; Landesrabbiner) ändert zwar nichts an der prinzipiellen Autonomie der rabbinischen Toraauslegung und hierauf beruhenden Lehrentscheidung, entspricht jedoch dem Bedürfnis der jüdischen Gemeinden nach einer leistungsfähigen, organisierten Repräsentanz gegenüber der muslimischen oder christlichen Obrigkeit. Neben seine eigentliche Bedeutung als verantwortliche Instanz hinsichtlich aller aktuellen halachischen (s. u. S. 111 f.) Fragen treten seit der Neuzeit zunehmend seine Rolle als lokale religiöse und moralische Autorität sowie als Repräsentant der jüdischen Einzelgemeinde nach außen, insbesondere gegenüber der nichtjüdischen Obrigkeit. Seit dem ausgehenden 18. Jahrhundert gleicht sich das Amt des Rabbiners in Deutschland innerhalb des Reformjudentums (s. o. S. 79 ff.) immer mehr dem des evangelischen Geistlichen an; zu seinen seelsorgerlichen und administrativen Verpflichtungen kommen nun auch liturgische und homiletische Aufgaben sowie der Gemeindeaufbau hinzu. Infolge der Aufklärung im Judentum ging die Rabbinerausbildung seit dem 19. Jahrhundert mehrheitlich von den traditionellen höheren Talmudschulen (hebr. »*Jeschiwot*«) auf die akademischen Rabbinerseminare der verschiedenen jüdischen Denominationen (zum Teil in Verbindung mit einem Universitätsstudium) über (s. o. S. 82 f.). Wie in Württemberg seit 1834 wurde die Zulassung zum Rabbineramt im 19. Jahrhundert in mehreren deutschen Staaten vom Bestehen zweier Dienstprüfungen abhängig gemacht. Innerhalb der progressiven jüdischen Reformbewegung werden seit Mitte des 20. Jahrhunderts auch Frauen zur Rabbinerin ordiniert.

Literatur: C. Hezser, The Social Structure of the Rabbinic Movement in Roman Palestine (TSAJ 66), Tübingen 1997; G. Stemberger, Das klassische Judentum. Kultur und Geschichte der rabbinischen Zeit (70 bis 1040), München 1979.

Der Begriff »*Halacha*« (dt. »Wandel«, »Gang«, »Brauch«) bezeichnet sowohl im Allgemeinen das jüdische System von geltenden religiösen Regeln und Vorschriften als auch im Speziellen eine in diesem Kontext durch die religiösen Autoritäten ergehende Rechtsentscheidung in einem bestimmten Einzelfall. Quellen der Halacha sind die schriftliche (Gebote des Pentateuch) und die mündliche Tora (rabbinische Tradition). Formal lassen sich diese rabbinischen Traditionen grob in *halachische* (normative) und *haggadische* (narrative) Texte einteilen.

Als permanent neu zu formulierendes System der toragemäßen Weisungen und Entscheidungen, Regeln und Normen, die für Juden zu einer bestimmten Zeit an einem bestimmten Ort gelten, ihr Leben bestimmen und heilstiftend strukturieren, stand die Halacha immer in der Spannung zwischen ihrer Verankerung in der Tradition und ihrer Offenheit gegenüber den Anforderungen und Bedürfnissen des jüdischen Lebens in der Gegenwart. Die Halacha ist somit nicht statisch, sondern ein vergegenwärtigender, dynamischer Prozess; sie verändert und entwickelt sich fortwährend. In der Form kasuistischen Rechts, d. h. in Einzelfälle zergliedernd und nicht von allgemeinen Grundsätzen ausgehend, entstanden so immer neue Torainterpretationen, Regeln und Bräuche, die als regionales Gewohnheitsrecht (»*Minhag*«) weitergegeben und bereits früh ausgewählt und zu schriftlichen geordneten Sammlungen zusammengestellt wurden, die in die rabbinische Traditionsliteratur mündeten.

Zum wichtigsten Ort der Auslegung der Tora und der Tradierung dieser religiösen Überlieferung wurden die rabbinischen Schulen. Hier geben die Rabbinen ihr Wissen bis heute an ihre Schüler weiter, die öffentlich lehren und oft ihrerseits später an anderen Orten selbst Schulen gründen. Sie sorgen auf diese Weise für die Verbreitung der religiösen Traditionen und für deren Weitergabe an die nächsten Generationen.

Die Rabbinen versuchten, in kasuistischer Weise alle nur irgend denkbaren Fälle zu behandeln, um hierdurch den Geltungsbereich eines Gebotes bis in die Extreme auszuloten. Sie thematisierten sowohl hypothetische Fälle als auch solche, die ihrer unmittelbaren Lebenswelt entlehnt waren. Sie gebrauchten dabei auch zahlreiche Beispiele und Gleichnisse, die typische Geschehnisse und Zustände widerspiegeln sollten. Von hier aus lässt sich auf den Verständnishorizont und die Lebensumstände derer schließen, für die solche Beispiele und Gleichnisse bestimmt waren.

Für strenggläubige Juden enthält die rabbinische Traditionsliteratur eine historische Beschreibung der im Judentum zur Zeit des Zweiten Tempels gültigen Praxis und Realität. Die rabbinische Literatur ist jedoch ebenso uneinheitlich wie die biblische Überlieferung. Sie muss deshalb auch ebenso differenziert betrachtet werden. Ein grundlegendes Problem ergibt sich daraus, dass zu der Zeit, als die rabbinische Traditionsliteratur in ihrer heute greifbaren Form zusammengestellt und aufgeschrieben wurde, die äußeren Verhältnisse und die innere Struktur der jüdischen Religion sich einschneidend verändert hatten. Nach der Zerstörung des Jerusalemer Tempels (s. o. S. 28 f.) gab es weder Opfergottesdienste (s. o. S. 19–21) oder Wallfahrten (s. o. S. 23) noch existierte eine organisierte Priesterschaft, die den Tempelkult oder eine jüdische Selbstverwaltung mit einem Hohenpriester und dem Sanhedrin an der Spitze und eigenen Rechtssatzungen aufrecht erhalten konnte.

Wenn in der rabbinischen Traditionsliteratur der Ablauf des Tempelgottesdienstes oder Rechtsnormen für viele Bereiche des privaten und geschäftlichen Lebens dargestellt werden, wenn wir die Ausmaße des Tempels bis ins kleinste Detail aufgelistet finden oder wenn das System der Abgaben an den Tempel minutiös erklärt wird, dann ist das nur zu einem geringeren Teil Erinnerung an die Zeit vor der Tempelzerstörung. Man erhält hier ein ideales Bild homogener Religiosität in nahezu allen Bevölkerungsschichten und -gruppen. Die Verfasser und Redaktoren der rabbinischen Traditionsliteratur wollten jedoch weniger die sie umgebende Gegenwart beschreiben als eine umfassende und geordnete Quelle der Halacha schaffen. Mit der Zeit entstandene Verhältnisse wurden dabei zu ihrer Legitimation in frühere, längst vergangene Epochen zurückdatiert, zur Zeit der Rabbinen umstrittene Fragen als von Anfang an geklärt dargestellt, Wunschvorstellungen als Realität gezeichnet.

Literatur: P. Segal, G. Mayer, Halaka und Leben, in: G. Mayer (Hg.), Das Judentum (RdM 27), Stuttgart u.a. 1994, S. 73–123.

Die Mischna

Der von hebr. *schana* (dt. *»wiederholen«* bzw. *»durch wiederholtes Vorsagen Überliefertes lernen«*) abgeleitete Begriff bezeichnet die mit dem Namen des jüdischen Patriarchen (s. o. S. 31 f.) *Jehuda ha-Nasi* als Endredaktor verbundene Sammlung der als verbindlich geltenden Lehrstoffe der *»Tannaiten«*, der rabbinischen Schulen Palästinas bis zum Beginn des dritten Jahrhunderts. Mit der *Mischna* wurde im Judentum erstmalig versucht, die schriftliche Tora erläuternde, differenzierende, spezifizierende, präzisierende und aktualisierende Regelungen zur Gestaltung aller Lebensbereiche zu einem Werk zusammenzufassen.

Die Sprache der Mischna ist Hebräisch mit aramäischen Einsprengseln und zahlreichen griechischen und lateinischen Lehnwörtern. Die behandelten Stoffe folgen einer groben sachlichen Ordnung. Die Mischna ist eingeteilt in sechs Ordnungen (Sedarim):

1. *Seraim* (dt. *»Saaten«*)
2. *Moed* (dt. *»Festzeiten«*)
3. *Naschim* (dt. *»Frauen«*)
4. *Nesiqin* (dt. *»Schadensfälle«*)
5. *Qodaschim* (dt. *»heilige Dinge«*)
6. *Toharot* (dt. *»Reinheiten«*)

Jede Ordnung besteht aus 7–12 (insgesamt 63) Einzeltraktaten (*»Massechtot«*); jeder Traktat zerfällt in Kapitel (*»Peraqim«*), jedes Kapitel in Lehrsätze (»*Mischnajot*«). Weder die Reihenfolge der Traktate innerhalb der Ordnungen noch die Reihenfolge der Kapitel innerhalb eines Traktates sind einheitlich überliefert; die Einteilung folgt vielmehr den wechselnden Interessen im rabbinischen Schulbetrieb. Auch die Namen der Tradenten der einzelnen Lehrsätze schwanken in den verschiedenen Textzeugen. Als Faustregel kann gelten, dass in den zahlreichen tradierten Lehrkontroversen die Meinung der Redaktoren mit der anonymen Mehrheitsmeinung der Weisen übereinstimmt, während die mit einem Rabbinen als Tradenten verknüpften Aussprüche zumeist eine Sondermeinung repräsentieren. Grob unterschieden werden ein palästinischer, ein babylonischer und ein zwischen diesen vermittelnder Texttypus.

Die Mischna ist ein Produkt des antiken rabbinischen *Schulbetriebs*. Ihre Redaktion war ein fortwährender Prozess, wobei die Tradenten und Redaktoren der einzelnen Überlieferungseinheiten, denen als mündliche Tora Autorität beigemessen wurde, aus ihren Beobachtungen und Erinnerungen, Überlieferungen und Lehren eine umfassende und geordnete Quelle der Halacha (s. o. S. 111 f.) für die Zeit nach der Zerstörung des Jerusalemer Tempels im Jahre 70 bzw. eine ideale Verfassung für Israel im Hinblick auf das von ihnen erhoffte Kommen des Gottesreiches schaffen wollten. Aus diesem Grund ist die Verwendung der Mischna als religionsgeschichtliches Vergleichsmaterial zum Neuen Testament höchst problematisch. Auf der Mischna basieren der jerusalemische und der babylonische Talmud (s. u. S. 118–123).

> *I 1 Moses empfing Tora vom Sinai und überlieferte sie Josua, Josua den Ältesten (Jos 24,31) und die Ältesten den Propheten (Jer 7,25). Und die Propheten überlieferten sie den Männern der großen Versammlung [unter Esra (Neh 8–10)]. Sie sagten drei Worte: Seid bedachtsam beim Richten, sorgt für viele Schüler und macht einen Zaun um die Tora.*
>
> *I 2 Schimon der Gerechte gehörte zum Rest der großen Versammlung. Er sagte: Auf drei Dingen ruht die Welt: auf der Tora, auf dem Gottesdienst und auf den Werken der Barmherzigkeit.*

I 3 *Antigonos aus Soko (Jos 15,35) empfing [Tora] von Schimon*
dem Gerechten. Er sagte: Seid nicht wie Knechte, die dem Herrn
dienen, um dafür Lohn zu erhalten, vielmehr seid wie Knechte,
die dem Herrn dienen, um dafür keinen Lohn zu erhalten. Und
die Ehrfurcht des Himmels sei mit euch (Dtn 10,20).

I 4 *Jose ben Joezer aus Sereda und Jose ben Jochanan aus Jerusalem*
empfingen [die Tora] von ihnen. Jose ben Joezer aus Sereda sagt:
Dein Haus sei ein Lehrhaus für die Gelehrten, bestäube dich mit
dem Staub ihrer Füße und trinke durstig ihre Worte.

I 5 *Jose ben Jochanan aus Jerusalem sagt: Dein Haus sei weit geöffnet,*
es seien Arme deine Hausgenossen und sprich nicht viel mit einer
Frau. Von seiner [eigenen] Frau haben die [Gelehrten das] gesagt,
um wie viel mehr [gilt das] von der Frau seines Nachbarn. Von
hier aus sagten die Gelehrten: Jeder Mann, der viel mit einer Frau
spricht, zieht Unheil auf sich und hört auf mit [dem Studium] der
Worte der Tora und erbt am Ende den Ort der Verdammten.

I 6 *Jehoschua ben Perahja und Nittai aus Arbel empfingen [die Tora]*
von ihnen: Jehoschua ben Perahja sagt: Suche dir einen Lehrer,
erwirb dir einen Gefährten und beurteile jeden Menschen nach
dem Maße des Verdienstes.

I 7 *Nittai aus Arbel sagt: Halte dich von einem bösen Nachbarn fern,*
geselle dich nicht zu einem Frevler und verzweifle nicht an der
Vergeltung.

I 8 *Jehuda ben Tabbai und Schimon ben Schatah empfingen [die*
Tora] von ihnen. Jehuda ben Tabbai sagt: Mache dich nicht selbst
zu einem der Anwälte, wenn Kläger vor dir stehen, seien sie in
deinen Augen wie Schuldige, und wenn sie sich von dir verab-
schieden, seien sie in deinen Augen wie Schuldige, und wenn
sie sich von dir verabschieden, seien sie in deinen Augen wie
Gerechte, sobald sie das Urteil auf sich genommen haben.

I 9 *Schimon ben Schatah sagt: Prüfe die Zeugen gründlich, und sei*
vorsichtig mit deinen Worten, vielleicht lernen sie aus ihnen zu
lügen.

I 10 *Schemaja und Abtaljon empfingen [die Tora] von ihnen. Schema-*
ja sagt: Liebe die Arbeit, hasse die Herrschsucht, und suche nicht
die Übereinstimmung mit der Obrigkeit.

I 11 *Abtaljon sagt: Ihr Gelehrten, seid vorsichtig mit euren Worten,*
vielleicht macht ihr euch der Strafe der Verbannung schuldig, und
ihr müsst in die Verbannung gehen an einen Ort mit schlech-

> tem Wasser, und die Schüler, die hinter euch herziehen, trinken
> [davon] und [müssen] sterben, und daraus ergibt sich, dass der
> Name des Himmels entweiht wurde.
>
> MISCHNA AVOT I 1–11

Text: H. Danby, The Mishnah, Oxford 1933 (Ndr. ebd. 1980); D. Correns, Die Mischna, Wiesbaden 2005.

Literatur: Ch. Albeck, Einführung in die Mischna (SJ 6), Berlin 1971; G. Stemberger, Einleitung in Talmud und Midrasch, München ⁸1992, 113–152.

DIE TOSEFTA

Eine etwa gleichzeitig mit der Mischna entstandene Parallelsammlung, die *Tosefta* (»Ergänzung«), enthält thematisch vergleichbare, ähnlich angeordnete Stoffe, die einesteils völlig unabhängig von der Mischna sind, andernteils auf diese Bezug nehmen. Ebenso wie die Mischna ist die Tosefta ein Produkt der Rabbinen (s. o. S. 109–111), die für sich selbst beanspruchten, seit Mose in ununterbrochener Sukzession Träger der mündlichen Tora zu sein.

Die traditionelle Auffassung bezeichnet die Tosefta als mit der »kanonischen« Mischna parallele, jedoch von dieser unabhängige Sammlung zu deren Ergänzung, die dem Zweck diente, in die Mischna nicht aufgenommene Traditionen aus dem rabbinischen Schulbetrieb nicht in Vergessenheit geraten zu lassen. Einen gleichsam »offiziellen« Status wie die Mischna besaß die Tosefte nie. Dies wirkte sich auf ihre gesamte Textgeschichte aus. Textveränderungen waren eher möglich, allerdings blieben so auch bewusste Anpassungen an die spätere Halacha aus.

Geht man davon aus, dass die Tosefta einerseits die Mischna zitiert und andererseits in beiden Talmuden (s. u. S. 118–123) zitiert wird, kann die Redaktion der Mischna nach 200 als *Terminus a quo* (frühestmöglicher Zeitpunkt), die Fertigstellung des jerusalemischen Talmuds im 4. Jahrhundert als *Terminus ante quem* (spätestmöglicher Zeitpunkt) gelten.

II 9 *Es sagte R. Jose: Ursprünglich gab es in Israel keine Meinungsver-*
schiedenheiten außer im Gericht der ‹Siebzig, das in der Quader-
halle seinen Sitz hatte. Die übrigen Gerichte mit je› dreiundzwan-
zig [Mitgliedern] gab es in den Städten des Landes Israel. (...)
Wenn sie eine Überlieferung hatten, gaben sie [sie] ihnen weiter;
wenn aber nicht, gingen sie und der Hervorragendste unter ihnen
zum Gericht im Zwinger. Wenn sie eine Überlieferung hatten, ga-
ben sie [sie] ihnen weiter; wenn aber nicht, gingen sowohl die ei-
nen als auch die anderen zum Großen Gericht in der Quaderhalle.
Obgleich es 71 waren, durften es nicht weniger als dreiundzwanzig
sein. Musste einer von ihnen hinausgehen, sieht er nach, ob 23
da sind, und geht hinaus; wenn aber nicht, geht er erst hinaus,
wenn 23 da sind. Und da pflegten sie vom täglichen Morgenopfer
bis zum täglichen Nachmittagsopfer zu sitzen. An Sabbaten und
an Feiertagen gingen sie nur ins Lehrhaus auf dem Tempelberg.
Wurde eine Frage gestellt: Wenn sie eine Überlieferung hatten,
gaben sie [sie] ihnen weiter; wenn aber nicht, standen sie zur
Abstimmung auf. Waren diejenigen in der Mehrheit, die für
unrein erklärten, so erklärten sie für unrein. Waren diejenigen in
der Mehrheit, die für rein erklärten, so erklärten sie für rein. Von
dort ging die Halacha aus und verbreitete sich in Israel. Nachdem
die Schüler Schammais und Hillels zahlreich geworden waren,
die nicht, wie es für sie nötig gewesen wäre, gedient hatten, da
wurden die Meinungsverschiedenheiten in Israel zahlreich. Von
dort aus sendet man aus und untersucht: Jeder, der weise und
gesund ist, die Sünde fürchtet, das richtige Alter und Wohlgefallen
der Menschen hat, den macht man zum Richter in seiner eigenen
Stadt. Man befördert ihn und setzt ihn ein [als Richter] auf dem
Tempelberg. Von dort befördert man ihn und setzt ihn ein [als
Richter] im Zwinger. Und von dort befördert man ihn und setzt
ihn ein [als Richter] in der Quaderhalle. Und dort sitzen sie und
untersuchen die Stammbäume der Priesterschaft und die Stamm-
bäume der Levitenschaft. Wenn sich an einem Priester ein Makel
herausstellt, so kleidet er sich in Schwarz und hüllt sich in Schwarz
und geht verhüllt von dannen. An wem sich aber kein Makel
herausstellt, der kleidet sich in Weiß und geht hinein und tut mit
seinen Mitpriestern Dienst. Er bringt ein Zehntel Epha Weizen-
mehl als Speiseopfer für sich selbst dar und opfert es mit eigener
Hand, selbst wenn es nicht seine Dienstabteilung ist. Einerlei, ob

> *es sich [um] ein[en] Hohenpriester oder [um] ein[en] einfachen*
> *Priester handelt: Haben sie gedient, bevor sie das Zehntel Epha*
> *dargebracht haben, dann ist ihr Dienst [trotzdem] tauglich.*
>
> *TOSEFTA REIJJA II 9*

Die Tosefta weist rein äußerlich eine starke Ähnlichkeit mit der Mischna auf: Ebenso wie diese ist sie in sechs Ordnungen untergliedert. Allein die Mischnatraktate Tamid, Middot, Kinnim und Avot haben keine Entsprechungen in der Tosefta. Das Verhältnis zwischen der Mischna und der Tosefta ist allerdings nicht eindeutig zu bestimmen. Als grobe Richtlinie lässt sich festhalten, dass der geringere Teil des Materials der Tosefta vor Abschluss der Mischna formuliert wurde, der größere Teil jedoch die Mischna entweder zitiert bzw. kommentiert oder nur in ihrem Licht verstanden werden kann.

Text: G. Kittel u.a., Rabbinische Texte, Reihe 1: Die Tosefta, Stuttgart u.a. 1960 ff.; J. Neusner, The Tosefta, Peabody, Mass. 2001 f.

Literatur: H. Fox, T. Meacham (Hg.), Introducing Tosefta, Hoboken, NJ 1999; M. Tilly, Art. Tosefta, in: TRE 33 (2002), S. 680–683.

DIE TALMUDIM

Der Begriff Talmud (hebr. »*Lehre*«) bezeichnet zunächst die schriftlich überlieferte Lehre der hebräischen heiligen Schriften, später dann die schriftlich fixierten Sammlungen der als verbindlich geltenden Lehrstoffe der rabbinischen Schulen in Palästina und Babylonien (»*Amoräer*«) nach Abschluss der Mischna.

DER JERUSALEMISCHE TALMUD

Der jerusalemische Talmud (*Talmud Jeruschalmi*) enthält den Lehrstoff der großen rabbinischen Schulen Palästinas bis zum ausgehenden 4. Jahrhundert. Eine größtenteils abschließende Auswahl, Kombination und Bearbeitung (allerdings keine planvolle und umfassende Endredaktion) fand im 5. Jahrhundert statt. Der Name beruht wahrscheinlich auf seinem Gebrauch in den rabbinischen Schulen Jerusalems nach 638. Die Sprache ist *Mischnahebräisch* und galiläisches Aramäisch mit zahlreichen griechischen und lateinischen Fremd- und Lehnwörtern. Im jerusalemischen Talmud liegt die anthologieartige Auslegung und Ergänzung (aram. »*Gemara*« [»Vollendung«]) zu 39 von insgesamt 63 Mischnatraktaten vor. Seine ursprüngliche Fassung hat keinen Mischnatext enthalten, sondern nur Zitate und Anspielungen innerhalb der Gemara. Erst spätere Handschriften und Drucke haben den Mischnatext blockweise vor die Gemara gesetzt. Der jerusalemische Talmud nahm seinen Anfang in der Kommentierung der Mischna im rabbinischen Schulbetrieb im Bestreben, die Halacha in Anknüpfung an die Tradition und an die Bibel weiterzuentwickeln und aktuellen Erfordernissen der Rechtsprechung und der Frömmigkeit zu entsprechen. Solche Schulnotizen bzw. bereits geformt vorgefundene Traditionseinheiten wurden entsprechend dem Aufbau der Mischna in einem dynamischen Prozess gesammelt und ergänzt. Deutlich ist dabei das Bestreben der Tradenten und Redaktoren, die Verbindung der Mischna mit der Tora zu akzentuieren. Unterschieden werden zwei unterschiedliche grundlegende Formen: 1. die »*Memra*« (aram. »Spruch«), eine kurze Aussage, die einen bestimmten abgeschlossenen Gedanken ohne jedwede Diskussion umfasst, 2. die »*Sugia*« (aram. »Gang«), eine in sich geschlossene Grundeinheit der talmudischen Kontroverse, die auf einer Memra aufbaut. Zahlreiche talmudische Aussagen und Probleme werden durch eine Kleinsterzählung (»*Ma'ase*«) illustriert.

Die Überlieferung des jerusalemischen Talmuds litt durch
den Niedergang der palästinischen Schulen unter dem Druck
des Christentums (s. o. S. 32 f.) und wurde im Judentum ver-
nachlässigt, seitdem der babylonische Talmud die Vorherrschaft
im Studienprogramm des europäischen Judentums erlangte.
Aus diesem Grund sind nur wenige (zum Teil durch den babylonischen Talmud beeinflusste) Handschriften erhalten.

*Wir haben gelernt: Ein Stock, der ganz mit unreiner Flüssigkeit
bedeckt ist, wird rein, sobald man ihn mit einem Tauchbad in enge Berührung bringt – Worte von Rabbi Jehoschua. Und die Weisen sagten:
(Er wird erst rein,) sobald man ihn ganz untertaucht. Rabbi Schimon
b. Laqisch sagte: Was ist (denn) umstritten? (Diese Mischna gilt) bei
einer leichten Unreinheit, aber bei einer schweren Unreinheit stimmt
auch Rabbi Jehoschua (mit den Weisen) überein. Rabbi Jochanan sagte:
(Nicht nur über eine leichte, sondern) auch über eine schwere Unreinheit
stritten sie. Die Mischna streitet gegen Rabbi Schimon b. Laqisch: (Das
gilt bei dem,) dessen Füße noch in das Wasser (des Tauchbads) einge-
senkt sind – der mag für jede Reinheit, die er will, eine Absicht fassen.
Erkläre es durch einen, der unreine Speisen isst und unreine Getränke
trinkt! Dagegen sagte (nämlich) Rabbi Jaqob bar Zabdi: Rabbi Abbahu
im Namen von Rabbi Schimon b. Laqisch: Wenn einer unreine Speise isst
und unreine Getränke trinkt, ist sein Körper (durch ein Tauchbad) ohne
Ausrichtung rein. (Dagegen ist zu sagen: er ist nur für Profanes rein,
aber) sobald er seinen Sinn auf eine herausgehobenere Reinheit als dieses
richtet, hätte er keine Ausrichtung nötig? Die Mischna streitet (weiter)
gegen Rabbi Schimon b. Laqisch: Bei einem Tauchbad von genau vierzig
Sea (Wasser), in das zwei hinabsteigen und untertauchen, [sind sie
beide rein;] – (wenn es) nacheinander (geschieht), ist das erste rein und
der zweite unrein; Rabbi Jehuda sagte: Wenn die Füße des ersten (beim
Hinabsteigen des zweiten noch) das Wasser berühren, ist auch der zweite
rein. Aber die(se Mischna) ist noch über einen (gesagt), der unreine
Speisen isst und unreine Getränke trinkt! Die Mischna streitet (weiter)
gegen Rabbi Schimon b. Laqisch: Einen Rettich im (Wasser einer) Höhle
spült eine Menstruierende ab, und er ist rein, wenn sie ihn (nur) irgend-
wie aus dem Wasser hebt, ist er unrein. Und darüber ist gelehrt worden:
Rabbi Jehuda erklärte ihn im Namen von Rabbi Jehoschua für rein. Und
eine Menstruierende ist (etwa) kein (Fall von) schwerer Unreinheit? Das*

> *streitet gegen Rabbi Schimon b. Laqisch, und (seine Ansicht) hat keine*
> *Begründung.*
>
> Jerusalemischer Talmud, Chagiga 78b, 67 – 78c, 8

Text: A. Wünsche, Der jerusalemische Talmud in seinen haggadischen
Bestandteilen, Zürich 1880 (Ndr. Hildesheim 1967); M. Hengel u.a. (Hg.),
Übersetzung des Talmud Yerushalmi, Tübingen 1980 ff.

Literatur: H.-J. Becker, Der Jerusalemer Talmud, Stuttgart 1995; G. Stemberger, Einführung in Talmud und Midrasch, München [8]1992, S. 167–190.

Der babylonische Talmud

Der babylonische Talmud (*Talmud Bavli*), nach traditionellem
jüdischen Verständnis der Talmud schlechthin, enthält den
Lehrstoff der rabbinischen Schulen Babyloniens (Sura, Nehar-
dea, Pumbedita) vom Abschluss der Mischna bis zum 6. Jahrhundert. Eine Redaktion fand im 7. und 8. Jahrhundert statt. Die
Sprache ist babylonisches Aramäisch mit persischen Fremd-
und Lehnwörtern. Im babylonischen Talmud liegt die Gemara
zu 36½ von insgesamt 63 Mischnatraktaten vor; dabei fehlen
vor allem Kommentierungen der für die Diasporasituation in
Babylonien irrelevanten Traktate. Aufgrund seines viel längeren
Wachstums, seines ausladenden Stils und der Integration von
Midraschim, die allein im palästinischen Überlieferungsbereich
eine eigene Literaturgattung bildeten, ist der babylonische Talmud viel umfangreicher als der jerusalemische Talmud.

Quellen des babylonischen Talmuds sind die Bibel, die
Mischna, neben dieser überlieferte rabbinische Lehrtraditionen
(»*Baraitot*«), Midraschim (s. u. S. 123–126) sowie zahlreiche
volkstümliche Traditionen. Entgegen der traditionellen Annahme von zwei Revisionen zu Beginn des 5. Jahrhunderts und einer abschließenden Niederschrift in den folgenden Jahrzehnten
hat auch der babylonische Talmud keine abschließende und einheitliche Redaktion als Endpunkt der Textentstehung und Ausgangspunkt der Textüberlieferung erfahren, sondern ist vielmehr
(in Entsprechung seiner Funktion als Entscheidungsgrundlage

in halachischen Fragen) ein bis ins 8. Jahrhundert hinein während eines dynamischen Überlieferungsprozesses redigiertes und aktualisierend ergänztes Sammelwerk. Die wichtigsten Talmudhandschriften stammen aus dem 12.–14. Jahrhundert. Die Seitenaufteilung des Erstdrucks (Venedig 1520–23) blieb für alle späteren traditionellen Drucke verbindlich.

Im Mittelalter verdrängte der babylonische Talmud auch im Westen die palästinischen Schultraditionen und wurde bis heute zum Inbegriff der rabbinischen Lehre in der gesamten jüdischen Welt. Der babylonische Talmud wurde zu *dem* Talmud und zur höchsten Instanz in Bezug auf die halachische Rechtsfindung. Auf ihm basieren die systematisierenden jüdischen Gesetzescodices (s. u. S. 128–130) als Orientierungsbasis für die rechte Gestaltung des jüdischen Lebens sowie die rabbinischen Responsen (s. u. S. 141–143) als ausführliche schriftliche Antworten der Gelehrten auf aktuelle Anfragen aus den Gemeinden.

Die Rabbanan lehrten: Wenn jemand die Hände wäscht, so sind sie rein, falls er es beabsichtigt, wenn aber nicht, so sind sie unrein. Desgleichen, wenn er sie untertaucht: beabsichtigt er es, so sind sie rein, beabsichtigt er es nicht, so sind sie unrein. – Es wird ja aber gelehrt, seine Hände seien rein, einerlei, ob er es beabsichtigt hat oder nicht!? R. Nachman erwiderte: Das ist kein Einwand; das eine für Profanes und das andere für [zweiten] Zehnten. – Woher entnimmst du, dass für Profanes die Beabsichtigung nicht erforderlich ist? – Wir haben gelernt: Wenn eine Welle von vierzig Sea sich löst und auf einen Menschen oder auf Geräte fällt, so sind sie rein. Er lehrt dies von einem Menschen wie von Geräten; wie Geräte nicht beabsichtigen, ebenso bei einem Menschen, wenn er es nicht beabsichtigt. – Wieso denn, vielleicht in dem Falle, wenn man sitzt und wartet, dass die Welle sich löse. Es gilt vielmehr von Geräten wie von Menschen: wie ein Mensch beabsichtigen kann, ebenso bei Geräten, wenn man es beabsichtigt. Wolltest du erwidern, von dem Falle, wenn man sitzt und darauf wartet, brauche dies nicht gelehrt zu werden, so lehrt er es nur deshalb, weil man glauben könnte, es sei zu berücksichtigen, man könnte dazu kommen, in einem Sturzbad unterzutauchen, oder beim Wellenboden sei der Wellenbogen zu berücksichtigen; er lehrt uns somit, dass man dies nicht berücksichtige. – Woher weißt du, dass man nicht im Wel-

*lenbogen untertauche? – Es wird gelehrt: Man tauche im Wellenboden
unter, nicht aber im Wellenbogen, weil man nicht in der Luft untertauchen kann. – Vielmehr aus dem, was wir gelernt haben: Wenn Früchte
in einen Teich gefallen sind und jemand, dessen Hände unrein sind, sie
herausholt, so sind seine Hände rein und die Früchte sind nicht verunreinigungsfähig; beabsichtigt er aber, die Hände abzuspülen, so sind
seine Hände rein und die Früchte verunreinigungsfähig. Rabba wandte
gegen R. Nachman ein: Wer auf Profanes beschränkt für Profanes
untergetaucht ist, dem ist der Zehnt verboten. Nur wenn auf Profanes
beschränkt, sonst aber nicht!? – Er meint es wie folgt: Obgleich für
Profanes beabsichtigt, ist ihm der Zehnt verboten. Er wandte gegen ihn
ein: Tauchte er ohne Absicht unter, so ist es ebenso, als wäre er nicht
untergetaucht. Doch wohl, als wäre er überhaupt nicht untergetaucht!?
– Nein, als wäre er nicht für den Zehnten untergetaucht, wohl aber
für Profanes. Jener glaubte anfangs, er wolle ihn nur abweisen, als er
aber fortging und nachdachte, fand er folgende Lehre: Tauchte er ohne
Absicht unter, so ist ihm der Zehnt verboten und Profanes erlaubt.*

BABYLONISCHER TALMUD, CHAGIGA 18b–19a

Text: L. Goldschmidt, Der babylonische Talmud, 12 Bde.,1929–36 (Ndr.
1996); J. Fromer (Hg.), Der babylonische Talmud, Berlin 1920 (Ndr. Frechen
2000).

Literatur: G. Stemberger, Der Talmud. Einführung, Texte, Erläuterungen,
München 1982; Ders., Einführung in Talmud und Midrasch, München
[8]1992, S. 191–223.

DIE MIDRASCHIM

Die Rabbinen (s. o. S. 109–111) reagierten seit dem dritten
Jahrhundert auf das zu politischer Relevanz gelangte Christentum (s. o. S. 32 f.) mit der Entwicklung eines umfassenden
Systems der eigenständigen Schriftinterpretation. Das von
hebr. *darasch* (dt. »fragen nach«, »auslegen«) abgeleitete Verbal-
substantiv »*Midrasch*« (»Auslegung«) bezeichnet 1. seit dem
dritten Jahrhundert die Auslegung der Bibel in der rabbinischen

Literatur, 2. das verschriftete Ergebnis der Auslegung und 3. die gesamte Literaturgattung dieser jüdischen Bibelauslegungen, in denen die hebräischen heiligen Schriften nach bestimmten Auslegungsmethoden kreativ interpretiert werden und ihr tieferer, »eigentlicher« Sinn eine Erhellung erfährt. Dabei wird vorausgesetzt, dass diese Schriften, insbesondere die Tora als ihr Zentrum, einen prinzipiellen Sinnüberschuss enthalten, der einen fortwährenden dynamischen Prozess ihrer aktualisierenden Interpretation und Anwendung gestattet. Die hierbei angewandten Verfahren der antiken jüdischen Schriftauslegung, die auf den Methoden der zeitgenössischen Homerexegese und der apologetischen Mythendeutung beruhen, wurden später zu Listen zusammengestellt (»*Middot*«). Sie enthalten einfache oder komplexe Formen der Allegorese und des Analogieschlusses zum Zwecke der Erklärung von Wörtern, Phrasen und Sachverhalten.

Hinsichtlich ihrer Form und Funktion unterscheidet man zwischen 1. *exegetischen Midraschim,* die dem Bibeltext folgen und ihn fortlaufend auslegen, 2. *homiletischen Midraschim,* die sich in ihrem Aufbau an der synagogalen Leseordnung (s. u. S. 199) orientieren, und 3. *narrativen Midraschim,* bei denen sich zumeist haggadisches Material um das Gerüst des biblischen Textes rankt.

Die zahlreichen Auslegungstraditionen zu den jüdischen heiligen Schriften wurden von den Rabbinen früh zu thematisch geordneten und durch ihre Funktion bestimmten Listen bzw. Kompendien zusammengestellt, ausgewählt und ergänzt. Midraschische Elemente sind bereits in der Mischna (s. o. S. 113–116) und in der Tosefta (s. o. S. 116–118) enthalten. Alle erhaltenen, selbständig tradierten Midraschim entstammen dem palästinischen Überlieferungsbereich; die midraschische Aktivität der babylonischen Rabbinen fand ihren Ausdruck allein im babylonischen Talmud (s. o. S. 121–123). Als die ältesten Midraschim gelten die im dritten Jahrhundert in den rabbinischen Schulen Palästinas redigierten »tannaitischen« Midraschim *Mechilta de-Rabbi Jischmael* und *Mechilta de-Rabbi Schimon bar Jochai* (zum 2. Buch Moses), *Sifra* (zum 3. Buch Moses), *Sifre be-Midbar, Sifre zutta, Sifre Devarim* und *Midrasch Tannaim* (zum 4. und 5. Buch Moses). Die midraschische Bibeldeutung setzte sich bis ins frühe Mittelalter fort und mündete in die Zusammenstellung umfangreicher Sammlungen; die Literaturgattung Midrasch weicht zugleich nach und nach dem Bibelkommentar.

Und Isaak sprach zu seinem Vater Abraham: Mein Vater! Samael kam zu unsrem Vater Abraham und sprach zu ihm: Alter! Alter! Du hast wohl deinen Verstand verloren? Einen Sohn, der dir im hundertsten Jahre gegeben wurde, gehst du zu schlachten? Abraham antwortete: Trotzdem. Wie wäre es denn, fuhr Samael fort, wenn Gott dich noch mehr prüfte, würdest du dann auch beharren? Abraham sprach: Und wenn noch mehr. Aber, nahm Samael wieder das Wort, morgen wird er zu dir sprechen: Du bist ein Blutvergießer, du hast deinen Sohn ums Leben gebracht. Abraham sprach: Trotzdem. Als Samael sah, dass er bei Abraham nichts ausrichtete, wandte er sich an Isaak und sprach zu ihm: Sohn der Unglücklichen! Er geht dich zu schlachten. Isaak antwortete: Dennoch folge ich. Sollen denn alle die Kostbarkeiten, sprach Samael, die deine Mutter angeschafft hat, dem Ismael, dem Verhassten des Hauses, zufallen, und das alles bedenkst du nicht? Wenn auch nicht die ganze verleumderische Rede hängen blieb, so doch ein Teil davon. Das soll hier mit den Worten gesagt sein: Isaak sprach zu seinem Vater Abraham: Mein Vater, mein Vater! Warum steht das Wort zweimal? Damit er sich seiner erbarme. Und er sprach: Hier ist Feuer und Holz. Als Isaak den Abraham fragte: »Wo ist denn das Lamm zum Opfern?«, so entgegnete Abraham: Möge er (Gott) den Mann (Satan) betrüben, der ihn (Isaak) bedroht (hart angefahren und von der Opferung abgemahnt) hat; Gott wird sich an jenem Ort das Lamm, meinen Sohn, ersehen, wo nicht, so bist du das Lamm zum Brandopfer, mein Sohn. Und sie gingen beide miteinander. Abraham ging, um zu binden, Isaak, um gebunden zu werden; Abraham, um zu schlachten, Isaak, um geschlachtet zu werden. Und sie kamen an den Ort u. s. w. Wo war denn Isaak? Er hatte ihn genommen, sagte R. Levi, und ihn versteckt. Warum? Damit ihn Samael nicht verführen und zum Opfer unbrauchbar machen sollte.

MIDRASCH GENESIS RABBA 56,4 ZU 22,7

Texte: A. Wünsche, Bibliotheca Rabbinica, 5 Bde., Leipzig 1880–1885 (Ndr. Hildesheim 1967); G. Kittel, K.H. Rengstorf (Hg.), Rabbinische Texte,

Reihe 2: Tannaitische Midraschim, Stuttgart u.a. 1959 ff.; H. Bietenhard, Midrasch Tanḥuma B, 2 Bde., (JudChr 5.6), Frankfurt/Main, Las Vegas 1980; Ders., Sifre Deuteronomium (JudChr 8), Frankfurt/Main u.a. 1984. *Literatur:* G. Stemberger, Midrasch. Zum Umgang der Rabbinen mit der Bibel, München 1989; Ders., Einleitung in Talmud und Midrasch, München ⁸1992, 231–349; G. Mayer, Art. Midrasch/Midraschim, in: TRE 22 (1992), S. 734–744.

DIE TARGUMIM

Die Übertragungen der hebräischen heiligen Schriften in die aramäische Sprache dienen ihrer traditionsgebundenen Deutung, Interpretation und Applikation. Ihre versweise bzw. abschnittsweise Verlesung in der Synagoge unter Rückgriff auf die in den rabbinischen Schulen (s. o. S. 109 f.) entwickelten und überlieferten Verständnistraditionen leistete seit der Antike die Übertragung des heiligen, nicht die kleinste Abänderung gestattenden hebräischen Textes in den jeweiligen Lebens- und Verständnishorizont seiner Adressaten.

Zur Tora existieren der *Targum Onkelos* und die drei »palästinischen« Textformen, der *Targum Pseudo-Jonathan*, der *Targum Codex Neofiti* und der *Fragmententargum* in seinen verschiedenen erhaltenen Manuskriptversionen. Zu den Propheten existiert der *Targum Jonathan*, zu den Hagiographen eine Reihe selbständig überlieferter Targume. Zu allen drei Kanonteilen gibt es Targumbruchstücke aus der Altkairoer Geniza (s. u. S. 199).

Der Targum Onkelos wurde ca. im dritten Jahrhundert in Babylonien redigiert und erhielt hier sein »supralineares« (durch über den Buchstaben befindliche Lautzeichen dargestelltes) Vokalisationssystem. Der babylonische Talmud (s. o. S. 121–123) zitiert ihn als den »offiziellen« Targum zur Tora. Der Targum Jonathan steht in der Rabbinerbibel unmittelbar neben dem hebräischen Text der Prophetenbücher; er gilt der rabbinischen Tradition als maßgeblicher Targum zu den Propheten. Auch er ist in Palästina entstanden und in Babylonien abschließend redigiert und vokalisiert worden. Die später entstandenen Targume zu den Hagiographen hatten, obwohl auch in der Rabbinerbibel

abgedruckt, niemals einen mit Onkelos und Jonathan vergleich-
baren Status. Ihre Existenz scheinen sie weniger liturgischen
oder rabbinischen Bedürfnissen zu verdanken als schriftge-
lehrtem »Systemzwang«.

Der ursprüngliche Sitz im Leben der Targume ist das Schrift-
studium im privaten Bereich oder in der rabbinischen Akademie. Ihr späterer Gebrauch auch im synagogalen Gottesdienst
(s. u. S. 199) ist vor allem durch die nach der Zerstörung des
Zweiten Tempels (s. o. S. 28 f.) gestiegene Notwendigkeit einer
aktualisierenden Deutung der hebräischen heiligen Schriften innerhalb des Judentums.

*Lieder und Lobgesänge, welche der Prophet Salomo, der König Isra-
els, im Geiste der Prophetie an den Herrn der ganzen Welt, den HErrn
richtete. Zehn Lieder wurden in dieser Welt gesprochen, aber dieses
Lied ist von ihnen allen am meisten zu preisen. Das erste Lied sprach
Adam, als ihm seine Sünde vergeben wurde und der Sabbat kam und
ihn beschirmte; da öffnete er seinen Mund und sprach: »Ein Psalm,
ein Lied auf den Sabbattag.« Das zweite Lied sprach Moses mit den
Kindern Israels, als ihm der Herr der Welt das Schilfmeer spaltete. Da
öffneten sie alle ihren Mund und sprachen zusammen das Lied. Denn
so steht es geschrieben: »Damals sangen Moses und die Kinder Israels
ein Loblied.« Das dritte Lied sprachen die Kinder Israels, als ihnen der
Wasserbrunnen gegeben wurde. Denn so steht geschrieben: »Damals
sang Israel ein Loblied.« Das vierte Lied sprach der Prophet Moses, als
die Zeit für ihn kam, von der Welt zu scheiden, und schalt darin das
Volk Israel. Denn so steht geschrieben: »Horchet, ihr Himmel, denn
ich will reden!« Das fünfte Lied sprach Josua, der Sohn Nuns, als er bei
Gibeon kämpfte und Sonne und Mond ihm 36 Stunden stillstanden
und im Sprechen ihres Liedes stockten. Da öffnete er seinen Mund und
sprach das Lied. Denn so steht geschrieben: »Da sang Josua dem HErrn
ein Loblied.« Das sechste Lied sprachen Barak und Deborah am Tag,
als der HErr den Sisera und sein Heer in die Hand der Kinder Israels
gab. Denn so steht geschrieben: »Und es sangen Deborah und Barak,
der Sohn Abinoams, ein Loblied.« Das siebente Lied sprach Hannah,
als ihr vom HErrn ein Sohn gegeben wurde. Denn so steht geschrieben:
»Und Hannah betete im Geiste der Prophetie und sprach.« Das achte
Lied sprach David, der König Israels, wegen all der Wunder, die ihm*

der HErr getan hatte. Er öffnete seinen Mund und sprach das Lied. Denn so steht geschrieben: »*Und David sang im Geiste der Prophetie dem HErrn ein Loblied.*« *Das neunte Lied richtete Salomo, der König Israels, in heiligem Geiste an den Herrn der ganzen Welt, den HErrn. Das zehnte Lied werden die Exulanten singen, wenn sie das Exil verlassen. So ist es durch den Propheten Jesaia geschrieben und erklärt. Denn so steht geschrieben:* »*Dieses Lied wird euch zur Freude dienen, wie in der Nacht, wo das Passafest heilig begangen wird; und Freude des Herzens wird herrschen, gleichwie bei den Leuten, die, um vor dem HErrn dreimal im Jahre zu erscheinen, unter Saitenspiel und Pauken-schall hinaufziehen, um zum Berg des HErrn hinaufzugehen und dem HErrn, dem Starken Israels, zu dienen.*

TARGUM ZUM HOHENLIED 1,1

Texte: M.J. McNamara (Hg.), The Aramaic Bible, Collegeville, Minn. 1987 ff.

Literatur: P. Naumann, Targum – Brücke zwischen den Testamenten (BKG 34), Konstanz 1991; U. Gleßmer, Einleitung in die Targume zum Pentateuch (TSAJ 48), Tübingen 1995.

RESPONSEN

Einen wichtigen Beitrag zur Erhellung der Geschichte des mittelalterlichen Judentums leisten die »*Responsen*«, Rechtsgut-achten von rabbinischen Gelehrten aus den babylonischen Aka-demien (s. o. S. 41 f.) und den Zentren des westeuropäischen Judentums (s. o. S. 43) zur Beantwortung von Anfragen aus den Gemeinden. Hinsichtlich ihrer Form sind die Responsen der Briefliteratur zuzurechnen. Der brieflichen Einführung folgen die Schilderung des Falls und seine Erörterung auf der Basis der rabbinischen Traditionsliteratur. Hinsichtlich ihres Inhalts sind sie Entscheidungen in Gesetzesfragen auf der Basis der Bi-bel und der talmudischen Tradition, die sie in aktualisierender Weise auslegen und kommentieren.

Einen beispielhaften Einblick in das jüdische Leben im Mittelalter bieten die hebräischen Rechtsgutachten und -entscheide des Abraham ben David aus Posquières bei Nîmes (ca. 1125–1199), in denen er zahlreiche auswärtige rechtliche Anfragen beantwortete, die sich allesamt auf konkrete Problemfälle des Familien- und Geschäftslebens innerhalb der jüdischen Gemeinden Südfrankreichs im 12. Jahrhundert beziehen (s. o. S. 50 f.). Die Responsen, die generell auf der rabbinischen Traditionsliteratur (Mischna sowie jerusalemischer und babylonischer Talmud) fußen, beleuchten wichtige Aspekte der mittelalterlichen jüdischen Sozialgeschichte und erteilen Auskunft über die inneren Strukturen der jüdischen Gemeinden, z. B. über das Steuerwesen, über die materiellen Lebensumstände und die Sozialstruktur.

Die Rechtsentscheide zeigen die hohe Bedeutung der Toragebote für die Gestaltung der jüdischen Existenz. Sie vermitteln zugleich einen Eindruck von der immensen Bedeutung der Gemeinde für das gesellschaftliche Leben des mittelalterlichen Judentums. Die bis heute verfassten Responsen bieten reiches Material zur Erhellung der sozialen, ökonomischen, politischen und kulturellen Lebensbedingungen der jeweiligen Fragesteller. Sie sind deshalb ein Spiegelbild des alltäglichen Lebens und wichtige Quellen für die Erforschung der jüdischen Rechtskultur. Die ausführlichen Stellungnahmen der rabbinischen Rechtsgelehrten zum angefragten Gegenstand tragen aber nicht nur zum Verständnis der Methoden der Rechtsfindung im Judentum bei. Sie ermöglichen auch einen tiefen und umfassenden sozialgeschichtlichen Einblick in die jüdische Lebenswirklichkeit und ihre praktischen Alltagsprobleme.

> *Du hast die Frage gestellt, ob Bücher unter den allgemeinen Begriff »Güter« fallen. Meiner Meinung nach fallen alle Bücher unter den Begriff »Güter«. Ausgenommen davon ist jedoch eine Torarolle, die man nur verkaufen darf, wenn man eine Frau heiraten möchte (oder sich mit dem Erlös ein Torastudium finanzieren will). Wer sie (aus anderen Gründen) verkauft, wird niemals Segen (aus dem dafür erhaltenen Geld) zu sehen bekommen. Deswegen gilt die Angelegenheit (vom Talmud her) als unentschieden. Die Unentschiedenheit stellt aber bei einem Problem wie diesem eine Erleichterung für die Erben dar, die als Inhaber ihres väterlichen Erbes gelten, wo immer sie sich auch befinden.*

> *Wenn der jüdische Gerichtshof aufgrund des nach Rabbi Natan gehenden Gesetzes zugunsten von Levi die Einkassierung einer beurkundeten Forderung veranlasst hat, die Ruben gegen Simon besaß, dann kann Ruben auf seine Forderung (gegenüber Simon) nicht mehr verzichten. Denn nur der Verkäufer (einer beurkundeten Forderung) könnte auf die Forderung (nach dem Verkauf noch) verzichten, weil der Verkauf von Urkunden (forderungsrechtlicher Art bloß) nach rabbinischem Recht möglich ist. Die Haftbarmachung (eines Schuldners für die Erfüllung seiner Verbindlichkeiten) beruht aber auf biblischem Recht. Folglich gilt: Wenn (d)er (Gläubiger eines Dritten) selber anderen Personen etwas schuldet (und außer seiner Forderung keine sonstigen Vermögenswerte hat, die für die Befriedigung der Forderung dieser anderen herangezogen werden können), dann kann er auf seine eigene Forderung nicht mehr verzichten (sobald der jüdische Gerichtshof gegen ihn die Vollstreckung eingeleitet und die Einkassierung seiner Forderung zugunsten dieser anderen angeordnet hat).*
>
> ABRAHAM BEN DAVID (CA. 1125–1199)

Texte: D. Richter, Die Responsen des Rabbi Ascher ben Jechiel, Zürich 1992; Hans-Georg von Mutius, Rechtsentscheide mittelalterlicher englischer Rabbinen (Judentum und Umwelt 60), Frankfurt/Main u.a. 1995; Ders., Rechtsentscheide Abraham ben Davids von Posquières. Frankfurt/Main u.a. 2001 (Judentum und Umwelt 70); Ders., Weitere Rechtsentscheide Abraham ben Davids von Posquières. Frankfurt/Main u.a. 2002 (Judentum und Umwelt 73).

Literatur: P. Navè Levinson, N.P. Levinson, Die Responsen als Spiegel der jüdischen Geschichte, Tübingen 1996.

RASCHI

Der berühmte jüdische Gelehrte *Schelomo Jizchaki* (nach den Anfangsbuchstaben des Namens abgekürzt: Raschi = *R*abbi *Sch*elomo *J*izchaki) aus Troyes in der Champagne (1040–1105) gilt bis heute als einer der bedeutendsten Kommentatoren der Bibel und des Talmuds (s. o. S. 97–99; 118–123). Von 1055 an studierte Raschi an den im europäischen Judentum hoch angesehenen Jeschiwot in Mainz und Worms (wo seine Anwesenheit später zur Legendenbildung führte und ein Anbau in der alten Synagoge nach ihm benannt wurde) bei bedeutenden rabbinischen Lehrern wie Jakob ben Jakar und Isaak ben Eleasar. Im Jahre 1065 kehrte er nach Troyes zurück, wo er seinen Lebensunterhalt als Winzer und Weinhändler verdiente und selbst ein rabbinisches Lehrhaus gründete, das rasch zahlreiche Schüler anzog.

In Troyes verfasste Raschi neben zahlreichen Responsen und religiösen Dichtungen umfangreiche Kommentare fast zur gesamten hebräischen Bibel (mit Ausnahme der Bücher Esra, Nehemia und Chronik) und zu vielen Traktaten des babylonischen Talmuds. In seinen ebenso prägnant wie gedrängt geschriebenen *Bibelkommentaren*, die bis heute in traditionellen Rabbinerbibeln abgedruckt werden, verband er die traditionelle Schriftauslegung des Midrasch (s. o. S. 123–126) mit der exegetischen Erhellung der buchstäblichen Bedeutung des hebräischen Bibeltextes mittels minutiöser Worterklärungen, Begriffsbestimmungen, textlogischer und grammatischer Erläuterungen. Dunkle Textstellen und unverständliche Wörter bemühte er sich lieber zu erklären, statt ihnen Deutungen aufzuzwängen. Sein klarer und verständlicher, bis heute bedeutender *Talmudkommentar*, der den Hauptteil der bisherigen europäischen Auslegungstradition zusammenfasste und der entscheidend dazu beitrug, dass sich die Traditionskette des rabbinischen Judentums im aschkenasischen Raum fortsetzen konnte, erlangte rasch hohe Wertschätzung und verdrängte die Mehrzahl der älteren Talmudkommentare, gilt als das erste gedruckte hebräische Buch überhaupt (1475) und findet sich in allen traditionellen Druckausgaben des babylonischen Talmuds am inneren Seitenrand.

Sowohl der Talmudkommentar als auch die Bibelkommentare Raschis enthalten nicht nur eine Fülle philosophischer und halachischer Traditionen, sondern bergen auch zahlreiche Bezugnahmen auf die zeitgenössische jüdische Alltagskultur und sind zudem eine wichtige Quelle für die Erforschung der altfranzösischen Sprache. Auch christliche Gelehrte wie Nikolaus von Lyra (ca. 1270–1349), dessen Werk Martin Luther (s. o. S. 72 f.) beeinflusste, haben Raschis Kommentare benutzt. Da Raschi seine Kommentare immer wieder überarbeitete, ist die

Rekonstruktion ihres »Urtextes« so gut wie unmöglich. Auch ist zu beachten, dass ein Teil der unter seinem Namen tradierten Kommentare nicht von ihm selbst, sondern aus der Hand seiner Schüler und deren Nachfolger (»*Tosafisten*«) bzw. späterer Gelehrter stammt, die seine Arbeit fortsetzten. Die als »*Raschi-Schrift*« bezeichnete hebräische Halbkursive, die in den Druckausgaben hauptsächlich für Kommentare zur Bibel und zur rabbinischen Traditionsliteratur verwendet wird, wurde nicht von Raschi selbst entwickelt, sondern trägt ihren Namen ihm zu Ehren; entstanden ist sie in den sefardischen Buchdruckereien Venedigs im 15. Jahrhundert.

Text:

(4) *Höre, Israel! der HErr, unser Gott, der HErr ist einzig.*

(5) *Darum sollst du den HErrn, deinen Gott, lieben mit ganzem Herzen, mit ganzer Seele und mit ganzem Vermögen.*

(6) *Diese Worte, auf die ich dich heute verpflichte, sollen auf deinem Herzen geschrieben stehen.*

(7) *Du sollst sie deinen Söhnen einschärfen. Du sollst von ihnen reden ...*

Kommentar:

(4) *Er, der gegenwärtig unser Gott ist, aber nicht der Gott der heidnischen Völker, wird einstmals der einzige Gott aller sein, wie es geschrieben steht:* »*Dann aber wandle ich den Völkern eine geläuterte Lippe an, – dass alle anrufen seinen Namen*« *(Zeph 3,9), und, wie ebenfalls gesagt wird:* »*An jenem Tag wird er der einzige sein und sein Name der einzige*« *(Sach 14,9).*

(5) *Sollst du ... lieben: erfülle seine Worte aus Liebe, denn wer aus Liebe handelt, kann nicht mit demjenigen verglichen werden, der aus Furcht gehorcht. Wer seinem Meister aus Furcht gehorcht, verlässt ihn, wenn ihm der Meister zuviel Mühe macht. Mit ganzem Herzen: mit deinen beiden Trieben [dem guten und dem zu überwindenden bösen] – oder auch, dass du Gott nicht halbherzig dienst.*
Mit ganzer Seele: selbst wenn er deine Seele [dein Leben] fordert.

> *Mit ganzem Vermögen: Manchen ist ihr Vermögen wertvoller*
> *als ihr Leben, daher folgt diese Mahnung dem Gebot zur*
> *Hingabe des Lebens – oder eine andere Erklärung: mit deinem*
> *ganzen Vermögen, das heißt Macht – mit allem, welches Gott*
> *dir ausmisst, sei es durch Gutes oder durch Bestrafung, wie es*
> *David sagt: »Den Kelch der Befreiung hebe ich und rufe seinen*
> *Namen an – treffe ich Bedrängnis, Not und Kummer, seinen*
> *Namen rufe ich an« (Ps 116,13.3–4).*
>
> *(5–6) Wie findet diese Liebe ihren Ausdruck? Dadurch, dass diese*
> *Reden auf deinem Herzen seien, denn so wirst du den Heiligen,*
> *gelobt sei er, erkennen und seinem Worte treu bleiben.*
>
> *(6) Diese Worte, auf die ich dich heute verpflichte: sie seien dir*
> *nicht alte, im Gesetzbuch stehende Verordnungen, auf welche*
> *kein Mensch mehr achtet, sondern ein [täglich] Neues, welches*
> *alle Menschen gern erfüllen.*
>
> *(7) Du sollst sie einschärfen: so geläufig seien sie dir, dass du auf*
> *eine Frage eines anderen nicht erst nachforschen musst, sondern*
> *ihm sofort antworten kannst.*
>
> *Deinen Söhnen: das sind die Schüler, wo immer sie auch sein*
> *mögen, sie werden Söhne genannt, denn so heißt es: »Ihr seid*
> *Söhne, seid ihr ihm eurem Gott« (Dtn 14,1), ... so nannte sie*
> *auch [König] Hiskia, der ganz Israel die Tora lehrte, Söhne:*
> *»Söhne Israels, kehrt um zu ihm, dem Gott Abrahams, Isaaks*
> *und Jakobs.«*
>
> *(2. Chr 30,6) – Wie die Schüler als Söhne gelten, so gilt ihr*
> *Lehrer als ihr Vater, wie es heißt: »Mein Vater, mein Vater, die*
> *Streitwagen Israels...« (2. Kön 2,12) ... Rede davon: Sie seien*
> *das Hauptthema deines Gesprächs, nicht Nebensache ...«*
>
> RASCHI, KOMMENTAR ZUM 5. BUCH MOSES 6,4–7

Text: Raschis Pentateuchkommentar, Basel [4]2002.

Literatur: A. van der Heide, Art. Salomo ben Isaak, in: TRE 29 (1998), S. 736–740; V. Gallé, G. Grassin, Raschi: 1105–2005, Worms 2005.

MAIMONIDES

Rabbi Moses ben Maimon (abgekürzt: *RaMBaM* = *Rabbi Moses ben Maimon*) aus der spanischen Stadt Córdoba (1138–1204) gilt als der bedeutendste jüdische Philosoph des Mittelalters und genoss bereits zu Lebzeiten große Anerkennung. Sein hohes Ansehen in der jüdischen Welt zeigt sich darin, dass auf ihn das Wort geprägt wurde, das noch heute sein Grabmal ziert: *»Von Moses bis Moses stand keiner auf wie Moses«*.

Maimonides entstammte einer angesehenen jüdischen Gelehrtenfamilie in Córdoba. Nach der Eroberung der Stadt durch die muslimischen Almohaden (s. o. S. 46), die jeden ihrer Untertanen zwangen, Moslem zu werden, floh seine Familie vor der Zwangsislamisierung, und er ließ sich nach einer Zeit der Wanderungen durch Südeuropa, Nordafrika und Palästina schließlich in Fustat (Altkairo) nieder, wo er seinen Lebensunterhalt als Leibarzt des Wesirs Saladins verdiente, des Sultans von Ägypten und Syrien. Im Jahre 1168 beendete Maimonides seinen *Mischnakommentar*, dessen allegorische Erklärung der rabbinischen Lehren nicht selten von der späterhin bestimmend gewordenen Auslegungstradition des babylonischen Talmuds (s. o. S. 121–123) abwich. Der Kommentar wurde von Maimonides zunächst in arabischer Sprache geschrieben und erst später ins Hebräische übersetzt. Die Einleitung zum Mischnatraktat »Avot« fand als selbstständige Abhandlung unter dem Titel *»Acht Kapitel«* Verbreitung.

Zehn Jahre nach Abschluss seines Mischnakommentars verfasste er die »*Mischne Tora*« (»Wiederholung der Lehre«), eine umfangreiche halachische Enzyklopädie, die in vierzehn sachlogisch angeordneten Abschnitten die Lehren des babylonischen (und zum Teil auch des jerusalemischen) Talmuds und deren Auslegungsgeschichte streng logisch und systematisch zusammenfasste. Das Werk, das aufgrund der fehlenden Quellenangaben zunächst scharfe Kritik provozierte, enthält zahlreiche philosophische und theologische Exkurse, wobei auch die Gebote für den Jerusalemer Tempel und das Land Israel behandelt werden, die in der Diaspora nicht gelten. Maimonides war der Überzeugung, man brauche nur die Tora und die »Mischne Tora« zu studieren, um das ganze Gesetz zu kennen. Sein philosophisches Hauptwerk, die drei Bücher des »*More Nevuchim*« (»Führer der Unschlüssigen«, d. h. frommer Juden, die durch die Philosophie in ihrem Glauben zu schwanken beginnen), begründete den jüdischen Aristotelismus. Das zentrale Werk der mittelalterlichen jüdischen Religionsphilosophie wurde (unbeschadet des Bestrebens seines Autors, sich von anderen Religionen abzugrenzen) in seiner lateinischen Übersetzung auch im mittelalterlichen Christentum rezipiert; christliche Gelehrte wie Thomas von Aquin und Meister Eckhart setzten sich in ihren theologischen Schriften ausführlich mit ihm auseinander. Neben seinen halachischen und religionsphilosophischen Werken schrieb Maimonides auch Texte zu medizinischen, astronomischen, logischen und mathematischen Themen und Problemen.

Maimonides strebte nach einer Versöhnung der Wahrheit der jüdischen Religion mit der (arabisch tradierten) griechischen, insbesondere aristotelischen philosophischen Tradition. Sein erklärtes Ziel war es, den dialogischen Zusammenhang zwischen der menschlichen Vernunfterkenntnis und der Offenbarung Gottes in der Tora darzustellen und mittels einer allegorischen Interpretation der jüdischen heiligen Schriften eine Synthese von Philosophie und Glauben zu erlangen. Der Gedanke, Gott könnte die (allesamt prinzipiell gleichrangigen) offenbarten Gebote ohne gute Vernunftgründe erlassen haben, erschien ihm unerträglich; allerdings räumte er ein, dass die menschliche Vernunft den Sinn der Gebote nicht immer zu erfassen vermochte. Wo die Vernunft ihrer Sache ganz sicher sei, müssten die dazu im Widerspruch stehenden Aussagen der Bibel allegorisch erklärt werden.

Für Maimonides dienten die Toragebote in ihrer prinzipiell vielgestaltigen Bedeutung allesamt der Erkenntnis Gottes. Diese Erkenntnis betrachtete er ihrerseits als Voraussetzung der Unsterblichkeit. In seiner Einleitung zum zehnten Kapitel des Mischnatraktates Sanhedrin, wo Fragen der Auferstehung und der messianischen Zeit behandelt werden, fasste er deshalb dreizehn verbindliche Grundsätze zusammen, die die Zugehörigkeit zum Judentum definieren und so das ewige Leben ermöglichen (die Zahl 13 entspricht nach rabbinischer Tradition der Zahl der geoffenbarten Eigenschaften Gottes, herausgedeutet aus Ex 34,6 f.). Mittels dieser Lehrsätze, und nicht durch die Halacha als Bezugsrahmen, formulierte er die jüdische Identität.

In den ersten fünf Glaubensartikeln geht es um Gott, die Notwendigkeit seiner Existenz, seine Einheit, Unkörperlichkeit und Ewigkeit und seinen Anspruch auf Gehorsam. Vier Grundsätze behandeln sodann die Prophetie als Verkündung des göttlichen Willens, die herausragende Bedeutung Moses', und die Inspiration und Unveränderlichkeit der Tora als Wortes Gottes. In den letzten vier Artikeln werden der Mensch und die Bedeutung seines Handelns im Angesicht des allwissenden und gerechten Gottes, das Kommen des Messias Israels und die Auferstehungshoffnung thematisiert. Die *dreizehn Glaubensartikel* des Maimonides erfuhren wiederholt poetische Bearbeitungen und fanden (im aschkenasischen Judentum in verkürzter Form) Eingang in jüdische Gebetbücher (s. u. S. 200 f.).

> 1. *Ich glaube mit voller Überzeugung, dass der Schöpfer – gelobt sei sein Name – alle Geschöpfe erschaffen hat und lenkt und dass er allein alle Werke vollbracht hat, vollbringt und vollbringen wird.*
> 2. *Ich glaube mit voller Überzeugung, dass der Schöpfer – gelobt sei sein Name – einzig ist und keine Einheit der seinen in irgendeiner Beziehung gleicht und dass er allein unser Gott war, ist und sein wird.*
> 3. *Ich glaube mit voller Überzeugung, dass der Schöpfer – gelobt sei sein Name – kein Körper ist und Körperliches ihm nicht anhaftet und dass er seinesgleichen nicht hat.*
> 4. *Ich glaube mit voller Überzeugung, dass der Schöpfer – gelobt sei sein Name – der Erste ist und der Letzte sein wird.*
> 5. *Ich glaube mit voller Überzeugung, dass der Schöpfer – gelobt sei sein Name – allein Anbetung verdient und dass es sich nicht gebührt, ein Wesen außer ihm anzubeten.*
> 6. *Ich glaube mit voller Überzeugung, dass alle Worte der Propheten wahr sind.*
> 7. *Ich glaube mit voller Überzeugung, dass das Prophetentum unseres Lehrers Moses wahr ist und dass er der Meister aller Propheten war, die vor ihm waren und nach ihm kamen.*

8. Ich glaube mit voller Überzeugung, dass die ganze Tora, wie wir sie jetzt besitzen, unserem Lehrer Moses – Friede sei mit ihm – gegeben wurde.

9. Ich glaube mit voller Überzeugung, dass diese Tora nie vertauscht werden und dass keine andere vom Schöpfer – gelobt sei sein Name – ausgehen wird.

10. Ich glaube mit voller Überzeugung, dass der Schöpfer – gelobt sei sein Name – alle Handlungen der Menschen und alle ihre Gedanken kennt; denn so heißt es: »Er, der ihre Herzen allesamt gebildet hat, versteht auch all ihr Tun.«

11. Ich glaube mit voller Überzeugung, dass der Schöpfer – gelobt sei sein Name – Gutes erweist denen, die seine Gebote beobachten, und diejenigen bestraft, die seine Gebote übertreten.

12. Ich glaube mit voller Überzeugung an das Erscheinen des Messias, und wenn er auch säumt, so harre ich trotzdem täglich seiner Ankunft.

13. Ich glaube mit voller Überzeugung, dass eine Auferstehung der Toten zu der Zeit stattfinden wird, die dem Schöpfer wohl gefallen wird. Gelobt sei sein Name, und gepriesen sei sein Andenken für immer und in aller Ewigkeit!

KOMMENTAR ZU MISCHNA SANHEDRIN X 1
(KURZFASSUNG IM GEBETBUCH)

Texte: Führer der Unschlüssigen, Hamburg 1995; Acht Kapitel. Eine Abhandlung zur jüdischen Ethik und Gotteserkenntnis, Hamburg ²1992; Der Brief in den Jemen. Texte zum Messias, Berlin 2002.

Literatur: W. Bacher u.a. (Hg.), Moses ben Maimon. Sein Leben, seine Werke und sein Einfluss, 2 Bde., Leipzig 1908. 1914 (Ndr. Hildesheim 1971); F. Niewöhner, Maimonides. Aufklärung und Toleranz im Mittelalter, Heidelberg 1988.

DIE KABBALA

Der Begriff *Kabbala* (»Überlieferung«, »Tradition«) bezeichnet eine im ausgehenden 13. Jahrhundert in Spanien und Südfrankreich entstandene und später auch in Palästina entwickelte exklusive esoterisch-spekulative Strömung innerhalb des Judentums und weist auf die Überzeugung ihrer Anhänger hin, das gesamte kabbalistische Lehrsystem sei gemeinsam mit der Tora durch Moses am Sinai von Gott empfangen und tradiert worden (s. o. S. 109). Sein allgemeiner Gebrauch zur Bezeichnung sämtlicher Richtungen der jüdischen Esoterik ist sekundär.

Als Quellen der mystischen Vorstellungen und religionsphilosophischen Spekulationen der mittelalterlichen Kabbalisten können sowohl die spätantiken kosmogonischen Überlieferungen und mystischen Traditionen der Rabbinen (s. o. S. 109–111) als auch zahlreiche (mit gnostisch-dualistischen Lehren verbundene und zum Teil durch die islamische Mystik des Sufismus vermittelte) Elemente der neuplatonischen Philosophie gelten. Die seit dem 4.–6. Jahrhundert entstandenen Hechalottexte schildern, anknüpfend an Ez 1, den göttlichen Thronwagen (»Merkava«), den Aufstieg des Mystikers zu Gott und seinen Weg durch die himmlischen Thronhallen (»*Hechalot*«). Ein weiteres bedeutendes Dokument dieser frühen esoterischen Tradition im Judentum ist der *Sefer Jezira*. Die wahrscheinlich in Palästina im 3. bis 6. Jahrhundert entstandene, im frühen 10. Jahrhundert erstmals belegte mystisch-spekulative Schrift enthält eine an Gen 1 anknüpfende Darstellung der Entstehung und des Aufbaus der Welt mittels der zehn Grundzahlen und der 22 Buchstaben des hebräischen Alphabets.

Als erstes bedeutendes kabbalistisches Werk des jüdischen Mittelalters wird das Buch *Bahir* (vgl. Hiob 37,21) bezeichnet, eine in der südfranzösischen Provence entstandene Sammlung von mystisch-esoterischen Auslegungen der Tora aus dem 12. Jahrhundert. Als umfang- und einflussreichste kabbalistische Schrift gilt das in den Schulen spanischer Kabbalisten im ausgehenden 13. Jahrhundert entstandene Buch *Sohar* (dt. »Lichtglanz«), in dem die kabbalistischen Traditionen und Lehren mehrheitlich zusammengefasst und weiterentwickelt wurden und das fortan bestimmenden Einfluss auf die weitere Ausprägung sämtlicher kabbalistischen Lehrsysteme nahm. In den beiden Werken vereinigen sich visionäre Elemente und mystische Deutungen nicht nur des Inhalts, sondern auch der Form (z. B. Wörter und Buchstaben bzw. deren Zahlenwerte; Buchstabenformen) des hebräischen Konsonantentextes der Tora.

Zu den wesentlichen inhaltlichen Kennzeichen der Kabbala gehören die Vorstellungen von Gott als dem transzendenten Ursprung allen Seins und vom Zusammenwirken der machtvollen Manifestationen des göttlichen Denkens, Wollens, Handelns und Fühlens (»*Sefirot*«), die alles Geschehen in der Welt und in den himmlischen Sphären lenken. Der Bewegung der von Gott ausgehenden heilvollen Offenbarung vom Geistigen zum Materiellen entspricht das Streben der Kabbalisten nach Erlösung der Welt durch Rückkehr vom Materiellen zum Geistigen. Da von ihnen hinter allen sichtbaren, materiellen Dingen ein unsichtbares, geistiges Geschehen erkannt wird, gilt es ihnen als möglich, dieses Geschehen aktiv zu beeinflussen und sowohl im Kult als auch in den frommen Werken auf die göttlichen Wirkungskräfte einzuwirken.

Seit dem Spätmittelalter und der frühen Neuzeit erfuhr die Kabbala im Judentum eine fortwährende Popularisierung. Sie nahm viele dem Volksglauben entlehnte Vorstellungen und magische Praktiken auf, späterhin auch in Verbindung mit eschatologischen und insbesondere messianischen Spekulationen. So wurde z. B. das alte System der *Gematrie*, der Deutung eines angenommenen Sinnüberschusses, der dem hebräischen Konsonantentext der Bibel innewohnt, mittels der Berechnung der Zahlenwerte der einzelnen Buchstaben bzw. der Quersummen der Wörter auf das eigentliche kabbalistische System der Sefirot bezogen.

Die jüdische Aufklärung (s. o. S. 75 ff.) verwarf die Kabbala als irrationalen und unzeitgemäßen Aberglauben. Die Aufklärer entfernten die meisten mystisch-spekulativen Elemente aus der synagogalen Liturgie. Ein Weiterwirken kabbalistischer Traditionen im Judentum ist gegenwärtig nur noch in einigen orthodoxen Gemeinschaften zu verzeichnen.

Begünstigt durch eine auch im zeitgenössischen Christentum verbreitete Hinwendung zu mystischen Formen der Frömmigkeit und vermittelt vor allem durch ehemals jüdische Konvertiten gelangten kabbalistische Traditionen bereits früh in den christlichen Überlieferungsbereich, wo sie sowohl mit eigenen mystischen Überlieferungen als auch mit trinitarischen und christologischen Vorstellungen verbunden wurden und hier über die Jahrhunderte eine kreative Umdeutung erfuhren.

Die gegenwärtig recht populäre Rezeption der Kabbala durch
Vertreter des neuzeitlichen Okkultismus und seine assoziative
Verknüpfung mit psychologischen und medizinischen Erkennt-
nissen ist Ausdruck einer vorwissenschaftlichen Weltdeutung.

---

*Wehe dem, der da glaubt, die Tora enthielte gewöhnliche Worte
und profane Erzählungen! Träfe dies zu, dann bliebe es uns ja auch
noch heute unbenommen, eine Tora herzustellen, die weit mehr
Bewunderung erregt. Wir brauchten dazu nur aus den verschiedenen
Büchern weltlicher Gesetzgeber und Moralschriftsteller die glänzends-
ten und erhabensten Stücke zu nehmen und aus ihnen eine neue Tora
zusammenzustellen! In Wahrheit aber liegt in jedem Wort der Tora
ein tiefes Geheimnis verborgen, aber in menschliche Rede gekleidet;
denn alles, was von oben kommt, muss, um uns fasslich zu sein, erst
eine irdische Hülle erhalten. Gleichwie die Engel Gottes, wenn sie auf
die Erde gesandt wurden, sich zuvor in menschliche Hülle kleiden
mussten, so konnte die heilige Tora, die ja zu unserem Gebrauch
bestimmt ist, um uns fasslich zu werden, eines irdischen Kleides nicht
entbehren. So bekam sie denn ein solches! Die Erzählungen, die sich in
ihr finden, sind eine Einkleidung der höheren verborgenen Lehre! – Es
gibt ja nun törichte Menschen, die, wenn sie einen schön gekleideten
Mann sehen, schon mit diesem Anblick zufrieden sind und über dem
Kleid den Körper vergessen. Von solchen ist nun gar eine Würdigung
der Seele nicht zu erwarten, obwohl doch der Wert des Körpers erst
wieder in seiner Seele besteht! Ebenso verhält es sich mit der Tora: Die
Erzählungen sind ihr Kleid; die aus ihnen hervorgehende Moral ist ihr
Körper, der verborgene geheimnisvolle Sinn endlich ist die Seele der
Tora! Die Toren aber halten die Erzählungen selbst schon für ihren
Körper und dringen überhaupt nicht tiefer hinein; die Verständigen
sehen auch noch auf das, was dieses Kleid umschließt, auf die in den
Erzählungen enthaltene Morallehre; die wirklich Weisen aber richten
ihr Augenmerk ganz allein auf die Seele der Tora. Sie allein sind dazu
bestimmt, in der zukünftigen Welt die Seele dieser Seele, welche in der
Tora atmet, anzuschauen.*

SOHAR II, 152a

Texte: P. Schäfer, Übersetzung der Hekhalot-Literatur, 4 Bde. (TSAJ
17.22.29.46), Tübingen 1987–1995; L. Goldschmidt, Sepher Jesira, Frank-

furt/Main 1894 (Ndr. Darmstadt 1969); G. Scholem, Das Buch Bahir, Leipzig 1923 (Ndr. Darmstadt 1989); ; E. Müller (Hg.), Der Sohar, München ⁵1991.

Literatur: G. Scholem, Die jüdische Mystik in ihren Hauptströmungen, Frankfurt/Main ³1983; M. Idel, Kabbalah. New Perspectives, New Haven u.a. ²1990; P. Schäfer, Der verborgene und offenbare Gott, Tübingen 1991; J. Maier, Die Kabbalah, München 1995; G. Necker, Prolog zu: Papus, Die Kabbala, Wiesbaden 2004, S. I-VII; J. Dan, Kabbalah, Stuttgart 2007.

Joseph Karo und der Schulchan Aruch

Der im Jahre 1554 von dem sefardischen rabbinischen Gelehrten Joseph ben Ephraim Karo (1488–1575) in Safed vollendete *Schulchan Aruch* (»Gedeckter Tisch«; vgl. Ez 23,41) ist bis heute das wichtigste und weltweit verbreitete halachische Kompendium im traditionellen Judentum und Grundlage für die Gestaltung der gesamten religiös bestimmten Lebensführung.

Der in der spanischen Stadt Toledo geborene Karo wurde im Jahre 1497 Opfer der Vertreibung der Juden aus Portugal (s. o. S. 48) und floh mit seiner Familie in die Türkei. Im Jahre 1538 kam er nach Safed. In dem galiläischen Zentrum jüdischer Gelehrsamkeit, wo er bald einer eigenen Jeschiwa (s. o. S. 33) vorstand, kam er auch in Berührung mit kabbalistisch-mystischem Gedankengut (s. o.). Hier verfasste er sein halachisches Hauptwerk, den Kommentar »*Bet Joseph*« (»Haus Josephs«) zu den »*Arba Turim*« (»Vier Reihen«) des Jakob ben Ascher (ca. 1280–1340), in dem dieser eine geordnete und gegliederte Darstellung der unübersichtlichen Vielfalt der unterschiedlichen halachischen Positionen auf der Basis von Talmud und Tora unternahm.

Der in rabbinischem Hebräisch gut verständlich formulierte »*Schulchan Aruch*« folgt in seinem Aufbau den »Arba Turim« und fasst die relevanten und im alltäglichen Leben praktizierbaren halachischen Regelungen und die aus ihnen hervorgegangenen Gebräuche überwiegend aus sefardischer Tradition ohne Begründungen und Quellenangaben in vier Abteilungen zusammen:

1. Alltag, Sabbat und Feste (27 Kapitel; vgl. Ps 16,11)
2. Reinheitsgebote (35 Kapitel; vgl. Jes 28,9)
3. Familienrecht (5 Kapitel; vgl. 1. Sam 28,30)
4. Zivil- und Strafrecht (29 Kapitel; vgl. Ex 28,30)

Der zunächst im sefardischen Judentum im islamischen Raum verbreitete, in Venedig im Jahre 1565 erstmalig gedruckte »Schulchan Aruch« wurde über die Jahrhunderte immer wieder aktualisiert und lokalen Gegebenheiten angepasst. Mit den (die aschkenasische Praxis behandelnden) kommentierenden Anmerkungen des Krakauer Rabbiners Moses Isserles (ca. 1525–1572) in seiner »Mappat ha-Schulchan« (»Tischtuch«) wurde der »Schulchan Aruch« bald auch im aschkenasischen Judentum zum maßgeblichen halachischen Kodex. Unter seinen zahlreichen Bearbeitungen bis zur Gegenwart ragt im aschkenasischen Raum der (besonders um die Vermeidung von halachischen Zweifelsfällen bemühte) »Kizzur Schulchan Aruch« (»Kurzer gedeckter Tisch«) des ungarischen Rabbiners Salomon ben Joseph Ganzfried (1804–1886) hervor.

---

2. *Es gebührt sich für einen mittelmäßigen, gesunden Menschen, die Mahlzeit der Nacht zu verringern, dass sie leichter sei als die Mahlzeit am Tag; damit gewinnt er vier Dinge. Erstens bewahrt er seine Gesundheit; zweitens wird er vor einer bösen Sache behütet, vor nächtlicher Unreinheit nämlich, die vom reichlichen Essen und erhitzenden Dingen herkommt; drittens werden seine Träume angenehm und ruhig sein; denn vom vielen Essen und Trinken kommen sehr oft schwere und fremdartige Träume; und viertens wird sein Schlaf nicht zu schwer auf ihm lasten und er zur rechten Zeit wieder aufwachen. Für einen gesunden Menschen genügt es, sechs Stunden zu schlafen; man achte darauf, nicht allein in einem Zimmer zu schlafen, auch nicht an einem zu heißen oder zu kalten Ort zu schlafen.*

3. *Es gebührt sich für jeden Frommen, bevor er schlafen geht, seine Handlungen, die er während des ganzen Tages getan hat, zu prüfen; dass er eine Sünde begangen hat, bereue er es, bekenne sie und nehme mit ganzem Herzen auf sich, sie nicht wieder zu begehen;*

> *besonders betreffs Sünden, die häufig vorkommen, wie Schmeichelei, Lügen, Spotten, böse Rede, bedarf es genauer Prüfung. Auch nehme sich der Mensch im Herzen vor, jedem zu verzeihen, der gegen ihn gesündigt hat, damit kein Mensch wegen ihm bestraft werde: denn in der Gemara steht (Schabbat 149b): denjenigen, um dessentwillen ein anderer bestraft wurde, lässt man einst nicht den Kreis des Heiligen, gelobt sei Er, eintreten.*
>
> *KIZZUR SCHULCHAN ARUCH 71,2f.*

Text: S. Ganzfried, Kizzur Schulchan Aruch, übers. v. S. Bamberger, 2 Bde., Frankfurt/Main 1925–1936 (Ndr. Basel 2001).

Literatur: A.J. Kolatch, Jüdische Welt verstehen. Sechshundert Fragen und Antworten, Wiesbaden 2005.

MOSES MENDELSSOHN

Der Schriftsteller und Philosoph *Moses ben Menachem Mendelssohn* (1729–1786) gilt als Begründer und bedeutendster Exponent der kulturellen Aufklärung im Judentum (»*Haskala*«; s. o. S. 76). Er hat als erster neuzeitlicher jüdischer Denker Antworten auf die Frage nach der Verbindung von jüdischer Tradition und aufgeklärter Kultur gesucht und so der bürgerlichen Emanzipation des europäischen Judentums die Bahn bereitet. Geboren und aufgewachsen in Dessau als Sohn eines einfachen Toraschreibers, folgte der junge Talmudschüler aus der Hauptstadt des Fürstentums Anhalt im Jahre 1743 seinem Lehrer, dem Dessauer Stadtrabbiner David Fränkel, nach Berlin, wo er von 1750 an als Privatlehrer bei dem Seidenfabrikanten Isaak Bernhard arbeitete, später als sein Buchhalter wirkte und schließlich Mitinhaber der Fabrik wurde. Im Jahre 1754 lernte er *Gotthold Ephraim Lessing* kennen, mit dem ihn bald eine lebenslange Freundschaft verband und dem er als Vorbild für seinen »*Nathan der Weise*« diente. Mendelssohn betrieb in Berlin neben seiner traditionellen rabbinisch-talmudischen Ausbildung auch ausgedehnte autodidaktische Studien der alten Sprachen, des

Deutschen, Französischen und Englischen, der Philosophie, Mathematik und der Naturwissenschaften. Er eignete sich rasch einen großen Fundus an neuzeitlichem weltlichen Wissen an. Im Jahre 1763 gewann der jüdische Denker das Preisausschreiben der Königlich-Preußischen Akademie der Wissenschaften mit einer »*Abhandlung über die Evidenz in metaphysischen Wissenschaften*«. Unter seinen Mitbewerbern war kein Geringerer als Immanuel Kant.

Mit der Veröffentlichung des »Phaidon« im Jahre 1767, der binnen kurzer Zeit ein »Bestseller« wurde, machte sich Mendelssohn einen Namen als deutscher Philosoph. Kennzeichnend ist sein Streben nach einer Synthese zwischen der jüdischen religiösen Tradition und der aufgeklärten neuzeitlichen Kultur, Philosophie und Wissenschaft. In seinem im Jahre 1783 erschienenen Werk »*Jerusalem oder über religiöse Macht und Judentum*« formulierte er seine rationalistische Sichtweise des Judentums nicht als eines geoffenbarten Dogmas, sondern als einer geoffenbarten Gesetzgebung. Weil Gott gerecht und liebend ist, so Mendelssohn, habe er allen Menschen die heilsnotwendigen Wahrheiten durch die Vernunft ins Herz gelegt. Die Zugehörigkeit zum Judentum müsse mit universal gültigen Prinzipien begründet werden. Die grundlegenden Lehren des Judentums seien identisch mit dieser natürlichen und allgemeinen Vernunftreligion, wohingegen die am Sinai offenbarten Gesetze und Gebote nur für Juden gälten. Die Treue zur Halacha (s. o. S. 111 f.) sei indes nicht aus Pietät, sondern aus zwingenden Vernunftgründen geboten. Das Judentum habe keine Glaubensartikel, die das unabhängige Denken unterdrückten. Durch ihre Existenz inmitten der Völker bezeugten die Juden Gottes ewigen Bund, seine Gegenwart und Vorsehung.

Moses Mendelssohn pflegte die hochdeutsche Sprache. Im Jahre 1770 begann er eine Übersetzung der Psalmen und der Tora (s. o. S. 93 ff.) ins Hochdeutsche. Der Druck (in hebräischen Lettern) des ersten Bandes, des Buches Genesis, erfolgte im Jahre 1780. Die im Jahre 1783 fertiggestellte Toraübersetzung erlebte eine rasche Verbreitung; bereits zu Lebzeiten Mendelssohns folgten zwei Neuauflagen. Ziel seiner durchgängig kommentierten Bibelübersetzung, die der Angleichung seiner Glaubensgenossen an das Bildungsniveau der nichtjüdischen

Umwelt als Voraussetzung ihrer bürgerlichen Emanzipation (s. o. S. 77 ff.) dienen sollte, wie auch Grundlage seines gesamten philosophischen Werkes war das Bestreben, es seinen jüdischen Glaubensgenossen zu ermöglichen, angesichts der geistesgeschichtlichen Umwälzungen der Aufklärung und angesichts der erfahrenen Zurückweisung (Mendelssohn selbst war aufgrund seines Glaubens nicht in die Preußische Akademie der Wissenschaften aufgenommen worden) weiterhin nach den traditionellen Geboten zu leben und sich zugleich der modernen, nichtjüdischen Bildung und Kultur zu öffnen. Beides zielte auf die gesellschaftliche Integration und letztendlich auf die Übertragung der Bürgerrechte auf alle Juden ab (s. o. S. 78).

Im Jahre 1781 gelang es Mendelssohn, den mit ihm befreundeten preußischen Geheimen Kriegsrat Christian Wilhelm von Dohm (1751–1820) zur Abfassung einer Verteidigungsschrift für die deutschen Juden zu gewinnen. Diese unter dem Titel »*Ueber die bürgerliche Verbesserung der Juden*« erschienene Abhandlung stieß rasch auf große Resonanz und kann als der eigentliche Beginn der gesellschaftlichen Emanzipation der deutschen Juden gelten.

Nur zwei Kinder Moses Mendelssohns, Joseph und Recha, blieben dem Judentum treu. Sein Sohn Abraham Mendelssohn-Bartholdy ließ sich in Berlin taufen. Seine Tochter Brendel verließ ihren jüdischen Mann, nannte sich fortan Dorothea und heiratete den Dichter Friedrich von Schlegel.

Es ist wahr: ich erkenne keine andere ewige Wahrheiten, als die der menschlichen Vernunft nicht nur begreiflich, sondern durch menschliche Kräfte dargetan und bewährt werden können. Nur darin täuscht ihn ein unrichtiger Begriff vom Judentum, wenn er glaubt, ich könne dieses nicht behaupten, ohne von der Religion meiner Väter abzuweichen. Ich halte dieses vielmehr für einen wesentlichen Punkt der jüdischen Religion und glaube, dass diese Lehre einen charakteristischen Unterschied zwischen ihr und der christlichen Religion ausmache. Um es mit einem Worte zu sagen: ich glaube, das Judentum wisse von keiner geoffenbarten Religion, in dem Verstande, in welchem dieses von den Christen genommen wird. Die Israeliten haben göttliche Gesetzgebung, Gesetze, Gebote, Befehle, Lebensregeln, Unterricht vom Willen

> *Gottes, wie sie sich zu verhalten haben, um zur zeitlichen und ewigen*
> *Glückseligkeit zu gelangen; dergleichen Sätze und Vorschriften sind*
> *ihnen durch Moses auf eine wunderbare und übernatürliche Weise ge-*
> *offenbaret worden; aber keine Lehrmeinungen, keine Heilswahrheiten,*
> *keine allgemeine Vernunftsätze. Diese offenbaret der Ewige uns, wie*
> *allen übrigen Menschen, allezeit durch Natur und Sache, wie durch*
> *Wort und Schriftzeichen.*
>
> MOSES MENDELSSOHN, GESAMMELTE SCHRIFTEN, BD. 8, S. 129.

Texte: A. Altmann u.a. (Hg.), Gesammelte Schriften, Jubiläumsausgabe, 38 Bde., Stuttgart-Bad Cannstatt 1972ff.; A. Böckler (Hg.), Die Tora, Berlin ³2001.

Literatur: H. Knobloch, Herr Moses in Berlin, Berlin 2006; J.H. Schoeps, Moses Mendelssohn, die Aufklärung und die Anfänge des jüdisch-deutschen Bürgertums, Hamburg 2006; S. Tree, Moses Mendelssohn, Reinbek bei Hamburg 2007.

MARTIN BUBER

Der Philosoph und Pädagoge *Martin Buber* (1875–1965) gilt als einer der populärsten Repräsentanten des aufgeklärten neuzeitlichen Judentums (s. o. S. 87). Der in Wien geborene Buber verbrachte seine Kindheit nach der Trennung seiner Eltern im galizischen Lemberg bei seinem Großvater, dem bekannten Midraschforscher Salomon Buber (1827–1906), wo er eine jüdisch-traditionelle Erziehung erhielt und der neochassidischen Tradition des osteuropäischen Judentums begegnete.

DER OSTEUROPÄISCHE CHASSIDISMUS

Der osteuropäische Chassidismus bezeichnet eine in der Mitte des 18. Jahrhunderts in Südostpolen entstandene, sich von hier aus zunächst nach Podolien, Galizien, Russland, Ungarn und Litauen verbreitende und heute vor allem in Israel und in den städtischen Zentren an der nordamerikanischen Ostküste anzutreffende volkstümliche jüdische Frömmig-

keitsbewegung. Die geschlossenen chassidischen Gemeinschaften unter dynastischer Führung knüpften ursprünglich
an vulgarisierte Formen der kabbalistischen Tradition an (s. o.
S. 137–141).

Als erste charismatische Führerpersönlichkeit und als Begründer dieser volkstümlichsten religiös-mystischen Erwe-
ckungsbewegung im Judentum gilt Israel ben Eliezer (gest.
1760), genannt »*Baal Schem Tov*« (»Amulettschreiber«); abgekürzt auch »*Baalschem*« oder »*Bescht*« genannt. Die chassidische Betonung des Strebens nach unmittelbarer Einheit mit
dem Göttlichen und der Individualisierung der Religion entsprach den Bedürfnissen der häufig verelendeten jüdischen
Großgemeinden des Ostens. Dass sie auch den einfachen und
ungebildeten Frommen religiöse Ausdrucksmöglichkeiten
bot, begünstigte die Akzeptanz und die rasche Ausbreitung
der chassidischen Lehren.

Innerhalb der lokalen Synagogengemeinden entstanden
zahlreiche chassidische Gebetsgemeinschaften, die allerdings
zumeist keine eigenständigen Gemeindestrukturen entwickelten. Diese chassidischen Gemeinschaften lehnten die
Askese ab und schätzten die halachische Gelehrsamkeit, das
Torastudium und den intellektuellen Aspekt der jüdischen
Religion überhaupt (später auch jegliche aufklärerischen Gedanken) gering (s. o. S. 81 f.). Dem entsprach die Tendenz zur
kontemplativen Verinnerlichung und Individualisierung des
Glaubens und die Betonung sozialer Aktivitäten und emo-
tionaler Aspekte, insbesondere der – zuweilen ekstatischen
– Freude, die aus der Verehrung des Göttlichen im mystisch
bestimmten Gottesdienst entsteht.

Infolge der Lehre, dass Gott die gesamte Schöpfung durch-
dringt, betrachten die Anhänger des osteuropäischen Chassidismus sämtliche Handlungen während eines Lebens in steter
Gottzugewandtheit und Gottergebenheit als Möglichkeiten
zum Gottesdienst. Die Vorstellung von der Religion als eines
vermittelten (bzw. der Vermittlung bedürfenden) Prozesses
hat ihren Ausdruck auch im Selbstverständnis religiöser
Gemeinschaftsoberhäupter als Ausgangs- und Bezugspunkt
der Frömmigkeit und des religiösen Lebens ihrer jeweiligen
Anhänger. Ein solcher »*Zaddik*« (»Gerechter«) steht als Mittler

zwischen Gott und den Frommen und leitet seine Gemeinde, indem er mittels Fluch und Segen Einfluss ausübt. Die moderne Darstellung des osteuropäischen Chassidismus im Werk Martin Bubers berücksichtigt nur bestimmte Aspekte dieser komplexen und vielgestaltigen jüdischen Glaubensrichtung.

S. Dubnow, Geschichte des Chassidismus, Berlin 1931 (Ndr. Königstein/Ts. 1982); A. Wertheim, Law and Custom in Hasidism, Hoboken, NJ 1992; M. Buber, Die Erzählungen der Chassidim, Zürich ¹³1996; J. Weiss, Studies in East European Jewish Mysticism, London u.a. ²1998.

Als Jugendlicher distanzierte sich Martin Buber zunehmend von der traditionellen jüdischen Frömmigkeit. In Wien, Berlin, Leipzig und Zürich studierte er Philosophie, Literatur und Kunstgeschichte. Im Jahre 1898 schloss er sich Theodor Herzl (s. o. S. 86 f.) und seinem politischen Zionismus an. Buber übernahm nun kulturpolitische Aufgaben innerhalb der zionistischen Bewegung, zog sich aber im Jahre 1921 wieder aus ihr zurück. Seit 1922 lehrte er auf Bitten seines engen Freundes Franz Rosenzweig (1886–1929) am Freien Jüdischen Lehrhaus in Frankfurt/Main, von 1924 bis 1933 als Honorarprofessor für jüdische Religionswissenschaft und Ethik an der Frankfurter Universität. 1938 begab er sich nach Jerusalem, wo er bis 1951 als Professor für Sozialphilosophie an der Hebräischen Universität lehrte und daneben bis 1953 das von ihm gegründete Institut für Erwachsenenbildung leitete.

Martin Bubers frühe Prägung und intensive Beschäftigung mit dem osteuropäischen Chassidismus fanden ihren Niederschlag nicht nur in seiner (allerdings selektiv deutenden) Sammlung und Nacherzählung chassidischer Mythen, Sagen und Legenden, sondern auch in der Übernahme der Vorstellung von der Erfüllbarkeit des Dienstes an Gott in der Materialität dieser Welt. Ebenso wie die traumatische Erfahrung des Ersten Weltkriegs (s. o. S. 87), der von vielen als eine krisenhafte Erschütterung des modernen Rationalitätsoptimismus wahrgenommen wurde, prägte sie die Entwicklung seiner philosophischen Anthropologie. Menschliches Sein ist für Buber immer »in Beziehung sein«. Jede wirkliche zwischenmenschliche Begegnung geschieht als »Ich – Du« und ist somit dialogisch, d. h. immer auf gegenseitige Beeinflussung angelegt. Diesem idealen Verhältnis zum Mitmenschen steht die objektivierende Erfahrung »Ich – Es« gegenüber, die das menschliche Gegenüber nur in beschränkter Weise wahrnimmt. Das »Ich – Du« zwischen zwei Menschen wird immer in Verbindung mit dem ewigen »Du« Gottes gesprochen, der jenseits aller Objekte steht; der einzige und wahre Weg vom Individuum zu Gott geht wiederum über die Gemeinschaft.

Da die Begegnung mit Gott im Erlebnis, im alltäglichen Leben geschieht, gewinnt dessen Heiligung für Buber besondere Bedeutung. Er unterschied hier zwischen persönlicher »*Religiosität*«, die sich gegenwärtig im konkreten Lebensvollzug realisiert, und »*Religion*« als Summe der Bräuche und Lehren, die nur die verdinglichende Erkenntnis und Anerkennung eines vergangenen Geschehens zum Ausdruck zu bringen vermag. Als Konsequenz dieser Überzeugung verwarf Buber alle wertlos gewordenen Gebote des Judentums und erkannte dafür im säkularen Leben Gottesdienst, der zur Erlösung führt. Dem »Ich – Du« in vorbildlicher Weise nachzustreben ist besondere Aufgabe des Juden; seine Erwählung liegt nach Ansicht Bubers darin, dass er dazu berufen ist, das Erlösungswerk in dieser Welt durch seine exemplarische Humanität zu beginnen.

Die Beziehung geht dem Wort voran, und nur durch das gesprochene Wort ist gegenwärtige Offenbarung möglich. Leitend für die von Martin Buber gemeinsam mit Franz Rosenzweig im Jahre 1925 begonnene Übersetzung der hebräischen heiligen Schriften ins Deutsche war deshalb die Idee, die ursprüngliche Gesprochenheit des biblischen Wortes wiederzugewinnen. Buber ging davon aus, der heilige Text sei anfangs ein mündlich überlieferter Text gewesen und seine deutsche Übersetzung müsse dieser ursprünglichen Form entsprechen (tatsächlich lässt sich die Annahme einer durchgängigen mündlichen Traditionsstufe der biblischen Schriften nicht mehr halten). Als *Bibelübersetzer* wollte Buber deshalb auf die Wurzelbedeutung der hebräischen Wörter zurückgehen, um ihren vollen Bedeutungsreichtum in die Gegenwart zu übertragen. Nach Rosenzweigs Tod setzte er die Arbeit allein fort; erst im Jahre 1961 fand das monumentale Übersetzungswerk seinen Abschluss.

Martin Bubers idealistisches Streben nach einer Einheit von verinnerlichter jüdischer Religiosität und neuzeitlicher Kultur und auch seine literarisch-expressionistische Bibelübersetzung stießen vor allem bei Nichtjuden und besonders in Deutschland auf große Resonanz; beides wurde und wird immer wieder fälschlicherweise als repräsentativ für das zeitgenössische Judentum angesehen. Innerhalb des Judentums wird hingegen insbesondere seine Ablehnung der normativen Tradition kritisch betrachtet.

> *Man hat oft die Frage aufgeworfen, ob es eine jüdische Dogmatik gibt. Man sollte eher nach der relativen Mächtigkeit des Dogmas im Judentum fragen. Dass es in ihm Dogmen gibt, bedarf keiner Erörterung, da die dreizehn maimonideischen Glaubensartikel in die Gebetsordnung aufgenommen worden sind. Aber das Dogma bleibt sekundär. Primär im religiösen Leben des Judentums ist nicht das Dogma, das ja erst in der Abhebung vom konkreten, gelebten Augenblick – die in der Dogmatik leicht als Erhebung über ihn missverstanden wird – erstehen kann, sondern Erinnerung und Erwartung einer konkreten Situation: der Begegnung Gottes mit dem Menschenvolk. Alles, was in abstracto, was in der dritten Person vom Göttlichen ausgesagt wird, jenseits des Gegenüber von Ich und Du, ist nur Projektion auf die begriffliche, konstruierte Ebene, eine Projektion, die immer wieder als uneigentlich, wenn auch unentbehrlich, empfunden wird.*
>
> M. BUBER, DER GLAUBE DES JUDENTUMS (1933)
>
> *Im Anfang schuf Gott den Himmel und die Erde.*
> *Die Erde aber war Irrsal und Wirrsal.*
> *Finsternis über Urwirbels Antlitz.*
> *Braus Gottes schwingend über dem Antlitz der Wasser.*
> *Gott sprach: Licht werde! Licht ward.*
> *Gott sah das Licht: dass es gut ist.*
> *Gott schied zwischen dem Licht und der Finsternis.*
> *Gott rief dem Licht: Tag! und der Finsternis rief er: Nacht!*
> *Abend ward und Morgen ward: Ein Tag.*
> *Gott sprach: Gewölb werde inmitten der Wasser*
> *Und sei Scheide von Wasser und Wasser!*
> *Gott machte das Gewölb*

Und schied zwischen dem Wasser, das unterhalb des Gewölbs war,
und dem Wasser, das oberhalb des Gewölbs war.
Es ward so.
Dem Gewölb rief Gott: Himmel!
Abend ward und Morgen ward: zweiter Tag

M. BUBER, F. ROSENZWEIG, 1. BUCH MOSES 1,1f.,
IN: DIE FÜNF BÜCHER DER WEISUNG (1954)

Texte: Martin Buber, Werke, 3 Bde., München, Heidelberg 1962 f.; Die Schrift, 4 Bde., Stuttgart 1992.

Literatur: Gerhard Wehr, Martin Buber, Reinbek bei Hamburg 2001; Peter Stöger, Martin Buber. Eine Einführung in Leben und Werk, Innsbruck 2003; W. Zager, Ich und Du – Mensch und Gott. Im Gespräch mit Martin Buber, Neukirchen-Vluyn 2006.

EMMANUEL LÉVINAS

Als herausragender jüdischer Denker des 20. Jahrhunderts gilt der litauisch-französische Philosoph und Talmudgelehrte *Emmanuel Lévinas* (1906–1995). Der als Sohn eines Buchhändlers im litauischen Kaunas geborene Lévinas entstammte einer strenggläubigen Familie, deren Frömmigkeit durch die Betonung des intellektuellen Torastudiums geprägt war, wie es in der antichassidischen Bewegung der »*Mitnaggedim*« (»Gegner«) betrieben wurde. Lévinas erlebte den Ersten Weltkrieg und die russische Revolution im ukrainischen Charkow. Im Jahre 1923 begann er in Straßburg mit dem Studium der Philosophie. Während eines Studienjahres in Freiburg i. Br. begegnete er den deutschen Philosophen Edmund Husserl (1859–1938) und Martin Heidegger (1889–1976), deren maßgeblicher Wegbereiter im französischen Sprachraum er später wurde.

Der im Jahre 1930 in Frankreich eingebürgerte Gelehrte kämpfte im Zweiten Weltkrieg in der französischen Armee und geriet 1940 in deutsche Kriegsgefangenschaft. Die Erfahrung der unmenschlichen Zustände im Gefangenenlager und die Ermordung seiner gesamten litauischen Familie prägten sein weiteres Leben und Arbeiten (s. o. S. 88 f.). Bald nach Kriegsende wurde Lévinas zum Rektor der Jüdischen Schule der Alliance Israélite Universelle in Paris berufen und widmete sich zugleich intensiven Talmudstudien. Von 1962 bis 1976 lehrte er als Professor für Philosophie in Poitiers, Paris-Nanterre und an der Sorbonne.

Die katastrophale geschichtliche Erfahrung der Schoa prägte zutiefst Lévinas' Denken, umfassend dargestellt in seinem philosophischen Hauptwerk »*Totalität und Unendlichkeit*« (1961). Im Zentrum dieses Denkens steht nicht die egozentrische Vorstellung vom autonomen Individuum als Ausgangspunkt des philosophischen Denkens, sondern das ethische Verhältnis zum anderen Menschen. Für Lévinas war diese traditionelle, an der griechischen Seinslehre orientierte abendländische philosophische Vorstellung nicht nur verfehlt, sondern auch mitverantwortlich für den modernen Totalitarismus, den Zweiten Weltkrieg und die Schoa. Der Andere betrifft uns – so Lévinas – durch den ethischen Sinn, den seine Anwesenheit für uns hat. Erst durch die Begegnung mit dem – prinzipiell freien und fremdartigen – Anderen wird das Selbst zum Menschen im Vollsinn des Wortes, und nur durch das ethische Verhältnis zum Anderen ist die Erfahrung Gottes möglich. Anders als Martin Buber (s. o. S. 146–151) verneinte Lévinas jedoch die Möglichkeit einer symmetrischen (bzw. »dialogischen«) Beziehung zum Anderen. Anders als Buber hatte er kein idealistisches Menschenbild. Vielmehr widersetze sich seines Erachtens dieses Verhältnis jeder Integration: Was ich von mir selbst fordern darf, kann mit dem, was ich vom Anderen fordern darf, nicht verglichen werden. Sobald ich in der Begegnung das Antlitz des Anderen erblicke, sobald er mich ansieht, bin ich als Herr meiner selbst »abgesetzt« und in meine eigene Freiheit »eingesetzt« – eine Freiheit unbedingter Verantwortung für den Anderen. Der Mensch ist somit verantwortlich für den Anderen, ohne dabei Gegenseitigkeit erwarten zu dürfen – auch wenn ihn diese Freiheit unbedingter Verantwortung das Leben kosten würde.

Lévinas fand die uneinholbare und moralisch verpflichtende Andersartigkeit des anderen Menschen, die im Mittelpunkt seiner totalitarismuskritischen Philosophie steht, insbesondere in der jüdischen Tradition. Obgleich er deutlich zwischen Judentum und Philosophie unterschied und betonte, dass Gott den Menschen niemals von der Verantwortlichkeit gegenüber dem Anderen entbinden könne, erkannte er gerade hier den ethischen Charakter einer jeden Gotteserkenntnis und die Unbegreifbarkeit Gottes und des Anderen im unaufhebbaren Gegensatz zum menschlichen Streben und Vermögen, die Welt zu begreifen. Der Wille zum Wissen ohne das voraussetzungslose Vertrauen ist für Lévinas geradezu eine Degeneration der Vernunft.

Das Verhältnis zur Zukunft, die Anwesenheit der Zukunft in der Gegenwart, scheint sich allerdings zu vollziehen in der Situation des Von-Angesicht-zu-Angesicht mit dem anderen. Die Situation des Von-Angesicht-zu-Angesicht wäre der eigentliche Vollzug der Zeit; das Übergreifen der Gegenwart auf die Zukunft ist nicht die Tat eines einsamen Subjekts, sondern das intersubjektive Verhältnis. Die Bedingung der Zeitlichkeit liegt im Verhältnis zwischen menschlichen Wesen oder in der Geschichte (…)

Doch inmitten des Verhältnisses zum anderen, das unser soziales Leben charakterisiert, erscheint schon die Anderheit als eine nicht reziproke Beziehung, das heißt als der Gleichzeitigkeit zuwiderlaufend. Der andere, insofern er anderer ist, ist nicht nur ein alter ego; er ist das, was ich gerade nicht bin. Er ist es nicht aufgrund seines Charakters oder seiner Physiognomie oder seiner Psychologie, sondern aufgrund seiner Anderheit selbst. Er ist zum Beispiel der Schwache, der Arme, »die Witwe und die Waise«, während ich der Reiche oder der Mächtige bin. Man kann sagen, dass der intersubjektive Raum nicht symmetrisch ist. Das Außerhalbsein des anderen verdankt sich nicht einfach dem Raum, der trennt, was dem Begriff nach identisch bleibt, oder irgendeiner begrifflichen Differenz, die sich durch das räumliche Außerhalbsein manifestieren würde. Das Verhältnis der Anderheit ist weder räumlich noch begrifflich.

EMMANUEL LÉVINAS, LE TEMPS ET L'AUTRE (1979)

Texte: Die Zeit und der Andere, Hamburg 1984; Wenn Gott ins Denken einfällt – Diskurse über die Betroffenheit von Transzendenz, Freiburg i. Br., München 1985; Totalität und Unendlichkeit – Versuch über die Exteriorität, Freiburg i. Br., München 1987; Jenseits des Seins oder anders als Sein geschieht, Freiburg i. Br. 1992; Schwierige Freiheit – Versuche über das Judentum, Frankfurt/Main 1992; Vier Talmud-Lesungen, Frankfurt/Main 1993; Die Spur des Anderen – Untersuchungen zur Phänomenologie und Sozialphilosophie, Freiburg i. Br., München ³1998.

Literatur: J. Wohlmuth (Hg.), Emmanuel Lévinas – Eine Herausforderung für die christliche Theologie, Paderborn ²1999; D. Plüss, Das Messianische – Judentum und Philosophie im Werk Emmanuel Lévinas' (Judentum und Christentum 8), Stuttgart u.a. 2001; B.H.F. Taureck, Emmanuel Lévinas zur Einführung, Hamburg ⁴2006.

3.

LEBENSFORMEN DES JUDENTUMS

Grundlegend gilt, dass das Judentum als lebendige und vielgestaltige Weltreligion ein kulturelles System und keine ethnische Größe ist, trotz der hohen Bedeutung der Genealogie. Alle jüdischen Gemeinden sind rechtlich und organisatorisch selbständige, voneinander unabhängige Gemeinschaften. Das Judentum ist zunächst ein religiöses Bekenntnis. Jude ist man aufgrund der Anerkennung durch eine jüdische Gemeinschaft; Jude wird man durch Übertritt zum Judentum. Das Judentum anerkennt allerdings traditionell keinen Austritt aus der Religionsgemeinschaft. Das Selbstverständnis der Zugehörigkeit zum Volk Israel als geschichtlicher Gemeinschaft hat keinen von einem externen, außerjüdischen Standpunkt aus objektivierbaren Charakter.

FESTE UND RITEN IM LEBENSZYKLUS

Der jüdische *Lebenszyklus* von der Geburt bis zum Tod ist von vielen traditionellen Bräuchen, Ritualen und Feiern bestimmt. Indem diese Bräuche, Rituale und Feiern Übergänge zwischen verschiedenen Lebensphasen markieren und sie religiös sinnstiftend deuten, dienen sie sowohl der individuellen als auch der gemeinschaftlichen Lebensgestaltung; sie stärken so das Miteinander in der jüdischen Gemeinschaft und stiften zugleich Orientierung für den Einzelnen.

Nach traditionellem Verständnis ist Jude, wer entweder Kind einer der jüdischen Religionsgemeinschaft angehörenden Mutter ist oder selbst aus freiem Willen zum Judentum übergetreten ist. Im Reformjudentum ist auch Jude, wer von einem jüdischen Vater abstammt. Da der Staat Israel allen Juden das Recht auf Einwanderung garantiert, entzünden sich hier an der Frage der jüdischen Identität heftige Auseinandersetzungen zwischen Vertretern der verschiedenen Glaubensrichtungen.

Die Beschneidung

Das grundlegende Gebot der *Beschneidung* dient der Aufnahme in den Bund Gottes mit Israel (s. o. S. 6 ff.) und wurde bereits von den antiken Rabbinen (s. o. S. 109 f.) als dessen Zeichen verstanden; der Beschnittene wird durch den Ritus Jude mit allen Rechten und Pflichten. Aufgrund ihres Charakters als unwiderrufliche äußere Kennzeichnung der Gruppenzugehörigkeit in einer mehrheitlich unbeschnittenen Umwelt war und ist die Beschneidung von hoher gemeinschaftsbildender Bedeutung für die jüdische Gemeinde.

Der Begriff »*Beschneidung*« bezeichnet den rituell vollzogenen Eingriff an den äußeren Geschlechtsteilen, üblicherweise vollzogen an neugeborenen Knaben in Form des partiellen Wegschneidens der Vorhaut des männlichen Glieds. Die ursprüngliche Bedeutung der rituellen Beschneidung hängt mit ihren Funktionen als Unglück abwehrender Akt und als Initiations- bzw. Übergangsritus zusammen; medizinische und hygienische Begründungen sind dagegen sekundär.

Die Beschneidung der männlichen Vorhaut ist ein bereits in altorientalischen Kulturen (z. B. in Ägypten) verbreiteter Ritus, der vom Judentum früh aufgenommen, beibehalten und mit einer neuen, theologisch motivierten Bedeutung versehen wurde. Die Erfüllung des grundlegenden biblischen Gebotes, jedes neugeborene männliche Kind am achten Tag nach der Geburt zu beschneiden (Gen 17,10; Lev 12,3), gewann in der Zeit des babylonischen Exils (s. o. S. 14 f.) als Bundeszeichen eine zentrale Bedeutung für den Fortbestand der jüdischen Gemeinschaft. Als ein deutliches Kennzeichen der Volkszugehörigkeit, welches die Gemeinschaft mit Gott erst ermöglichte und die Voraussetzung zur Teilnahme am gemeinsamen Kult (s. o. S. 19–21) schaffte, unterschied es die Judäer nunmehr von der babylonischen Bevölkerung. In hellenistisch-römischer Zeit (s. o. S. 21 ff.) wuchs diese gemeinschaftbildende Bedeutung der Beschneidung im Judentum; ebenso entstand die Überzeugung, dass sich mit ihr die eigentliche Aufnahme in den Bund Gottes mit Israel bzw. in die jüdische Volksgemeinschaft vollzieht. Dabei verstärkte sich die identitätstiftende und -markierende Funktion der Beschneidung als abgrenzendes Unterscheidungsmerkmal gegenüber den – von Teilen des Judentums als religiöse und kulturelle Erosion verstandenen – Einflüssen der paganen Umwelt, in der die Beschneidung mehrheitlich als unästhetisch, als Verstümmelung oder gar als Kastration bewertet und scharf abgelehnt wurde. Im Kontext der Ablösung des Christentums vom Judentum (s. o. S. 24 f.) und vor dem Hintergrund der damals aktuellen Frage, ob der Eintritt in die christliche Gemeinschaft auch möglich ist, ohne sich der von der Tora gebotenen Beschneidung zu unterziehen, setzte sich vor allem der christliche Apostel Paulus intensiv mit ihrer theologischen Bedeutung auseinander, wobei er ihre heilstiftende Funktion vor dem Hintergrund des Christusereignisses relativierte und ihre prinzipielle Abhängigkeit vom Glauben an Gottes Verheißung betonte (Gal 2,2; 5,6; 6,15; Röm 4,12).

Im nachbiblischen Judentum entwickelte sich die Beschneidung von gesunden jüdischen Knaben und von zum Judentum übergetretenen erwachsenen Männern zu einem festen Bestandteil der jüdischen Ritualkultur, die von einem reichen Brauchtum umrankt wird. Im traditionellen Judentum muss sich bis heute jeder männliche Nichtjude, der zum Judentum übertritt, beschneiden lassen. Auch außerhalb der Orthodoxie ist die Beschneidung üblich. Bestimmend ist dabei allein ihre religiöse Bedeutung als Bundeszeichen. Dem Gebot der Beschneidung wird ein Vorrang vor anderen Torageboten zuerkannt; sie findet statt, selbst wenn der achte Tag nach der Geburt des Knaben auf einen Sabbat (s. u. S. 191–194) oder auf einen hohen Feiertag fällt. Allein in (zumeist medizinisch begründeten) Ausnahmefällen gilt in der rabbinischen Tradition der Verzicht auf die Beschneidung als erlaubt. Die Beschneidung war bereits in der Antike mit der Namengebung des Neugeborenen verbunden (vgl. Lk 1,59; 2,21). Traditionell sind im Judentum bis heute biblische Vornamen gebräuchlich. Der männliche Erstgeborene erhält zumeist den Namen seines Großvaters.

Die Beschneidungszeremonie wurde zunächst durch den Vater des Knaben im Rahmen einer familiären Feier und später in der Synagoge durchgeführt. In der Moderne findet die Beschneidung durch einen Laienspezialisten, den »*Mohel*« (»Beschneider«), der seine während einer mehrjährigen Ausbildung erworbenen Fachkenntnisse zuvor in einer Prüfung vor dem zuständigen Rabbinat beweisen muss, oft auch zu Hause oder in einem Krankenhaus statt.

Während der traditionellen synagogalen Zeremonie wird der neugeborene Knabe vom »*Sandak*« (»Beistand«) – oft seinem Großvater – auf seinem Schoß gehalten, während der Mohel mit einem beiderseits geschärften, schartenfreien Stahlmesser den von Benediktionen begleiteten Beschneidungsakt vornimmt. In vielen Synagogen sind zum Teil reich verzierte *Beschneidungsstühle* erhalten, auf denen der linke Sitz für den Sandak bestimmt ist, während der rechte Sitz für den Propheten Elija freigehalten wird bzw. dessen Anwesenheit als eines Zeugen und Beschützers symbolisiert. Der Knabe erhält dabei seinen jüdischen *Namen*, mit dem er später als Bar Mizwa (s. u. S. 161) zur Toralesung aufgerufen wird. Ein neugeborenes Mädchen erhält seinen Namen zumeist im Rahmen des ersten Sabbatgottesdienstes, dem seine Mutter nach der Geburt wieder beiwohnt. Nach der Zeremonie spricht sein Vater eine feierliche Benediktion: »*Gelobt seist du, Ewiger, unser Gott, König der Welt, der du uns geheiligt hast durch deine Gebote und uns befohlen, den Sohn in den Bund unseres Vaters Abraham aufzunehmen.*« An die Beschneidung schließt sich traditionell ein festliches Mahl zur Feier des göttlichen Gebotes an. Bereits am Vorabend des ersten Sabbats nach der Geburt eines Kindes begehen traditionsverbundene Juden eine häusliche Feier, in der zum Ausdruck kommt, dass auch für den zu beschneidenden Knaben die Sabbatheiligung (s. u. S. 191–194) verpflichtendes Gebot sein wird.

In einigen aschkenasischen Gemeinden war es Sitte, aus der während der Beschneidungszeremonie vom Knaben getragenen Stoffwindel ein langes Band zu nähen, das mit seinem hebräischen Namen, dem Datum seiner Geburt und einem Segensspruch für sein weiteres Leben bestickt wurde. Dieses Band wurde in der Gemeinde als Wickelband für die Torarollen in der Synagoge verwendet und diente zugleich als Nachweis der Gemeindezugehörigkeit.

Im 19. Jahrhundert setzten sich Bestrebungen seitens der neuzeitlichen Reformbewegung im Judentum, die Beschneidung abzuschaffen, nicht durch. Bis heute wird sie in allen jüdischen Denominationen praktiziert.

Literatur: H. Wißmann, O. Betz, F. Dexinger, Art. Beschneidung, in: TRE
5 (1980), S. 714–728; A. Blaschke, Beschneidung. Zeugnisse der Bibel und
verwandter Texte, Tübingen 1998.

Bar und Bat Mizwa

Mit Vollendung des 13. Lebensjahres wird der jüdische Knabe »*Bar Mizwa*« (»Sohn des Gebotes«). Von diesem Tag an ist
er religionsmündig, zur eigenverantwortlichen Einhaltung aller
Gebote der Tora (s. o. S. 93–96) verpflichtet und berechtigt zur
aktiven Teilnahme am öffentlichen jüdischen Gottesdienst (s. u.
S. 197 ff.). Von nun an zählt er zum »*Minjan*« (s. u. S. 197 f.).
Religionsphänomenologisch ein Passageritus anlässlich der Pubertät, ist die rituelle Begehung der Bar Mizwa im Sinne einer
Initiationsfeier erst seit dem 15. Jahrhundert belegt; in der älteren talmudischen Literatur bezeichnet der Begriff den zur Ge-
setzesbeobachtung verpflichteten erwachsenen Mann.

Im Sabbatmorgengottesdienst (s. u. S. 193) nach seinem Ge-
burtstag wird der Bar Mizwa vom Rabbiner über seine neuen
Pflichten belehrt und erstmalig zur synagogalen Toralesung
aufgerufen. In europäischen Gemeinden spricht er dabei die
Benediktionen über die Tora und trägt den letzten Teil des Wo-
chenabschnitts und die Prophetenlesung vor, deren Bedeutung,
Aussprache und Kantilation er zuvor im Bar-Mizwa-Unterricht
gelernt hat. Erstmalig darf er an diesem Tag die *Tefillin* (»Gebetsriemen und -kapseln«) und den *Tallit* (»Gebetsschal«) anlegen.

JÜDISCHE SYMBOLE IN GOTTESDIENST UND ALLTAG

Der innere Vorgang beim Gebet wird auch in der jüdischen
Religion durch seinen zeichenhaften Vollzug durch bestimmte Kleidungsstücke und Symbole äußerlich sichtbar gemacht.
Dem Zusammenhalt der jüdischen Gemeinde und ihrer Abgrenzung gegenüber der nichtjüdischen Mehrheitsgesellschaft
und ihrem Anpassungsdruck diente in der Geschichte auch
das Festhalten an bestimmten Trachten und sonstigen äußer-
lichen Kennzeichen.

Traditionell trägt der jüdische Beter beim Morgengottes-
dienst über seiner Kleidung den »*Tallit*«, einen überwurf-
artigen Gebetsschal bzw. -mantel in Form eines rechteckigen
Stofftuches. Der Tallit ist entweder aus weißer Seide mit einigen
blauen Streifen (sefardische Tradition) oder aus weißer Baum-
wolle mit schwarzen Streifen (aschkenasische Tradition). An
seinen vier Ecken sind gemäß Num 15,38–41 »*Zizit*« (»Schaufäden«), aus acht Fäden bestehende und fünfmal geknotete
Quasten, angebracht. Sie verleihen dem Tallit seine eigentliche
religiöse Bedeutung. Ein besticktes Kragenteil kennzeichnet,
wo der Tallit um den Hals gelegt wird. Der Kantor trägt den
Tallit bei allen Gottesdiensten. Besonders strenggläubige Juden
tragen einen kleinen Tallit (»*Tallit katan*« oder »*Arba Kanfot*«
[»vier Ecken«]) ständig unter ihrer Oberbekleidung. Beim Anlegen des Tallit spricht der Fromme stehend eine Benediktion
und schlägt, das Gesicht verhüllend, den rechten Flügel des
Gebetsschals mit den zugehörigen Zizit um die linke Schulter,
was an die Geborgenheit in Gott erinnern soll. Ein Tallit, an
dem auch nur eine Quaste fehlt, ist unbrauchbar. Außerhalb
der Orthodoxie tragen auch jüdische Frauen den Tallit.

Vor der Rezitation der Pflichtgebete legen fromme Juden
an Stirn und Arm »*Tefillin*« (»Gebetsriemen« oder »Phylak-
terien« [»Schutzmittel«]) an, die die Bedeutung der Tora als
Richtschnur allen Denkens und Handelns zum Ausdruck
bringen (vgl. Ex 13,9). Diese Gebetsriemen bestehen aus zwei
schwarzen würfelförmigen Kapseln aus Pergament, die an
zwei schwarzen Lederriemen befestigt sind. Eine Kapsel wird
von Rechtshändern am bloßen linken Arm angebracht und
der dazugehörige Riemen vom Oberarm (in aschkenasischen
Gemeinden gegen den Uhrzeigersinn) siebenmal bis zur Hand
gewickelt. Das freie Ende des Lederriemens wird unter einem
der Riemen im Handteller untergesteckt. Linkshänder legen
die Armtefilla (»*Tefilla schel-Jad*«) um den rechten Arm. Die andere Kapsel wird auf der Stirn getragen und der dazugehörige
Riemen um den Kopf gelegt (»*Tefilla schel-Rosch*«). Das Ablegen der Tefillin erfolgt in genau umgekehrter Reihenfolge wie
das Anlegen. Beide Kapseln enthalten auf kleine Pergament-
streifen kalligraphisch handgeschriebene Abschnitte aus der
Tora (Ex 13,1–10.11–16; Dtn 6,4–9; 11,13–21). An Sabbaten und

an den Festtagen ist das Tragen von Tefillin nicht gestattet. In Reformgemeinden ist das Anlegen der Tefillin nicht verpflichtend.

Keine biblische Begründung hat das Tragen der »*Kippa*« oder »*Jarmulke*«, einer kleinen kreisförmigen Kopfbedeckung aus Stoff oder Leder, die während des Gebetes, beim Torastudium, in der Synagoge oder auf jüdischen Friedhöfen (von streng traditionellen Juden ständig) getragen wird. Der Brauch kommt erst in der frühen Neuzeit auf und steht im Zusammenhang mit jüdischen Abgrenzungsbestrebungen gegenüber der christlichen Mehrheitsgesellschaft. Manchmal deuten unterschiedliche Farben und Formen der Kippa auf bestimmte religiöse oder politische Richtungen des Judentums hin.

Das Tragen von »*Peot*« oder »*Peijjes*« (»Schläfenlocken«) im orthodoxen und chassidischen Judentum entspricht einer Auslegung des biblischen Verbotes für jüdische Männer, sich das Haupthaar ringsum scheren zu lassen (Lev 19,27). Das Tragen eines *Bartes* (vgl. Lev 21,5) spiegelt zudem dessen frühere Bedeutung als ein Zeichen der Würde wider. Die traditionelle Tracht des Ostjudentums mit breitkrempigem *Hut* und *Kaftan*, einem langen, engen, geknöpften und hinten geschlitzten Oberrock, entspricht der zeitgenössischen vornehmen Kleidung im frühneuzeitlichen Osten Europas und wurde in Teilen des orthodoxen Judentums gegen alle Entwicklungen der Kleidermode als gemeinschaftstiftendes, spezifisches Gruppenmerkmal beibehalten. Ebenfalls der Neuzeit entstammt die in strenggläubigen Gemeinden anzutreffende Sitte, der Frau anlässlich ihrer Hochzeit die Haare kurz zu schneiden und den geschorenen Kopf der verheirateten Frau mit einer Haube oder (in mittel- und osteuropäischer Tradition) mit einem »*Scheijtl*«, einer Perücke, zu bedecken. Eine direkte biblische oder talmudische Begründung gibt es hierfür nicht.

Dem festlichen Synagogengottesdienst folgt zumeist eine aufwändige häusliche Feier mit einem Festessen zu Ehren des Bar Mizwa, bei der er reichlich Geschenke erhält und oft einen kleinen Vortrag hält, um seine Kenntnisse über die jüdische Tradition unter Beweis zu stellen. Seit dem 19. Jahrhundert wird die Bar Mizwa in jüdischen Reformgemeinden in Anlehnung an die evangelische Konfirmationsfeier begangen, wobei hier oft eine Unterweisung in der jüdischen Religion – ursprünglich durch den Vater – vorangeht, das Alter (aufgrund der Betonung der Notwendigkeit einer vernunftgemäßen Begründbarkeit des Glaubens) um mehrere Jahre heraufgesetzt wird, die Feier (in Anknüpfung an liturgische Traditionen aus dem Hochmittelalter) zumeist am Wochenfest Schavuot (s. u. S. 187 f.) stattfindet und auch Mädchen als »*Bat Mizwa*« (»Tochter des Gebotes«) religiös volljährig und mündig werden.

Hochzeit und Ehestand

Der *Ehestand* gilt im Judentum in Anlehnung an Gen 1,28 als die Norm; die jüdischen Gelehrten halten fest, dass die Feier mit den Brautleuten selbst die Unterbrechung des Torastudiums rechtfertigt. Die jüdische *Trauung* ist eine weltliche Handlung mit religiösen Implikationen. Sie hat keine sakramentale Bedeutung. Im modernen Staat Israel, wo die einzelnen Religionsgemeinschaften in Personenstandsangelegenheiten eigenverantwortlich sind, sind in Fragen der Eheschließung und Scheidung die Rabbinatsgerichte verantwortlich. Eine Zivilehe wie in Deutschland oder den meisten anderen Staaten gibt es hier nicht.

Der Hauptzweck der Ehe bestand im antiken Judentum in der Zeugung legitimer *Nachkommen*, die ihren Eltern die Versorgung im Alter und – wenn sie männlich waren – die Kontinuität der Erwählungsgeschichte Israels garantierten. Zwar war es einem jüdischen Mann gesetzlich prinzipiell erlaubt, mehrere Ehefrauen nebeneinander zu haben (vgl. Dtn 21,15ff.), doch begegnen wir der Mehrehe im antiken Judentum äußerst selten. Nur im judäischen Adel stößt man in hellenistisch-römischer Zeit zuweilen auf *Polygamie*. Fast alle jüdischen Schriftsteller dieser Epoche sprechen sich jedoch vehement gegen eine solche Mehrehe aus.

Zumeist mit dem Eintritt der Pubertät im Alter von 13 bis 15 Jahren wurde das jüdische Mädchen nach Finden eines ehefähigen und passenden *Bewerbers*, der möglichst aus dem Kreis der Verwandten kommen sollte, meist vom Vater verheiratet. Als ideal sah man Verbindungen zwischen Vetter und Base bzw. zwischen Onkel und Nichte an. Ehen wurden zumeist auf einer annähernd gleichen sozialen Ebene geschlossen. Als *Ehehindernisse* galten z. B. Blutsverwandtschaft oder das Fehlen einer Scheidungsurkunde der Frau, aus der hervorging, dass sie wieder frei war. *Mischehen* zwischen Juden und Nichtjuden galten als verpönt, waren jedoch vorhanden. Auch im heutigen traditionellen Judentum hat die Ehe eines Juden mit einem Nichtjuden gemäß der hier geltenden Halacha keine bindende Kraft.

Ebenso selten wie die Polygamie war die Entscheidung mancher Asketen und Eremiten, unverheiratet zu leben. Das Verharren im ledigen Stand wurde missbilligt. Darin, dass in hellenistisch-römischer Zeit manche jüdischen Frauen nach dem Tod ihres Ehepartners nicht wieder heirateten, lässt sich der Einfluss stoischen Gedankenguts erkennen.

Die mittelalterlichen und frühneuzeitlichen jüdischen Moralautoren, deren Gesamttendenz dahin geht, die Auswahl des passenden Ehepartners von dessen religiös-moralischen Qualitäten abhängig zu machen, billigten den Eltern, insbesondere dem Vater, eine entscheidende Rolle bei der Eheanbahnung zu. Dabei ist eine Korrelation zwischen dem Grad der wirtschaftlichen Unabhängigkeit von den Eltern und dem Grad der Selbständigkeit im Verheiratungsprozess festzustellen. Gerade in Bezug auf das Heiratsalter war die regionale, soziale und zeitabhängige Varianz sehr groß. Aus dem Kreis der Bewerber galt der religiös Gelehrte den Autoren traditionell als die erste Wahl; seine Gelehrtheit wurde mit seiner finanziellen Lage verrechnet. Als Funktionen der Ehe zählen die jüdischen Moralisten die Fortpflanzung als Erhalt der göttlichen Schöpfung und zum Fortbestand der Erwählungsgemeinschaft, den Sündenschutz sowie ihre lebenspraktischen Vorteile als Organisationseinheit für das soziale und wirtschaftliche Leben auf. Der (halachisch prinzipiell möglichen) Mehrehe standen auch sie durchweg distanziert gegenüber. Zu den von jüdischen Gemeinden in ganz Europa anerkannten »*Takkanot*« (»Verordnungen«) des berühmten mittelalterlichen jüdischen Gelehrten Rabbenu Gerschom ben Jehuda aus Mainz (ca. 960–1028) gehörte auch das Verbot der Polygamie.

Die Eheschließung als Rechtsakt zwischen den Eheleuten zerfällt im Judentum bis heute in zwei Akte, nämlich die Ehebegründung in der *Antrauung*, die die besitz- und vermögensrechtlichen Fragen vorweg bindend klärt (die angetraute Braut blieb in früheren Zeiten bis zur Abholung durch den Bräutigam im Haus ihres Vaters), und die *Heimführung*, die Hochzeitsfeier und die ihr folgende eigentliche Aufnahme der ehelichen Gemeinschaft. Antrauung und Heimführung können im Prinzip zeitlich getrennt sein. Im europäischen Judentum wurden beide Teile seit dem Mittelalter oftmals zusammengelegt. Im heutigen Judentum (mit Ausnahme mancher osteuropäischer und orientalischer Gemeinden) ist die Antrauungsfeier üblicherweise Teil der Eheschließung.

Eine jüdische *Hochzeit* wird generell nicht an einem Sabbat (s. u. S. 191–194) und (aufgrund ihres Charakters als ausgelassenen Freudenfestes, der mit dem ernsten Gedenken kollidiert) üblicherweise nicht in der Zeit zwischen Rosch ha-Schana (s. u. S. 177) und Jom ha-Kippurim (s. u. S. 177–179) bzw. zwischen Pesach (s. u. S. 185–187) und Schavuot (s. u. S. 187 f.) gefeiert. Der Hochzeitsfeier geht Fasten voraus; am Sabbat vor der Hochzeit wird der Bräutigam in der Synagoge zur Toralesung aufgerufen. Zumeist findet die Trauung unter Anwesenheit eines »*Minjan*« (s. u. S. 197 f.) im Freien statt; zuweilen auch in einer festlich geschmückten Synagoge oder im Gemeindesaal. In dem reichen Brauchtum, das die eigentliche Hochzeitszeremonie umrankt, begegnen zahlreiche regionale Besonderheiten.

Braut und Bräutigam werden in einer feierlichen Prozession von ihren Eltern zur »*Chuppa*« geleitet, einem von vier Stangen gehaltenen Hochzeitsbaldachin, dem Symbol des zukünftigen gemeinsamen Heims. Traditionsgemäß führt ein Rabbiner, der auch eine Ansprache halten kann, die Trauzeremonie durch. Er segnet die Brautleute und spricht eine Benediktion über einen Becher Wein, aus dem die beiden trinken. Unter dem Beisein zweier männlicher Zeugen, die mit dem Brautpaar nicht verwandt sein dürfen, steckt der Bräutigam der Braut einen schlichten goldenen Fingerring an und spricht dabei die Formel: »*Durch diesen Ring sei mir geheiligt nach dem Gesetz Moses' und Israels.*« Danach wird unter Anwesenheit der beiden Zeugen die zuvor ausgefertigte »*Ketubba*« in aramäischer Sprache verlesen, den Brautleuten ausgehändigt und von ihnen unterzeichnet. Die Ketubba ist eine traditionelle Urkunde, die bereits in der Antike der Absicherung der Frau in den Fällen von Scheidung oder Tod des Ehemannes diente. Der Rabbiner spricht danach sieben Benediktionen über einen zweiten Becher Wein, aus dem Braut und Bräutigam wieder trinken. Das gemeinsame Zerbrechen eines Glases am Ende der Zeremonie soll bildlich auf Israels Leiden hinweisen und veranschaulicht zugleich die Fragilität der Liebe.

Der Trauungszeremonie folgt eine festliche Mahlfeier, bei der die sieben Segenssprüche noch einmal wiederholt werden. Zu den traditionellen Pflichten des Ehemannes gehören fortan die Sorge für den Lebensunterhalt seiner Gattin, der eheliche Geschlechtsverkehr (der nicht nur als Mittel der Fortpflanzung, sondern auch als Geschenk Gottes angesehen wird), die Fürsorge, ihre Auslösung aus der Gefangenschaft und ihre Bestattung. Zu den ehelichen Pflichten der Frau gehören der Umzug an den Wohnsitz des Mannes, der eheliche Verkehr, die Führung des gemeinsamen Haushalts und die eheliche Treue.

Tod und Trauer

Jüdische *Trauerriten* und *Begräbnisbräuche* richteten sich immer wieder nach den örtlichen und zeitlichen Bedingungen, unter denen die jüdischen Gemeinden von der Antike bis zur Gegenwart lebten. Aus diesem Grund weichen die mit Tod und Trauer verbundenen Riten und Gebräuche von Land zu Land, von Ort zu Ort, mitunter von Gemeinde zu Gemeinde immer wieder voneinander ab.

Die Bestattung von Toten gehört zu den Geboten der Tora, von den Tannaiten (s. o. S. 113) in verallgemeinernder Weise abgeleitet aus Dtn 21,23, wo es heißt, der Leichnam eines Gehenkten solle nicht über Nacht am Holz hängen bleiben, sondern noch am selben Tag begraben werden. Wie in allen Gesellschaften, so sind auch in jüdischen Gemeinden zahlreiche Riten mit der allgegenwärtigen Erfahrung des Todes, der Bestattung des Toten und dem Weiterleben der ihn umgebenden Gemeinschaft verbunden. Diese Trauerriten und zeremoniellen Handlungen wurden und werden nicht aus bloßer Pietät vollzogen. Vielmehr haben sie stets bestimmte gesellschaftliche Funktionen, anthropologische Implikationen und theologische Grundlegungen. Die Verantwortung für die *Bestattung* oblag im antiken Judentum zunächst der Familie des Toten. Die erforderlichen Riten, in denen die Trennung der Trauernden von der Gemeinschaft zum Ausdruck kommt, wurden von den Angehörigen ohne jede institutionalisierte Begleitung im Trauerhaus vollzogen. Der Tote wurde gewaschen und aufgebahrt, und zwar nicht an einem öffentlichen Platz, sondern im Trauerhaus. Die Aufbahrung diente der endgültigen Bestätigung des eingetretenen Todes und gab Gelegenheit zur *Totenklage*. Frauen sangen im Trauerhaus und während der Bestattung Klagelieder und schlugen dabei die Hände zusammen, was als ritualisierter Ausdruck der Trauer der Familie oder der Gemeinschaft über den erlittenen Verlust zu verstehen ist. Ein hölzerner Sarg wurde angefertigt, man bereitete die Grabstätte vor und geleitete den Toten zu seinem Grab (vgl. Lk 7,11–17). Ein solches Erdgrab wurde mit Kalkbrühe bezeichnet. Man tat das zunächst nicht, um an den Toten zu erinnern, sondern um eine versehentliche Verunreinigung durch *Totenunreinheit* (s. u. S. 211; vgl. Num 19,11) zu vermeiden. Es ist anzumerken, dass solche Grabstätten und Friedhöfe in den rabbinischen Listen öffentlicher Einrichtungen fehlen, woraus man schließen kann, dass auch die Wahl, Bereitung und Pflege der Begräbnisstätte im antiken Judentum zunächst der Familie des Toten oblag. Das Begräbnis erfolgte gewöhnlich bereits am Todestag. Im Anschluss an die Bestattung nahm man im Trauerhaus ein Trauermahl ein.

Die Tannaiten (s. o. S. 113) verankerten diese Trauerriten nachträglich in der Schrift und instrumentalisierten sie im Sinne ihrer perspektivischen Wahrnehmung und Idealisierung des Toten bzw. der vom Toten in der Gesellschaft verkörperten Rolle und Funktion. Zum einen wurde (etwa in dem Verbot des Torastudiums während der Trauerzeit) die Tradition auf den Bereich der rabbinischen Schülerkreise bezogen, zum anderen entsprach die an den Riten beteiligte Öffentlichkeit zunehmend dem eigenen beanspruchten Kompetenz- und Autoritätsbereich der Gelehrten. Im babylonischen Talmud (s. o. S. 121–123) setzte sich diese Tendenz fort, wobei besondere Trauerriten explizit auf die rabbinischen Institutionen bezogen wurden, pointiert ausgedrückt: »*Stirbt ein Gelehrter, ist jeder sein Verwandter.*« Die Behauptung des eigenen Status spiegelt sich auch in der Erwähnung exklusiver Begräbnisstätten für die Rabbinen, zu denen ihre Särge selbst aus einem fernen Land überführt wurden. Hingegen scheint die Herausbildung von »professionellen« Institutionen, d. h. von Totengräbern, Trauerleuten und Trauerrednern, die später in die Herausbildung von Beerdigungsgesellschaften mündeten, nicht in Abhängigkeit von rabbinischen Idealen, sondern vielmehr in Analogie zu römischen Gepflogenheiten geschehen zu sein.

Bei einer traditionellen jüdischen Bestattung wird der Tote in schlichte Gewänder aus Leinen gekleidet und in einen Holzsarg gelegt. Um seine Schulter wird sein Tallit (s. o. S. 162) gelegt, von dem einer der quastenartigen Schaufäden durchgeschnitten wurde. Das Leintuch über dem Leichnam wird in manchen Gemeinden in der Diaspora symbolisch mit Erde aus Israel besprengt, so dass der Verstorbene auch hier in heiliger Erde ruht. Die Grablegung folgt einem schlichten Gottesdienst mit Gebet, Psalmen, Schriftversen und einer Eulogie vor dem Sarg. Vor dem Begräbnis sind die Trauernden von allen religiösen Pflichten befreit.

Auf dem Friedhof zerreißen die Trauernden ein symbolisches Band, machen einen Riss in den Saum ihres Kleides oder den Aufschlag ihres Anzugs. Die eigentliche Beerdigung ist traditionell Aufgabe der »*Chevra Kadischa*« (»Heiligen Gemeinschaft«), deren Mitglieder außer der Totenwache, der Totenklage, der Waschung, der rituellen Reinigung und Aufbahrung des Verstorbenen in früherer Zeit neben den Gedenkgottesdiensten häufig auch die Krankenpflege und die Waisenfürsorge in den Gemeinden übernahmen. Der Tote wird so in die Erde gebettet, dass in seiner Blickrichtung die aufgehende Sonne bzw. Jerusalem liegt. Nach einer Trauerrede des Rabbiners bedecken die Angehörigen und Freunde des Toten seinen Sarg mit Erde; die Hinterbliebenen verleihen ihren Hoffnungen mit dem tröstenden Kaddischgebet (s. u. S. 201 f.) Ausdruck. Nach der Beerdigung halten die Trauernden eine traditionelle Mahlzeit aus Brot und hartgekochten Eiern.

An die Bestattung schließen sich drei Tage der tiefsten Trauer und eine siebentägige Trauerzeit (»*Schiwa*«) an. Während dieser Tage bleibt der Trauernde zu Hause, geht nicht in die Synagoge, verrichtet keine Arbeit, sitzt auf einem niedrigen Schemel, trägt keine ledernen Schuhe und verzichtet auf gründliche Körperpflege. Dabei erhält er Besuch von Freunden und Verwandten, die ihm ihr Beileid bekunden, ihn trösten und alle Besorgungen für ihn erledigen. Nach der siebentägigen Trauerzeit gelten im Trauermonat gelockerte Trauervorschriften; allein im Falle des Todes von Eltern oder Kindern dauert diese zweite Trauerperiode ein volles Jahr. Nach Ablauf von 30 Tagen kann der Grabstein gesetzt werden. Die Kinder des Verstorbenen begehen alljährlich die »*Jahrzeit*« im Gedenken an den Todestag. Sie besuchen das Grab und beten das Kaddisch in der Synagoge.

Der jüdische Friedhof

Die jüdischen *Bestattungsformen* weisen ebenso wie die *Trauerbräuche* immer wieder zahlreiche Unterschiede auf, da auch sie sich immer wieder örtlichen und zeitlichen Bedingungen anpassten.

Bereits im alten Israel legten die Menschen in der Nähe ihrer Wohnstätten Begräbnisplätze für Angehörige ihrer Familien oder sonstiger sozialer Gemeinschaften an. Die Grabsteine dienten dabei ursprünglich der Markierung der als unrein verstandenen Grabstätten und dem Schutz des Leichnams vor wilden Tieren, hatten daneben jedoch immer mehr die Aufgabe, die Erinnerung an den Verstorbenen für die folgenden Zeiten zu bewahren. In hellenistisch-römischer Zeit bestatteten Juden in Palästina ihre Toten zumeist in natürlichen oder künstlichen Feldhöhlen und Erdgräbern. Unbekannte Tote und Menschen ohne jegliche Bindungen kamen in Massengräber. In der Spätzeit des Zweiten Tempels war die sogenannte *Zweitbestattung* verbreitet. Der Leichnam wurde dabei zunächst in einem Erdgrab oder in einer Felsnische beigesetzt. Einfache Grabbeigaben waren Tongefäße mit aromatischem Salböl sowie Öllampen und auch Tongeschirr, gefüllt mit Verpflegung für den Weg des Toten in die Unterwelt. Die blanken Knochen wurden im darauffolgenden Jahr von den Angehörigen des Toten in einem Ossuar, einer – zuweilen reich verzierten – Kiste aus Kalkstein, Ton oder Holz, endgültig in dem Familiengrab bestattet. Bei ärmeren Familien erfüllte eine Knochengrube in der Grabkammer diese Aufgabe.

Hölzerne oder steinerne Sarkophage und Särge sind zwar seit der Spätantike auch im Judentum gebräuchlich, erlangten hier jedoch nie allgemeine Verbreitung. Bis heute wird bei einem traditionellen jüdischen Begräbnis der Leichnam in würdigen Totengewändern und mit einem Tuch bedeckt auf einer Bahre an seinen Begräbnisplatz gebracht und in sein Grab gelegt, um dort bis zum Ende dieser Welt zu ruhen. Die Beerdigung bald nach dem Tod wurde als göttliches Gebot verstanden; im Orient ist dieser Brauch auch heute noch klimabedingt üblich. Bis weit in die Neuzeit fand auch bei deutschen Juden die Bestattung unmittelbar am Todestag statt, wenn der Tod nicht an einem Sabbat erfolgte. Für alle Glaubensrichtungen geltende Anweisungen der Behörden, ausgelöst durch die gegen Mitte des 19. Jahrhunderts geradezu populäre Diskussion um das Begräbnis Scheintoter, machte diesem Brauch ein Ende.

Etwa seit dem 10. Jahrhundert scheint in Europa bei jüdischen Gemeinden die Anlage von kommunalen *Friedhöfen* allgemein üblich geworden zu sein. Die hohe Bedeutung, die man einem solchen Ort beimaß, lässt sich allein daran ablesen, dass man sich vielerorts beim Entstehen einer jüdischen Gemeinde zunächst um die Anlage eines Friedhofs kümmerte und erst dann um die Errichtung einer eigenen Synagoge.

Jüdische Friedhöfe werden traditionell außerhalb der Ansiedlungen angelegt. Auf Grabpflege, die als verletzende Störung der Totenruhe verstanden wird, und auch auf Grabschmuck, den man als heidnische Opfergabe ansehen konnte, wurde bis ins 19. Jahrhundert generell und wird bei traditionellen Juden bis auf den heutigen Tag verzichtet. Bereits zu Beginn des dritten Jahrhunderts findet sich in der Mischna (s. o. S. 113–116) die Vorschrift: »*Man entferne Abdeckereien, Gräber und Gerbereien fünfzig Ellen von der Stadt.*« Die Durchführung dieser rabbinischen Bestimmung wurde den Juden in den Städten Europas seit dem ausgehenden Mittelalter von den christlichen Obrigkeiten oft nicht gestattet, was notgedrungen zur Anlage von Begräbnisplätzen innerhalb der Ghettomauern führte (s. o. S. 61).

Gewöhnlich werden die Verstorbenen auf jüdischen Friedhöfen in Grabreihen nebeneinander in der Abfolge ihres Sterbedatums bestattet. Der Abstand der Gräber voneinander beträgt üblicherweise mindestens sechs Handbreit. Rabbiner und andere Gemeindeglieder mit besonderer Stellung setzt man an besonderen Orten bei. Auf vielen alten Judenfriedhöfen wurden Männer und Frauen in getrennten Reihen begraben.

Neben traditionellen *Symbolen* wie der Sonne (vgl. Mal 3,20) oder Sternen (vgl. Gen 22,17) führte der Einfluss des Klassizismus auch auf die jüdische Grabmalskunst in Deutschland seit dem 19. Jahrhundert zu der Aufnahme von Elementen der griechisch-römischen Antike. Der Aufbau und die Gestaltung der jüdischen *Grabinschriften* richten sich formal und inhaltlich zumeist nach einem festgelegten Formular:

---

1. *Begräbnisformel*
2. *Eulogie (Lobsprüche)*
3a. *Titulatur und Name*
3b. *Name des Vaters (bzw. Gatten und dessen Wohnort)*
4. *Sterbe- und Begräbnisdatum*
5. *Schlussformel*

Die Inschriften auf jüdischen Grabsteinen bieten nicht nur Hinweise auf den Charakter, die Stellung und die Aufgaben des Verstorbenen. Sie weisen auch auf seine Gemeindeämter und Ehrentitel hin. Sie zeigen genealogische Daten und Zusammenhänge und gewähren so einen Einblick in die Tugenden und Ideale der jeweiligen Epoche. Ebenfalls von hoher Bedeutung sind die Namen und Daten auf jüdischen Grabsteinen. Da in den jüdischen Gemeinden zumeist keine »Kirchbücher« geführt wurden, sind die Inschriften mit ihren Angaben über den Toten, seinen Vater oder Gatten sowie dessen Wohnort oft die einzige Möglichkeit, für die Zeit vor der Einrichtung von Standesämtern mit Sterberegistern und Familienbüchern genealogische Zusammenhänge zu rekonstruieren.

Gräber der *Kohanim*, der Nachfahren der Priester am Jerusalemer Tempel, erkennbar an den beiden auf ihnen abgebildeten segnenden Händen des Priesters und dem Familiennamen (z. B. Kuhn, Cohn, Kahn, Katz), findet man zumeist nahe der Friedhofsmauer, so dass Angehörige des Verstorbenen dessen Grab besuchen können, ohne dabei den Friedhof zu betreten. Dieser Regelung liegt die Vorstellung zugrunde, dass die Nachkommen der Kohanim wegen der verunreinigenden Wirkung dieses Ortes keinen Friedhof betreten dürfen. Dies beruht seinerseits auf der Überzeugung, dass sie stets ihre kultische Reinheit aufrechterhalten müssen, weil sie beim erhofften und jederzeit erwarteten Anbruch der Gottesherrschaft am Ende aller Tage das Kultpersonal für den wieder einsetzenden, fortwährenden Opferdienst im Jerusalemer Tempel stellen werden und diesen Dienst nur im Zustand priesterlicher Reinheit antreten dürfen.

Während auf jüdischen Grabsteinen die Sterbe- und Begräbnisdaten generell – oft mit Angabe des Wochentags – erwähnt werden, fehlen in der Regel Altersangaben und Geburtsdaten der Toten. Die angegebenen Daten richten sich traditionell nach dem jüdischen religiösen Kalender (s. u.).

Auf jüdischen Friedhöfen werden Verstorbene regelmäßig dadurch ausgezeichnet, dass man auf ihren Grabsteinen kleine Steinchen niederlegt. Der eigentliche Ursprung dieses volkstümlichen jüdischen Brauches, in dem ein vorbeugender Abwehrzauber zum Vorschein kommt, ist nicht mehr geläufig; er wird vielmehr als Ausdruck der Verehrung verstanden.

FESTE UND GEDENKTAGE IM JAHRESZYKLUS

Die jüdische Zeitrechnung

Jede menschliche Gemeinschaft braucht sich in regelmäßigen Abständen wiederholende Feste als besondere Zeiten, in denen sie als eine solche Gemeinschaft erfahrbar wird und die den Alltag und den *Jahreszyklus* rhythmisieren. Die Notwendigkeit einer allgemeinen kultischen Jahresordnung führte auch im Judentum zur Fixierung von Festverzeichnissen. Solche *Kalender* sorgten bereits in der Antike für die bei der Feier der Feste für alle Juden gewünschte Konformität.

Der jüdische religiöse Kalender wird hinsichtlich der Monate mittels Beobachtung der Mondphasen nach dem Mondumlauf berechnet. Der Monat beginnt mit dem Neumond. Somit haben alle jüdischen Festtage einen fixierten Termin in einem bestimmten Monat. Die Fixierung eines konstanten jüdischen Kalenders ist mit dem Namen des Patriarchen Hillel II. (ca. 320–365) verbunden, dessen Werk den Grundstein zu jeder weiteren jüdischen Zeitrechnung legte. Die hebräischen Monatsnamen stammen ursprünglich aus dem babylonischen Kulturkreis. Aufgrund der Tatsache, dass 12 Mondmonate (354 Tage) um 11 Tage kürzer sind als ein Sonnenjahr (365 Tage), besteht die Notwendigkeit, durch Einschaltung von 7 Schaltmonaten mit je 29 Tagen (»*Adar scheni*« oder »*we-Adar*«) in einem Zeitraum von 19 Jahren einen Ausgleich zwischen diesen beiden Jahresordnungen herzustellen, um zu verhindern, dass die Monate mit je 29 (»mangelhafte« Monate) oder 30 Tagen mit je 24 Stunden (»volle« Monate) – und damit auch die Festtermine – durch das ganze Sonnenjahr wandern, wie es bis heute im islamischen religiösen Jahr der Fall ist.

Monatstabelle	
Name	*Entsprechung*
Tischri	September/Oktober
(Mar)cheschwan	Oktober/November
Kislew	November/Dezember
Tevet	Dezember/Januar
Schevat	Januar/Februar
Adar	Februar/März
Nisan	März/April
Ijjar	April/Mai
Siwan	Mai/Juni
Tammuz	Juni/Juli
Av	Juli/August
Elul	August/September

Die jüdische *Jahreszählung* wird nach der Erschaffung der Welt berechnet, welche die jüdischen Gelehrten durch Addition biblischer genealogischer Angaben auf das Jahr 3760 vor der christlichen Zeitrechnung zurückrechneten. Seit dem Mittelalter gibt man dabei kalendarische Daten zumeist in der sogenannten »*kleinen Zählung*«, d. h. in der Kurzform an, was bedeutet, dass die Tausender ausgelassen werden. Will man aus einer jüdischen Jahresangabe, etwa auf einem Grabstein (s. o. S. 172 f.), das Datum gemäß der christlichen gregorianischen Zeitrechnung errechnen, addiert man die angegebene Jahreszahl nach der »kleinen Zählung« und die Zahl 1240, da das Jahr 1240 dem Jahr 5000 nach jüdischer Zeitrechnung entspricht. Aufgrund der Tatsache, dass das kalendarische Neujahr heute im Judentum allerdings im Herbst beginnt, liegen die ersten Monate des Jahres (*Tischri, Marcheschwan, Kislew, Tevet*) noch in dem dem Ergebnis dieser Berechnung vorangehenden Jahr nach solarer, christlicher Zeitrechnung. Die ersten fünf Tage der Woche (Sonntag bis Donnerstag) tragen in der jüdischen Tradition keine Namen. Sie werden durchgezählt und mit den fünf ersten Buchstaben des hebräischen Alphabets bezeichnet. Der

Freitag kann entweder als »sechster Tag« oder als »Vorabend des (heiligen) Sabbats« bezeichnet werden. Der letzte Tag der Woche ist der Sabbat selbst (s. u. S. 191–194).

Alle jüdischen *Feiertage* beginnen am Abend und werden bis zum nächsten Abend gehalten. Fixpunkt der Bestimmung der Neumonde und davon ausgehend aller Festtermine ist Jerusalem. Außerhalb Israels werden die Feste mit Ausnahme von Jom ha-Kippurim im traditionellen Judentum zwei Tage lang begangen. Die Rabbinen wollten mit dieser Regelung das Problem einer möglichen falschen Datierung eines Festes in der Diaspora lösen, wo die religionsgesetzlich gültigen Monatsanfänge zunächst nicht durch Berechnung, sondern durch von Jerusalem ausgehende Boten bestimmt wurden.

Die jüdischen Feste im Jahreszyklus stellen die Gottesbeziehung in regelmäßig wiederkehrenden rituellen Vollzügen dar und dienen der Stärkung und der Erneuerung der Gruppenidentität der religiösen Gemeinschaft. Bereits von der Tora wird dabei die Festtagsfreude als unverzichtbarer Bestandteil aller Festtage hervorgehoben. Die jüdischen Feste waren ursprünglich zumeist mit Naturerfahrungen wie dem Lauf von Sonne, Mond und Sternen oder dem Vegetationszyklus und dem agrikulturellen Jahreslauf der Bauern und Hirten verbunden. Sie wurden erst sekundär durch die vergegenwärtigende Erinnerung an ein göttliches Erscheinen und Handeln begründet, die ihre ursprüngliche Bedeutung überlagerte und verdrängte. So verstanden, wurden sie im Verlauf der jüdischen Geschichte mit kulturell gewachsenen Symbolen verbunden und dienen bis heute der Erneuerung und Vergegenwärtigung dieser geschichtlichen Heilsereignisse.

Literatur: E. Mahler, Handbuch der jüdischen Chronologie, Leipzig 1916 (Ndr. Hildesheim 1967); E. Otto, T. Schramm, Fest und Freude, Stuttgart u.a. 1977; I. Müllner, P. Dschulnigg, Jüdische und christliche Feste (NEB Themen 9), Würzburg 2002.

Rosch ha-Schana

Seit tannaitischer Zeit feiert man im Judentum am 1. Tischri (September/Oktober) das Neujahrsfest *Rosch ha-Schana* (»Anfang des Jahres«). Das Fest wird in traditionellen Gemeinden über zwei Tage, in Reformgemeinden an einem Tag gefeiert. Es gilt frommen Juden als Gerichtstermin und als Zeit der Verkündigung der Königsherrschaft und des Gerichtes Gottes, was sich auch darin zeigt, dass zahlreiche Einfügungen in die synagogalen Festgebete das Königtum Gottes thematisieren. Die Rabbinen, die in der Mischna (s. o. S. 113–116) zu Wort kommen, bezogen das Fest auch auf den Beginn der Schöpfung. Im Mittelpunkt des langen Gottesdienstes an diesem hohen jüdischen Feiertag steht das Blasen auf einem Widderhorn (»*Schofar*«; vgl. Lev 23,24); es gilt als Pflicht des Frommen, den (in einer bestimmten Form und Sequenz von Stoßtönen [Teqia], sich brechenden Tönen [Schewarim] und Trillertönen [Terua] vorgetragenen) Ruf des Schofars bewusst zu hören. In der Ausschmückung der Synagoge während des Gottesdienstes dominiert die Farbe Weiß. Zu den zahlreichen volkstümlichen Bräuchen, die sich mit dem Neujahrsfest verbinden, gehören das Eintauchen von Brot und Apfelstücken in Honig, was die Hoffnung auf ein kommendes »süßes Jahr« symbolisiert, und das Ausschütten der Taschen an einem fließenden Gewässer (»*Taschlich*«) nach dem Gottesdienst am Nachmittag des ersten Festtags, was die vollständige Beseitigung der Sünden durch Gott bildhaft zum Ausdruck bringt (vgl. Mi 7,19). Fällt der erste Tag von Rosch ha-Schana auf einen Sabbat, werden Schofarblasen und Taschlich auf den nächsten Tag verlegt. Zwischen Rosch ha-Schana und Jom ha-Kippurim liegen zehn Bußtage, die als Zeit der Buße, der Versöhnung und der Bewährung gelten.

Jom ha-Kippurim

Der *Jom ha-Kippurim* bzw. *Jom Kippur* (»Versöhnungstag«) am 10. Tischri ist Höhepunkt und Abschluss der zehn Bußtage, die mit dem Gericht Gottes am Neujahrsfest eingeleitet werden. Der

Versöhnungstag soll durch aufrichtige Reue und Läuterung des Menschen die Verzeihung seiner Sünden und die Versöhnung mit Gott bewirken. Gerade dieser Festtag, an dem für jeden Einzelnen sein Verhalten gegenüber Gott und gegenüber den Mitmenschen, seine Umkehr und seine Buße im Mittelpunkt stehen, gibt im Judentum der menschlichen Grunderfahrung des Bedürfnisses nach Versöhnung ihren Ort.

Bis zur Tempelzerstörung im Jahre 70 (s. o. S. 28 f.) wurde der Versöhnungstag mit dem in Lev 16 ausführlich geschilderten Ritual im Jerusalemer Tempel verbunden. Während seines Verlaufs wurden die Verschuldungen Israels durch den Hohenpriester auf einen Bock als rituellen Unheilsträger übertragen. Der Bock wurde sodann in die Wüste geschickt und dort von einem Felsen zu Tode gestürzt. Durch ein Blutritual an einem zweiten Opfertier wurde dem Volk die durch seine Sünden verlorengegangene Lebenskraft wieder zurückgegeben. Die beiden miteinander verbundenen Rituale ermöglichten es dem Volk Israel in biblischer Zeit, ohne belastende Sünden in die nächste Zeit zu gehen. Sie dienten zugleich der Aufrechterhaltung bzw. der Wiederherstellung der Funktionsfähigkeit des gemeinschaftlichen Kultes. Bis heute existiert in manchen Gemeinden der Brauch, ein lebendiges Huhn über dem Kopf zu schwingen, um es hinterher zu schlachten. Bei dieser Symbolhandlung wird das Tier, ähnlich dem Sündenbock, zum Träger der Sünden.

In der sich seit rabbinischer Zeit entwickelnden synagogalen Tradition ist der Versöhnungstag vor allem durch Fasten und Selbstprüfung gekennzeichnet. Die Kasteiungen symbolisieren die Abwendung vom Alltäglichen und Materiellen. Im traditionellen Judentum tragen Männer an diesem Tag dünne Stoffschuhe statt Lederschuhe und unter dem Tallit (s. o. S. 162) ein weißes Gewand, das als Totengewand verstanden wird. Die Liturgie des ganztägigen Gottesdienstes enthält zahlreiche poetische Stücke, in denen sich die verschiedenen regionalen und lokalen Traditionen widerspiegeln. In die Amida (s. u. S. 205–208) sind unterschiedliche »Selichot«, Bitten um Verzeihung, eingeschaltet. Es ist Brauch, an diesem Tag reichlich Almosen zu geben und Friedhöfe zu besuchen.

Im Abendgebet des Vorabends des Versöhnungstages wird seit dem frühen Mittelalter vom Vorbeter in der Synagoge das im 7. oder 8. Jahrhundert in Babylonien entstandene Gebet *Kol Nidre* (»Alle Gelübde«) vorgetragen, in dem es allein um Gelöbnisse gegenüber Gott geht, die sich der Mensch selbst in Ausübung seines Glaubens auferlegt hat. Der Beter bittet Gott, ihn von diesen voreilig abgelegten asketischen Gelübden zu befreien. Der fromme jüdische Ritus wurde zum Ziel judenfeindlicher, bewusst verleumderischer Anklagen, die Juden würden sich schon im Voraus der Versprechungen, Gelübde und Eide entbinden, die sie im kommenden Jahr gegenüber anderen Menschen – und insbesondere vor Gericht – ablegen.

Sukkot

Das Laubhüttenfest *Sukkot* (»Hütten«) beginnt am 15. und endet am 21. Tischri (September/Oktober). Vom 15. Tischri an sollen alle Juden an allen Orten eine Woche lang in einer in Eigenarbeit und eigens zu diesem Zweck errichteten Laubhütte aus Ästen und Zweigen essen und schlafen. Die Tage zwischen dem 2. und dem 8. Tag des Laubhüttenfestes (und zwischen dem 2. und dem 7. Tag des Pesachfestes; s. u. S. 185–187) gelten als »Halbfeiertage«. An diesen Tagen dürfen nur Arbeiten verrichtet werden, die lebenserhaltend sind oder Schaden verhindern.

In der Antike fanden während der Festtage zu den zahlreichen Opfern im Jerusalemer Tempel feierliche Prozessionen um den Brandopferaltar (s. o. S. 20 f.) statt. Von den Priestern wurden grüne Feststräuße aus Myrte, Bachweiden- und Palmzweigen geschwungen. Die Wein- und Olivenernte war nun zu Ende, die Menschen konnten ihre Wohnorte und Felder für einige Zeit verlassen und feierten in Jerusalem Erntedank. Sie versicherten sich im Laubhüttenfest auch des Beistandes Gottes im kommenden Jahr. Vielen antiken Juden galt Sukkot als *das* Fest überhaupt. Aus allen Orten, an denen Juden lebten, kam man anlässlich des Laubhüttenfestes zur Wallfahrt nach Jerusalem, um Gott für den Ertrag des Landes zu danken und um Regen im kommenden Jahr zu beten.

Dem Laubhüttenfest lag ursprünglich wohl ein altes kanaanäisches Bauernfest zum Abschluss von Obst- und Weinlese im Herbst zugrunde. Im Verlauf der Religionsgeschichte Israels bekam es den Charakter eines Wallfahrtsfestes von zentraler Bedeutung (vgl. Dtn 16,16), dessen Begehung mit der Weltschöpfung, der Feier der Tempelweihe (1. Kön 8,2), der Königsherrschaft Jahwes vom Zion her (Ps 93. 96–99) oder der göttlichen Bewahrung der Israeliten während der Zeit des Exodus (Lev 23,42 f.) verknüpft wurde. In der Festfreude verbinden sich dabei der Zyklus der Natur und die Heilsgeschichte.

Zu den Festbräuchen des Laubhüttenfestes gehörte in der Spätzeit des Zweiten Tempels auch eine Wasserspende am Brandopferaltar. Diese Wasserspende kann als der für das gesamte Tempelritual wichtigste Teil des Festes angesehen werden. Das Wasser wurde dabei von den Priestern am Brandopferaltar ausgegossen und floss in eine Grube an der Südwestecke unter seinem Fundament hinab. Ein Zusammenhang zwischen diesem Ritus und dem Bestreben nach Sicherung der Fruchtbarkeit des Landes im kommenden Jahr ist augenfällig, denn bald nach Sukkot setzte im Vorderen Orient der für den Ackerbau unentbehrliche Herbstregen ein.

Anlässlich des Laubhüttenfestes werden von Juden zur Erinnerung sowohl an das Leben in Hütten als auch an Gottes Bewahrung beim Auszug aus Ägypten und während der Wüstenwanderung auf Balkonen, Terrassen, Höfen oder in ihren Gärten Laubhütten errichtet. In den festlich geschmückten und bunt dekorierten Hütten wird geschlafen und mit Familie und Freunden gegessen. Das Fest vergegenwärtigt den ewigen Bund, den Gott mit seinem Volk Israel geschlossen hat. Das Gottesverhältnis wird fassbar im Umgang mit den Dingen, die die Menschen ihrem Gott zu verdanken haben. Die Laubhütte hat ihren Ursprung wahrscheinlich in dem Brauch, während der Ernte in den Weinbergen und Olivenhainen in Hütten oder Zelten zu übernachten. Im Verlauf ihrer historisierenden Verknüpfung mit dem Exodusgeschehen wurde sie zum zentralen Symbol der Hoffnung, aber auch der Fragilität und Hilfsbedürftigkeit der menschlichen Existenz. Das Laubdach der Hütte muss so beschaffen sein, dass es Schatten spendet und man dennoch den Himmel sehen kann.

Die synagogalen Lesungen während der Festgottesdienste akzentuieren die Gnade des Schöpfergottes; Festrolle des Sabbats am Sukkot ist das Buch Kohelet (Prediger). Zu den gottesdienstlichen Bräuchen gehört das zeremonielle Schwingen des Feststraußes (»*Lulav*«), eines Symbols der Regenerationskraft der Vegetation, bestehend aus einem Palmzweig, zwei Bachweidenzweigen und drei Myrtenzweigen, und des Etrogs, einer Zitrusfrucht. Am Ende des Gottesdienstes nach der Amida finden in den Synagogen Umzüge um die Tora statt. Jeder nimmt seinen Lulav und seinen Etrog in die Hand. Eine Tora wird aus dem Schrein ausgehoben und führt die Prozession durch die Synagoge an. Fällt der erste Tag des Festes auf einen Sabbat, wird der Feststrauß erst am zweiten Festtag in die Synagoge gebracht. Am letzten Tag des Sukkotfestes werden – wo möglich – sieben Torarollen aus dem Schrein genommen, und es finden sieben Prozessionen statt.

Chanukka

Das *Chanukkafest* beginnt am 25. Kislew und endet am 2. Tevet (Dezember/Januar). Thema des beliebten Festes ist die Wiedereinweihung des Jerusalemer Tempels durch die Makkabäer nach ihrem Sieg über die Syrer im Jahre 164 v. Chr. (s. o. S. 22 f.). Chanukka bedeutet »*Einweihung*«.

Die Nähe des Chanukkafestes zum Wintersolstitium (21. Dezember) deutet auf die ursprüngliche Bedeutung des Festtermins als Feier der Sonnenwende hin, nach der die Tage wieder länger werden. Die von den Rabbinen ausgestalteten Festlegenden gründen in der in 1. Makk 4,36–59 geschilderten und mit einem jährlichen Fest verbundenen Reinigung des von den Syrern durch Opfer an den Zeus Olympios entweihten Tempels durch Judas Makkabäus, der den heidnischen Altar entfernte und auf dem neuen Altar wieder toragemäße Brandopfer darbringen ließ. Die bekannteste dieser Festlegenden erzählt davon, dass nach der Eroberung Jerusalems durch die Makkabäer nur noch ein einziger mit dem Siegel des Hohenpriesters versehener Ölkrug zum Befüllen der Menora, des siebenarmigen Leuchters im Tempelheiligtum, übrig gewesen sei. Obwohl der rituell reine Inhalt des Kruges nur für einen Tag ausreichte, brannten die

Lampen der Menora durch ein Wunder acht Tage lang, bis neues Öl gepresst war.

Das Chanukkafest ist das jüngste Fest im jüdischen Kalender. Es wird im Judentum als ein kleineres Fest ohne Arbeitsverbot an den Werktagen begangen und ist heute ein beliebtes Familienfest. Zentrales Gebot von Chanukka ist das Anzünden der Festlichter. Das Aufstellen des Chanukkaleuchters aus Silber, Messing, Bronze oder Zinn eröffnet die achttägige Festzeit. Der Leuchter mit acht Armen und einem zusätzlichen dienenden Licht (»*Schammasch*«) zum Entzünden der anderen Lichter ist in seiner Form seit dem Mittelalter zumeist der siebenarmigen Menora nachempfunden. Im Laufe der Zeit wurden die Öllichter durch Kerzen ersetzt. Der Chanukkaleuchter ist sichtbar am Fenster aufzustellen, und zwar so, dass er nicht zur Beleuchtung des Raumes dienen kann. Durchgesetzt hat sich die Tradition, an jedem Tag des Festes von links nach rechts ein weiteres Licht anzuzünden und dabei eine Reihe von Benediktionen zu sprechen. Hierzu ist auch die jüdische Frau verpflichtet, die ansonsten von jedem zeitlich gebundenen Gebot befreit ist. Der Leuchter muss von Sonnenuntergang an brennen, bis der letzte Mensch die Straße verlassen hat, mindestens jedoch eine halbe Stunde.

Sekundär ist die synagogale Feier des Chanukkafestes. Neben dem regulären Wochenabschnitt wird ein besonderer Chanukkaabschnitt gelesen; vor dem Toraschrein steht nun ein Leuchter auf einem Podest. Seit dem frühen Mittelalter gehört auch die Verlesung des Buches Judit zur Chanukkaliturgie.

Die Feier des Chanukkafestes in Haus und Gemeinde hat vor allem im aschkenasischen Raum, wo Juden über die Jahrhunderte im alltäglichen und unmittelbaren Kontakt mit Christen lebten, unbeschadet seiner ursprünglichen Bedeutung als Siegesfeier über assimilatorische Tendenzen im Judentum Bräuche aufgenommen, die Ausdruck einer kulturellen Assimilation an die Umwelt sind. Neben gemeinsamem Singen und Rätseln gehört seit der frühen Neuzeit das Glücksspiel mit dem »*Dreidel*« zur häuslich-familiären Chanukkafeier. Der Dreidel ist ein Drehkreisel, auf dessen Seiten vier hebräische Schriftzeichen (Nun, Gimel, He, Schin) stehen. Diese Schriftzeichen stehen im ursprünglichen, außerjüdischen Kontext des Glücksspiels um einen Einsatz für die deutschen Wörter »Nichts«, »Ganz«, »Halb« und »Stellen«. Erst nachträglich wurden die Buchstaben auf die Initialen des hebräischen Satzes "Ein großes Wunder geschah dort" (hebr.: Nes Gadol Haja Scham) – und somit auf die religiöse Festlegende – bezogen. In der Neuzeit verstärkte sich die Parallelisierung mit dem Brauchtum des nahezu termingleichen christlichen Weihnachtsfestes mit Geschenken für Kinder (»*Chanukkageld*«) und dem Aufstellen von Chanukkaleuchtern im öffentlichen Raum. Durch die zionistische Bewegung wurde der Sinngehalt des Chanukkafestes in Israel mit einem starken nationalpolitischen Akzent versehen.

Purim

Am 14. oder 15. Adar (Februar/März) erinnert das *Purimfest* an die Bewahrung der persischen Juden, die der Verfolgung und Ermordung durch den Wesir Haman entronnen waren. Das biblische Estherbuch, tatsächlich eine historische Weisheitserzählung aus dem dritten Jahrhundert v. Chr., schildert diese legendäre Errettung der Juden zur Zeit des »Ahasveros«, des persischen Königs Xerxes I. (ca. 519–465 v. Chr.), um verfolgten Juden insbesondere in der Diaspora Trost und Zuversicht zu stiften. Im Verlauf der fiktiven Erzählung, in der der Gott Israels an keiner Stelle direkt erwähnt wird und die in Judentum und Christentum anfangs nicht unumstritten war, plant der hohe königliche Beamte Haman die Ermordung der in Persien lebenden Juden, wird der genaue Zeitpunkt der Durchführung seines Vorhabens durch »*Lose*« (»Purim«) bestimmt, führt die zur Frau des Königs aufgestiegene Jüdin Esther, die von ihrem Glaubensgenossen Mordechai zur Fürbitte beim König bewegt wurde, durch ihre Frömmigkeit die Rettung herbei, und wird Haman schließlich am Pfahl aufgehängt.

Die freudige Ausgelassenheit des Purimfestes charakterisiert es als ein ursprüngliches Frühlingsfest, wie es in vielen Kulturen begangen wird. So wurde das zeitgenössische persische Neujahrsfest mit Festessen und Weingelagen gefeiert. Offensichtlich ist auch die Nähe zum babylonischen Neujahrsfest, an dem Lose geworfen wurden, um das Geschehen im kommenden Jahr vorherzusagen. Im jüdischen Jahreszyklus markiert es den Anbruch der Zeit der Vorbereitung auf Pesach. Der dem Fest vorangehende Tag wird seit dem 9. Jahrhundert als Fastentag zur Erinnerung an das Fasten der Esther (Est 4,16) begangen. Im synagogalen Gottesdienst am Purimfest erfolgt nach der Lesung des Toraabschnittes (ursprünglich nur am Morgen, später auch am Vorabend) die Lesung bzw. der gesangliche Vortrag der Estherrolle (»*Megillat Esther*« oder einfach »*Megilla*«). Ausnahmsweise ist an diesem Tag auch Frauen die synagogale Lesung gestattet. Um den Namen des Judenfeindes Haman auszulöschen, dürfen die Kinder mit Ratschen, Rasseln und Trillerpfeifen lärmen, wann immer er in der Lesung Erwähnung findet.

Das Purimfest wird als ein Tag der Freude und der Heiterkeit gefeiert. Kinder verkleiden sich. Ein Festmahl mit ausgiebigem Essen und Trinken, auch von Wein, ist an diesem Festtag ein Gebot. Überliefert wird das Diktum der jüdischen Weisen, an Purim solle man trinken, bis man nicht mehr zwischen Haman und Mordechai unterscheiden könne. Ein beliebtes Purimgebäck sind »Hamantaschen«, dreieckige, mit Fruchtmus und Mohn gefüllte Teigtaschen. Freunde und Bekannte schicken sich gegenseitig Geschenke, Speisen und Getränke. Auch der mildtätigen Armenversorgung kommt an diesem Festtag ein besonderer Stellenwert zu.

Die Nähe des Purimfestes zur christlichen Fastenzeit führte über die Jahrhunderte zur Aufnahme verschiedener volkstümlicher Faschingsbräuche. Seit dem 16. Jahrhundert wurde in den jüdischen Gemeinden im aschkenasischen Raum in *Purimspielen* die im Estherbuch erzählte Geschichte der Verfolgung und Bewahrung der Juden aufgeführt, wobei (möglicherweise auch als Reflex der judenfeindlichen Stereotypen christlicher Passionsspiele) das Auftreten und Handeln der aufgeführten Charaktere, insbesondere der nichtjüdischen Antagonisten Haman und Ahasveros, zuweilen in verdeckter Anspielung auf lokale Ereignisse und Personen ausgestaltet wurden.

Pesach

Am Abend des 14. Nisan (März/April) beginnt das sieben-tägige (in der Diaspora und im traditionellen Judentum acht-tägige) *Pesachfest*, das höchste und älteste jüdische Fest. Der erste und der siebte Festtag stellen Höhepunkte der Pesachfeier dar. Die in einigen deutschen christlichen Bibelübersetzungen geläufigen Bezeichnungen »*Pascha*« (sprich: »*Pas-cha*«) bzw. »*Passa*« beruhen auf der mit Artikel versehenen aramäischen Bezeichnung des Festes.

Das Pesachfest geht auf einen archaischen, kanaanäischen Nomadenbrauch anlässlich des jährlichen Weidewechsels im Frühjahr zurück, bei dem ein Lamm geschlachtet wurde, wo-durch die Herde vor schädlichen Dämonen geschützt werden sollte. In der Tora wurde das alte Fest mit der Erinnerung an das wichtigste Heilsereignis in der Geschichte Israels verknüpft, dem Auszug des Volkes Israel aus Ägypten (Ex 12,1–28; Dtn 16,1). Bereits früh wurde an Pesach (von hebr. »springen« oder »vorübergehen«) das ursprünglich eigenständige Mazzofest an-gehängt. Das kombinierte Fest dauerte acht Tage und wurde als zentrales Wallfahrtsfest am Jerusalemer Tempel gefeiert.

Solange der Tempel stand, kamen Pilger aus dem ganzen Land zum Pesachfest nach Jerusalem. Sie wohnten den Opfern und der Musik im Tempel bei. Familien und Kreise von Gleich-gesinnten aßen in den Häusern der Stadt gemeinsam das Pe-sachlamm zur vergegenwärtigenden Erinnerung an die Befrei-ung aus der Knechtschaft Ägyptens, aber auch zum Zeichen des lebendigen Vertrauens auf die Errettung und Bewahrung durch Gott. Der Exodus wurde zur Vorabbildung der endzeitlichen Erlösung Israels und zur zentralen Erinnerungsfigur des kultu-rellen Gedächtnisses Israels.

Nach der Zerstörung des Jerusalemer Tempels durch die Rö-mer im Jahre 70 (s. o. S. 28 f.) gab es das öffentliche Pesachopfer nicht mehr. Die rabbinische *Pesach-Haggada*, die genaue Beschrei-bung des Verlaufs eines häuslichen *Sederabends* (hebr. »*Seder*« = »Ordnung«), ist ein späteres Zeugnis jüdischer Frömmigkeit. Die jüdische folkloristische Tradition schmückte die Sederfeier über die Jahrhunderte mit vielen Legenden, Refraindichtungen und volkstümlichen Liedern aus. Nach solchen Haggadot, die in zahlreichen und zum Teil außerordentlich prächtig verzierten, kunsthistorisch bedeutenden Buchausgaben existieren, feiern traditionelle jüdische Familien noch heute ihr Pesachfest.

In der Synagoge wird am Sabbat der Halbfeiertage (s. o. S. 179) des Pesachfestes das Hohelied Salomos verlesen. Das Hauptereignis des Festes ist jedoch die gemeinsame häusliche Mahlzeit nach dem Synagogenbesuch, der Sederabend. Bei dieser gemeinsamen Mahlzeit werden auf der – oft reich verzierten – Sederschüssel (»*Kara schel-Pesach*«) verschiedene Nahrungsmittel mit zeichenhafter Bedeutung gereicht, die die Exoduserzählung »schmackhaft« machen. Zu dieser fünfzehnteiligen Ordnung gehören drei *Matzen* (stellvertretend für die Einheit der drei Volksgruppen Priester, Leviten und Volk Israel) aus »ungesäuertem«, d. h. ohne Treibmittel (Hefe oder Sauerteig) aus Weizen, Gerste, Buchweizen, Roggen oder Hafer hergestelltem Teig, Bitterkräuter (»*Maror*«), Salzwasser oder Essig und »*Charoset*«, eine Süßspeise aus gemahlenen Mandeln, Äpfeln, Rosinen, Zimt, Zucker und ein Becher roter Wein, der an diesem Abend vier Mal geleert wird. In einer Schale auf dem Tisch liegen ein nahezu vom Fleisch befreiter Knochen und ein hartgekochtes Ei, die beide nicht verzehrt werden. Den Ablauf der Mahlzeit regelt die Pesach-Haggada, die während der Mahlzeit vorgelesen wird. Sie ist in Form eines Dialogs aufgebaut. So fragt der jüngste Sohn beispielsweise: »Was ist an dieser Nacht anders als an anderen Nächten?« Darauf wird vom Auszug aus Ägypten erzählt und werden biblische Texte gelesen, zum Beispiel die Psalmen 113–118. Ein weiterer Bestandteil des Festes sind Lieder.

In traditionellen jüdischen Haushalten beachtet man während des Festes besondere Reinheits- und Speisegebote. Keine »*gesäuerten*« Esswaren dürfen während der Festtage im Haus sein. Bereits am Tag vor Pesach suchen deshalb die Kinder im Haus nach Resten von Gesäuertem, die von den Eltern eigens zu diesem Zweck liegen gelassen oder versteckt wurden. Geschirr, das mit Gesäuertem in Berührung gekommen ist, wird gereinigt.

Auf dem festlich gedeckten Tisch steht schließlich auch ein weiterer mit Wein gefüllter Becher, aus dem aber niemand trinkt. Der leere Platz am Tisch ist für den Propheten *Elija*, den Wegbereiter des Messias, bestimmt und versinnbildlicht ebenso wie die (seit dem 12. Jahrhundert erst nach dem Mahl) leicht geöffnete Tür zum Sederraum die Hoffnung auf Erlösung. Aus diesem Becher soll erst nach der messianischen Erlösung Israels getrunken werden. Im Pesachfest werden die Vergangenheit, die Gegenwart und die Zukunft des Gottesvolkes mittels generationsübergreifender Kommunikation erfahrbar. Das gemeinsam begangene zeremonielle Pesachmahl, dem ein Sättigungsmahl folgt, stärkt und erneuert das Zusammengehörigkeitsgefühl der jüdischen Familie und der jüdischen Gemeinde, indem es den Feiernden ermöglicht, gemeinsam den Weg der Exodusgeneration in symbolischen Handlungen mitzugehen. Zugleich gibt das Fest aber auch dem Vertrauen in die Zukunft und der Hoffnung auf Erlösung Ausdruck.

Schavuot

Das Wochenfest *Schavuot* (»Wochen«) wird am 50. Tag nach Pesach (vgl. Lev 23,15f.) gefeiert, dem 6. Siwan (Mai/Juni). In der Diaspora ist auch dieses Fest zweitägig. Nach der Tora (Ex 34,22; Num 28,26; Dtn 16,10) sollte an diesem Tag nicht gearbeitet werden. Das Wochenfest bildet den Abschluss der Frühlingsfeste im jüdischen Festzyklus und wird deshalb in der rabbinischen Literatur auch »*Azeret*« (»Schlussfest«) genannt.

Zur Zeit des Zweiten Tempels war das Wochenfest das kleinste der drei jährlichen Pilgerfeste. Die Menschen sollten sich an diesem Tag im Jerusalemer Tempel versammeln, um dort der feierlichen Darbringung von Broten und den – an diesem Tag besonders reichhaltigen – Brandopfern durch die Priester beizuwohnen.

Der Termin des Wochenfestes markierte ursprünglich das Ende der Weizenernte. Ebenso wie Pesach (s. o.) entsprach auch Schavuot einem alten kanaanäischen Ernte- und Sommerfest. Eine explizite heilsgeschichtliche Begründung des Wochenfestes gibt es in der Bibel nicht. Frühestens im zweiten Jahrhundert wurde das Wochenfest zu einem allgemeinen Fest des öffentlichen Gedenkens an die Sinaioffenbarung und der Vergegenwärtigung der Erwählung Israels als Gottes eigenes Volk.

Die Verbindung des Festtermins mit der Gabe der Tora am Sinai durch die Rabbinen ist somit sekundär. Allerdings lässt sich bereits viel früher eine allmähliche Entwicklung in diese Richtung erkennen. Bereits in der Zeit kurz nach dem babylonischen Exil wurde die Sinaioffenbarung von den jüdischen Gelehrten auf den Termin des Wochenfestes gelegt (vgl. Ex 19,1). Im hellenistisch-jüdischen Buch der Jubiläen finden dann sämtliche Bundesschlüsse in der Bibel zur Zeit des Wochenfestes statt (vgl. Jub 6,17–31; 15,1–3 u. ö.). Auch die neutestamentliche Darstellung des Gründungstages der christlichen Gemeinde, des späteren Pfingstfestes (Apg 2), dessen Termin zunächst dem des Wochenfestes entsprach, weist darauf hin, dass den ersten Christen das Motiv des Empfangs des Wortes Gottes und seines Geistes als Begründung des Festes bekannt war.

Neben der Toralesung, deren Gegenstand die Offenbarung der Zehn Gebote (Ex 19f.) ist, wird die *Megilla* (»Festrolle«) zu Schavuot, das biblische Buch Rut, gelesen. Die weisheitliche Novelle erzählt von der Moabiterin Rut, die zur Offenbarung kam, aus Liebe zu Gott ihre Heimat verließ, sich dem Volk Israel anschloss und daher gewürdigt wurde. Traditionell werden die Synagogen und Häuser an Schavuot mit Blumen und Früchten geschmückt; symbolische Speisen sind Milch und Honig (vgl. Hld 4,11). Viele Fromme verbringen die Nacht zum ersten Tag des Schavuotfestes mit dem gemeinsamen Studium von Tora (s. o. S. 93 ff.) und Talmud (s. o. S. 118 ff.). Die Vorstellung der umfassenden Offenbarung wird dabei vergegenständlicht in dem Brauch, die ersten und die letzten Abschnitte aller biblischen Bücher und den ersten und letzten Abschnitt jedes Mischnatraktates zu lesen (»*Tiqqun*« [»Wiederherstellung«]). In aschkenasischen Gemeinden ist der Verzehr von Milchspeisen Brauch. Am Wochenfest findet im traditionellen Judentum die Einschulung der Knaben in den »*Cheder*«, die jüdische Elementarschule, statt. In Reformgemeinden wird der Termin des Wochenfestes seit dem 19. Jahrhundert mit der Feier der Bar Mizwa (bzw. Bat Mizwa; s. o. S. 161–164) verbunden.

Der 9. Av

Als ein Tag tiefster Trauer und strengen Fastens wird der
9. Av (Juli/August) begangen. Fällt der Festtermin auf einen Sabbat (s. u. S. 191–194), an dem nicht gefastet werden darf, wird
er am darauffolgenden Werktag begangen. Der Tag dient dem
Gedenken an die Zerstörung beider Tempel im Jahre 587/586
v. Chr. und 70 (s. o. S. 13 f.; 28 f.); ebenso werden traditionell die
Ankündigung der vierzigjährigen Wüstenzeit für die Exodusgeneration, der Fall der palästinischen Stadt Betar, der letzten
Festung der jüdischen Aufständischen im Bar-Kochba-Aufstand
im Jahre 135 (s. o. S. 31), der Überfälle der Kreuzfahrer auf die
Gemeinden von Speyer, Worms und Mainz (s. o. S. 55 ff.), die
Vertreibung der Juden aus England (1290) und Spanien (s. o.
S. 47 f.) mit diesem Datum verbunden.

In der Synagoge wird an diesem Tag auf jeglichen Schmuck
verzichtet. Der Vorhang vor dem Toraschrein wird entfernt
oder der Schrein schwarz verhüllt. Nach dem Toraabschnitt
liest der Kantor nach der Amida (s. u. S. 205–208), in die eine
Bitte um den Wiederaufbau Jerusalems und des Tempels einge-
fügt wird, auf den Stufen vor dem Toraschrein sitzend die Klagelieder Jeremias als *Megilla* (»Festrolle«). Zahlreiche »*Kinnot*«
(»Klagelieder«) kommen zum Vortrag. Die Gemeinde trägt weder Tallit noch Tefillin (s. o. S. 162 f.). Der 9. Av ist gekennzeichnet durch eine Reihe von Kasteiungen. Das strenge Fasten, dem
eine aus Eiern und Brot bestehende symbolische Trauermahl-
zeit unmittelbar vorangeht, dauert vom Sonnenuntergang bis
zum nächsten Sonnenuntergang. Fromme Juden ziehen ihre
Lederschuhe aus und setzen sich auf einen niedrigen Stuhl oder
auf den Fußboden. Die familiäre Gemeinschaft wird an diesem
Tag demonstrativ aufgehoben. Mit Ausnahme der Finger und
des Gesichts ist das Waschen untersagt, ebenso der eheliche
Verkehr. Auch darf man nicht Tora (s. o. S. 93 ff.) und Talmud
(s. o. S. 118 ff.) studieren, da dies für den Frommen eine Freude
wäre.

Die Bedeutung dieses Trauertags liegt in dem gemeinschaftlichen Gedenken an das tiefe Leiden des Gottesvolkes in seiner
Geschichte, aus dem auch eine Verpflichtung zur Bundestreue
erwächst. Durch die Festlegung aller katastrophalen Ereignisse

auf einen einzigen Termin verlieren diese ihren zufälligen und chaotischen Charakter. Sie werden vielmehr dem Geschichtsplan Gottes untergeordnet und damit als in tröstender Weise als Bestandteile seines letztendlich auf Bewahrung und Erlösung zielenden Wirkens qualifiziert.

Zivilreligiöse Feiertage

Im Staat Israel dienen verschiedene *zivilreligiöse Feiertage* der rituellen Untermauerung des Anspruchs des Judentums auf ein unabhängiges Gemeinwesen im Land der Väter. Diese Feiertage sind durch die selektive Einbindung von charakteristischen Elementen von religiöser Symbolik, Mythos und Ritual gekennzeichnet.

Am 27. Nisan (März/April), dem *Jom ha-Schoa'* (»Tag der Zerstörung«), gedenken Juden in Israel seit 1951 der Opfer der Massenermordungen unter dem nationalsozialistischen Regime in Deutschland, der jüdischen Widerstandskämpfer und auch der nichtjüdischen Menschen, die Juden unter Einsatz ihres Lebens gerettet haben. Durch Sirenenschall wird an diesem Tag um 10⁰⁰ Uhr im ganzen Land eine zweiminütige Zeit der Arbeitsruhe und des gedenkenden Schweigens eingeleitet. Die Holocaustgedenkstätte *Jad wa-Schem* (»Denkmal und Name«) in Jerusalem veranstaltet eine Gedenkzeremonie, an der auch Regierungsvertreter und ausländische Gäste teilnehmen. Ein kleiner Teil des weltabgewandten, traditionellen Judentums beteiligt sich nicht an den Trauerfeierlichkeiten, sondern gedenkt der Toten an den traditionellen Trauertagen wie dem 9. Av (s. o.).

Am 5. Ijjar (April/Mai) begeht man in Israel den *Jom ha-Atzma'ut* (»Tag der Unabhängigkeit«). Der Staatsfeiertag dient dem Gedenken an die Verlesung der israelischen Unabhängigkeitserklärung am 14. Mai 1948 (5. Ijjar 5708). Der Unabhängigkeitstag wird in Israel nicht nur als traditioneller Staatsakt mit einer Fackelzeremonie begangen, sondern auch in den Synagogen mit Lobgebeten und Schofarblasen auf dem Lesepult gefeiert.

Am 28. Ijjar (April/Mai), dem *Jom Jeruschalajim*, wird seit 1968 des Sieges über die vereinigten Armeen Ägyptens, Jordaniens und Syriens und der Eroberung der Jerusalemer Altstadt durch israelische Truppen im Sechstagekrieg (5.–10. Juni 1967) gedacht. Der Ostteil Jerusalems mitsamt den heiligen Stätten, dem Tempelberg und der Westmauer (»Klagemauer«) gehörte bis zu diesem Zeitpunkt zu Jordanien und war für Juden nicht zugänglich. Zu den zentralen Bestandteilen des nationalen Festtags gehört eine feierliche Gedenkfeier für die im Kampf um die Stadt gefallenen israelischen Soldaten. Religiöse Juden beten darum, dass die Stadt für immer vereinigt bleiben wird.

DER SABBAT

Am Freitagabend beginnt der wichtigste jüdische Feiertag, der *Sabbat* (jüdischdeutsch: »*Schabbes*«), der siebte Tag der Woche. Der Sabbattag, der traditionell bei Einbruch der Dunkelheit beginnt und mit dem Sichtbarwerden von drei Sternen am Himmel über Jerusalem wieder endet, ist frei von jeglicher Arbeit und somit frei für die Begegnung mit Gott. Für alle Juden ist der Sabbat ein Tag der körperlichen und seelischen Ruhe, der allgemeinen Freude und des Friedens, ein Tag des Torastudiums und des Gebets.

Ein Siebentagezyklus ist bereits in älteren vorderorientalischen Kulturen bezeugt. Das Gebot des Sabbats als eines wöchentlichen Tabu- bzw. Ruhetags findet sich in den ältesten Bestandteilen der biblischen *Festkalender* (Ex 23,12; 34,21) und wurde später in zwei Fassungen im Dekalog verankert. Die eine davon (Ex 20,8–11) bietet eine schöpfungstheologische Begründung des allwöchentlichen Rhythmus von Arbeit und Muße. Indem sie Gottes Ruhetag wiederholen, ehren die Frommen seine Schöpfung. Die andere Version (Dtn 5,12–15) verknüpft den Sabbattag unter Betonung seiner sozialen Bedeutung mit der Exoduserinnerung. Zahlreiche Sabbate wie z. B. der »*Sabbat ha-Gadol*« (»großer Sabbat«), der letzte vor dem Pesachfest, haben ihren Namen von ihrem Platz im Jahreszyklus (s. o. S. 174) her bekommen. Durch seine Verankerung im Schöpfungs- und im Exodusgeschehen wurde der Sabbat im Judentum zum erinnernden Zeichen der Treue Gottes.

Entstanden ist der Sabbatfeiertag als Bundeszeichen und Gruppenmerkmal wahrscheinlich zur Zeit des babylonischen Exils (s. o. S. 14 f.). Der dortigen judäischen Gemeinde, fernab der Heimat und des Jerusalemer Tempels, diente er der religiösen und kulturellen Identitätsstiftung und -bewahrung. Dieser unmittelbare Zusammenhang von Bekenntnis zum Judentum und Sabbat zeigte sich Jahrhunderte später auch darin, dass zur Zeit des Antiochos IV. Epiphanes (175–164 v. Chr.) machthungrige und radikal modernistische jüdische Kreise das Verbot von Beschneidung und Sabbat erwirkten, um hierdurch die jüdische Identität der »Altgläubigen« bzw. der bisherigen priesterlichen Machthaber gewaltsam zu unterdrücken (1. Makk 1,48.51; 2. Makk 6,11; s. o. S. 22).

In der rabbinischen Traditionsliteratur wurde umfassend und minutiös festgelegt, welche Verrichtungen als »Arbeit« an einem Sabbat untersagt sind. So sind z. B. Nahrungserzeugung, Textilerzeugung, Lederverarbeitung, Schreibarbeiten, Feuermachen – darunter fällt auch elektrisches Licht –, Handwerken und Lastentragen als »*Hauptarbeiten*« verboten. In früheren Zeiten übernahm oft ein nichtjüdischer »*Schabbesgoi*« im jüdischen Haushalt die Verrichtung der am Sabbat den Juden nicht erlaubten Arbeiten. Niemand darf sich am Sabbat mehr als 2000 Ellen (ca. 1500 m) von seinem Wohnort fortbewegen (vgl. Ex 16,29). Diese Sabbathalacha betrifft nicht nur das Erwerbsleben, sondern auch den privaten und häuslichen Bereich. Akute Gefahr für Leib und Leben bricht allerdings grundsätzlich das Sabbatgebot.

Der Sabbat wird in der Synagoge und im Haus feierlich begangen. Die gemeinschaftlichen Gebete, Psalmen und Gesänge während des synagogalen Gottesdienstes am Vorabend des Sabbats betonen die Freude über das Anbrechen der Sabbatzeit als eines Vorgeschmacks der Heilszeit. Aus kabbalistischer Tradition stammt die bekannte hebräische Dichtung »*Lecha Dodi*« (»Geh, mein Geliebter«), die den Empfang des Sabbattags wie den Empfang einer geliebten Braut feiert. Die Beter verbeugen sich dabei zu Ehren der himmlischen Braut des irdischen

Israels in Richtung des Synagogenportals. Am Ende des Gottesdienstes in aschkenasischen Gemeinden nimmt der Kantor einen mit Wein gefüllten Becher, wendet sich der Gemeinde zu und spricht den »*Kiddusch*«, die zeremonielle Heiligung des göttlichen Namens am Sabbat über den Wein, in der er Gott für diesen festlichen Freudentag dankt.

Im Mittelpunkt des synagogalen *Sabbatmorgengottesdienstes* steht die Verlesung des wöchentlichen Abschnitts aus der Tora durch Angehörige der Gemeinde oder durch den Kantor. Der gesamte Text der fünf Bücher Moses kommt dabei im einjährigen (babylonischen; so in traditionellen Gemeinden) bzw. im dreijährigen (palästinischen; so in vielen Reformgemeinden) *Lesezyklus* zum Vortrag. Der Toralesung folgt eine kürzere, sachlich auf diese bezogene Lesung aus den prophetischen Büchern.

Im Haus zündet die Frau zu Beginn des Sabbattags die beiden *Sabbatlichter* auf dem Esstisch an, spricht einen Segen darüber und breitet über die Kerzen die Hände aus, um das Licht symbolisch im ganzen Raum zu verteilen. Am Sabbattag, der als solcher ausdrücklich kein Fastentag ist, sind drei *Mahlzeiten* obligatorisch; insbesondere begeht man in den Familien abends zu Beginn der Dämmerung eine gemeinsame festliche häusliche Mahlzeit. Im traditionellen Judentum rezitiert dabei das Familienoberhaupt zunächst Spr. 31,10ff., den biblischen *Lobpreis* der tüchtigen Frau, und spricht einen Segen über die Kinder. Beim häuslichen Kiddusch wird unmittelbar vor der Mahlzeit ein randvoll mit Wein gefüllter Becher nach einem Segensspruch geleert und sodann ein weiterer Lobspruch über das (meist zopfartig geflochtene) *Sabbatbrot* gesprochen. Ist kein Wein im Haus, kann der Kiddusch auch über zwei Brotlaibe gesprochen werden. Ist kein Mann im Haus, führt die Frau den Kiddusch durch. Der Kiddusch zeremonie folgt die eigentliche festliche Sabbatmahlzeit.

Den Ausgang des Sabbattages und seine Trennung vom Alltag markiert die Zeremonie der »*Hawdala*« (»Unterscheidung«). Der Hausvater preist Gott mit drei Benediktionen und hält dabei im Schein einer Kerze mit mehreren Dochten einen randvoll gefüllten Weinbecher und eine dekorative Besamimbüchse mit duftenden Gewürzen, zumeist Nelken und Zimt, in den Händen. Der randvolle Weinbecher symbolisiert den Überfluss der

Gnade Gottes. Die Kerze wird schließlich mit Wein gelöscht. Der Wohlgeruch der Gewürze soll in den kommenden sechs Werktagen an die freudige Zeit des gerade zu Ende gehenden Sabbats erinnern und die Hoffnung auf den kommenden Sabbat wachhalten. Die übliche Gruß- und Wunschformel am Sabbatausgang lautet »Schavua tov« (»Eine gute Woche!«).

Die Frage der Einhaltung der Sabbathalacha im jüdischen Alltag zeigt die breite Skala gelebter jüdischer Frömmigkeit. Viele Anhänger des Reformjudentums beachten die für den Sabbat geltenden Weisungen überhaupt nicht oder nur partiell. Im konservativen Judentum ist z. B. die Verwendung eines Automobils am Sabbat gestattet, um vom Wohnort zur Synagoge zu fahren. Während die Orthodoxie auch den Gebrauch von Elektrizität am Sabbat untersagt, weil sie ihn als Verwendung von Feuer einstuft, und Vertreter einer besonders strengen Auslegung selbst das Tragen eines Hörgeräts am Sabbat verbieten, suchen viele traditionelle jüdische Haushalte praktische Mittel und Wege der Modifikation der Gebote. So ermöglichen – mit Billigung von rabbinischen Autoritäten – vor dem Sabbat aufgeladene Batterien, spezielle Sabbatsteckdosen oder Schaltuhren die Inbetriebnahme elektrischer Geräte, ohne den Sabbat zu verletzen.

Die Synagoge

Der Begriff »*Synagoge*« (von griech. synágō »zusammenführen«; hebr. Bet ha-Kenesset) findet sich im Judentum seit der Antike in der Bedeutung als lokale Einzelgemeinde oder Gemeindeversammlung und bezeichnet auch den Versammlungsort dieser Gemeinde.

Die rabbinische Tradition führt die Synagoge auf Moses selbst zurück. Berücksichtigt man jedoch, dass die Verlesung der Tora, die eine mit ihrer heutigen Textform weitgehend übereinstimmende Gestalt frühestens im 5. Jahrhundert v. Chr. erhalten hat (s. o. S. 14), grundlegender Bestandteil des synagogalen Gottesdienstes ist, zeigt sich der legendarische bzw. heilsgeschichtliche Charakter dieser Vorstellung. Die sogenannte »große Synagoge«

überbrückt als fiktives Bindeglied in der ununterbrochenen Traditionskette der Rabbinen (s. o. S. 109) den Zeitraum zwischen den Propheten und der pharisäischen Bewegung. Die ältesten literarischen Erwähnungen des Begriffs entstammen der exilischen und frühnachexilischen Zeit. Wahrscheinlich ist die Entstehung der Synagoge als Versammlungsort für Toralesung und gemeinschaftliches Gebet während dieser Epoche; die große Entfernung zum Jerusalemer Tempel scheint diese Entwicklung gefördert zu haben.

Synagogen gab es bereits in der Antike überall, wo Juden in nennenswerter Zahl lebten. Bereits die Rabbinen des 3. und 4. Jahrhunderts erwähnen keine andere öffentliche Institution der jüdischen Gemeinde. Die bislang frühesten, anhand ihres charakteristischen Bauplans und ihrer Einrichtung eindeutig als Synagogenbauten identifizierbaren Architekturfunde entstammen der Diaspora (Delos, erstes Jahrhundert v. Chr.), wo jüdische Kolonien in einer nichtjüdischen Umgebung eines gemeinschaftlichen Versammlungsortes bedurften. Die ältesten Synagogenbauten in Palästina stammen erst aus dem dritten Jahrhundert. Die im ersten Jahrhundert einsetzende breite literarische Bezeugung von Synagogen im Judentum und im Christentum (hier insbesondere als Adressat und Ausgangspunkt der frühen Mission) zeigt ihre hohe Bedeutung als allgemeiner Bestandteil des jüdischen Lebens in Palästina und in der gesamten Diaspora. Ältere Texte setzen ihre Existenz voraus. Dadurch, dass die Synagoge nach der nationalen und religiösen Katastrophe der Tempelzerstörung im Jahre 70 (s. o. S. 28 f.) als grundlegendes Element des Judentums bereits bestand, wurde dessen Kontinuität bzw. Neukonstituierung trotz des andauernden Assimilationsdrucks der es umgebenden Mehrheitsgesellschaften erleichtert. Als tragender Pfeiler jüdischen Lebens war sie die Basis für religiöse Kontinuität. Als Ersatz für den zerstörten Jerusalemer Tempel wurde sie aber erst viel später (und durchaus nicht von allen Juden) verstanden.

Diasporasynagogen waren in der Antike Gemeindezentren mit den verschiedensten Aufgaben und Nutzungen und stellten so den Mittelpunkt des Lebens der jüdischen Ortsgemeinde und ihrer gemeindlichen Aktivitäten dar. Etwas anders verhielt es sich mit Synagogen in der Nähe von Jerusalem und in all den

Orten, die fast ausschließlich von Juden bewohnt waren. Hier war das Bedürfnis nach einer Stätte für die gemeinsame religiöse Betätigung geringer, denn der Tempel in Jerusalem war als Ort des Gebets leicht zu erreichen. Diesem Befund entspricht die Beobachtung, dass heute in Israel die Synagogen primär Stätten des Gebets sind, wohingegen sie beispielsweise in den U.S.A. häufig als Gemeindezentren mit vielfältigen Aufgaben wahrgenommen werden.

Als zentraler Versammlungsraum dient die Synagoge bis heute nicht nur religiösen Bedürfnissen, sondern auch der Aufrechterhaltung und Gestaltung des gemeinschaftlichen jüdischen Lebens. Mit der Synagoge als Gemeindezentrum konnten von Anfang an verschiedene soziale, kulturelle und administrative Einrichtungen verbunden sein, so z. B. Kinderschulen, Gerichte, kommunale Versammlungen, Herbergen und Einrichtungen der Armen- und Krankenfürsorge. Ein *Gemeindediener* (»Schammasch«) hält die Synagoge in Ordnung. Der Ausschluss aus der Synagogengemeinschaft durch die Verhängung des Bannes bedeutete die radikale soziale Isolation.

Zwar berichtet eine alte rabbinische Überlieferung von einer großen und prunkvoll ausgestatteten Synagoge in Alexandria, doch waren solche Prachtbauten die große Ausnahme. Zumeist versammelten sich die antiken jüdischen Gemeinden in privaten und öffentlichen Räumen oder richteten ihr Gemeindezentrum in einem ehemaligen Privathaus ein. Hinsichtlich Anlage und Bauplatz einer Synagoge herrschte zunächst große Freizügigkeit; ihre Bauart richtete sich hauptsächlich nach den materiellen Möglichkeiten und nach regionalen Stilformen, auch wenn in der rabbinischen Traditionsliteratur hier ideale Vorstellungen betont werden. Es gab im antiken Judentum keine übergeordnete Instanz, die den Bau von Synagogen überwachte oder gar einheitlich regelte. Die Synagogen wurden durchweg von den autonomen Ortsgemeinden oder von Privatleuten erbaut und verwaltet. Diese waren keiner äußeren Autorität verpflichtet. Synagogen spiegeln den lokalen Geschmack und die Moden der Zeit wider.

Erst allmählich bildeten sich einheitliche Formen der dekorativen Symbolik und des Inventars heraus. Aufgrund der baugeschichtlichen Vielfalt bereits der antiken Synagogen ist die Erhebung bestimmter Architekturtypen problematisch. Die wenigen erhaltenen Relikte mittelalterlicher Synagogengebäude bezeugen vor allem den äußeren Druck auf die jüdischen Gemeinden, sich auch hinsichtlich der baulichen und bildhaften Ausgestaltung ihrer Synagogen der herrschenden – christlichen oder muslimischen – Mehrheit anzupassen. Hierbei bildete sich eine Konzentration auf die Ästhetisierung der Tora und der mit ihr verbundenen Einrichtungen heraus, die fortan die synagogale Architektur prägte. Neuzeitliche europäische Synagogenbauten zeichnen sich daneben durch die Orientierung ihrer Erbauer an den vorherrschenden künstlerischen Strömungen und ästhetischen Werten der Umwelt aus und weisen zum Teil deutliche Parallelen zu zeitgenössischen christlichen Sakralbauten auf (Orgelempore, parallele Anordnung der Sitzbänke, Lesepult an der Ostwand).

DER SYNAGOGALE GOTTESDIENST

Der synagogale *Gottesdienst* ist ein wesentliches Kennzeichen jüdischer Religion und Frömmigkeit. In ihm wird die Zukunft verheißende Geschichte mit Gott leibhaft gefeiert. Seine Gestalt repräsentiert die Einheit in der Vielfalt. Seine Grundlage ist die Ersetzung der Opfer durch die Gebete als wesentliches Medium des Gottesverhältnisses nach der Zerstörung des Jerusalemer Tempels (s. o. S. 29). Der traditionelle jüdische Gottesdienst ist in erster Linie *Gebetsgemeinschaft*. Die obligatorischen Gebete sind liturgisch festgelegt. In der traditionell hebräischen (selten auch aramäischen) Sprache der Gebete kommt sowohl die weltweite Verbundenheit der Gläubigen als auch die Identifizierung mit der Tradition zum Ausdruck.

Der jüdische Gottesdienst ist ein Laiengottesdienst. Nach traditioneller Sichtweise müssen mindestens zehn jüdische männliche, halachisch volljährige (d. h. mindestens dreizehn Jahre alte) Personen zusammenkommen, damit ein synagogaler Gottesdienst stattfinden kann (»*Minjan*«). Wo diese Zusammenkunft stattfindet, spielt keine Rolle. Frauen sind dabei nicht zur

Teilnahme verpflichtet, dürfen jedoch in gesonderten Frauenab-
teilungen, in einem Nebenraum oder auf Frauenemporen an-
wesend sein. Im heutigen Judentum außerhalb der Orthodoxie
zählen jedoch zumeist auch Frauen gleichberechtigt zum Minjan und sitzen gemeinsam mit den Männern.

Hauptcharakteristika des jüdischen Gottesdienstes sind die
aktive Beteiligung der Gemeinde und die Verlesung der Tora.
Ihre zentrale Stellung kommt auch in der Liturgie und in der
Einrichtung des Raumes zum Ausdruck. Im *Toraschrein* (»*Aron
ha-Kodesch*« oder »*Hechal*«), der an der Ostwand (»*Misrachwand*«)
in Richtung auf Jerusalem angebracht ist, zu dem zumeist Stufen
hinaufführen und der mit einem bunt verzierten (an bestimmten
Tagen weißen) Vorhang (»*Parochet*«) versehen ist, bewahrt man
die *Torarollen* auf. Eine erhöhte Estrade (»*Bima*« bzw. »*Almemor*«)
dient ihrer Verlesung. Der zumeist vor dem Toraschrein, in einer besonderen kleinen Nische in der Wand oder am Eingang
der Synagoge brennende »*Ner Tamid*« (»Ewiges Licht«) erinnert
an den siebenarmigen Leuchter im Jerusalemer Tempel. Es ist
zugleich Sinnbild der Anwesenheit Gottes und der von seinem
Wort ausgehenden ewigen Erleuchtung. Am Sabbatmorgen
sowie im synagogalen Wochentagsgebet am Montag und am
Donnerstag wird die auf zwei Stäbe aufgewickelte Torarolle aus
dem Schrein gehoben und in umarmender Gebärde nach einem
Rundgang durch die Gemeinde zur Bima gebracht. Durch Berühren der Torarolle geben die Anwesenden symbolisch zum
Ausdruck, dass sie an der Tora teilhaben. Synagogen haben zumeist mehrere Torarollen in verschiedenen Formaten. Bereits
das Beschreiben einer solchen Torarolle gilt als eine religiöse
Handlung und ist zahlreichen Beschränkungen und Regeln unterworfen. Der – in der Regel unvokalisierte – hebräische Text
muss Buchstabe für Buchstabe fehlerfrei von Hand mit einer besonderen schwarzen Tinte aus Galläpfeln, Wachs und Honig auf
Pergament aus der Haut kultisch reiner Tiere geschrieben sein.
In der zuweilen prächtigen und wertvollen Verzierung solcher
Torarollen kommt die große Verehrung zum Ausdruck, die die
Tora als Gnadengabe Gottes im Judentum erfährt. Nach der Le-
sung wird die Torarolle wieder in den Schrein gehoben.

Die Torarolle ist mit einem Tuch umhüllt, über das sich der
(oft reich bestickte) samtene oder seidene »*Toramantel*« deckt. In

sefardischen Gemeinden ruhen die Rollen in Kästen aus Holz. Zum Toraschmuck gehören die – oft silberne – »*Torakrone*« (»*Keter Tora*«), Aufsätze in Form von Granatäpfeln (»*Rimonim*«) mit kleinen Zierglöckchen und ein »*Toraschild*« (»*Tass*«), auf dem häufig Reliefbilder angebracht sind. Der Toraschmuck verleiht der königlichen bzw. hohenpriesterlichen Würde der Tora Ausdruck. Ein Deutestab (»*Jad*«) in Form eines Stabes, an dessen Spitze sich eine Hand mit ausgestrecktem Zeigefinger befindet, überbrückt während der Toralesung zwischen der Heiligkeit des Textes auf der Torarolle und der Hand des Vorlesenden. Ist eine Torarolle nach langem Gebrauch verschlissen oder untauglich geworden, wird sie aufgrund dieser ihr anhaftenden Heiligkeit nicht einfach weggeworfen, sondern in eine besondere Kammer in der Synagoge (»*Geniza*«) verbracht, bis sie schließlich in einer Ecke des jüdischen Friedhofs bestattet wird (auch Bücher, die als häretisch galten, aber den Gottesnamen enthielten, wurden durch ihre Aufbewahrung in der Geniza der Benutzung entzogen).

Von den als »*Abgesandte der Gemeinde*« während des Gottesdienstes zur Toralesung aufgerufenen Gemeindegliedern (in Reformgemeinden auch Frauen) oder vom *Vorbeter* bzw. *Kantor* (»*Chasan*« oder »*Baal tefilla*«) werden fortlaufende Abschnitte der Tora (»*Paraschijjot*« bzw. »*Sedarim*«) melodiös vorgetragen, während der Hauptgottesdienste an Sabbat- und Feiertagen danach auch Abschnitte aus den Prophetenbüchern (»*Haftarot*«). Mit der Zeit entwickelten sich feste Lesezyklen, wobei die gesamte Tora in traditionellen Gemeinden in 52 Wochenabschnitten in einem Jahr (babylonische Tradition), in Reformgemeinden in kürzeren Abschnitten in drei Jahren (palästinische Tradition) zum Vortrag kommt. Die einzelnen Wochenabschnitte sind mit einem Stichwort aus dem ersten Vers der jeweiligen Toralesung benannt.

Der Lesung folgte in der Antike wohl eine Auslegung in Gestalt der Übertragung des hebräischen Bibeltextes in die Alltagssprache (»*Targum*«; s. o. S. 126–128). Die Predigt als Bestandteil des synagogalen Gottesdienstes ist erst seit dem späten Mittelalter nachweisbar; erst im 19. Jahrundert erlangt sie im europäischen Judentum eine gesteigerte Bedeutung. Heute ist es im deutschsprachigen Raum weitgehend üblich geworden, dass

der Kantor oder ein Rabbiner eine Predigt in der Landessprache hält; notwendig oder gar liturgisch erforderlich ist das allerdings nicht.

Lokale liturgische Bräuche in Gestalt besonderer Gebete,
Hymnen und poetischer Einschaltungen spielten in der Synagoge immer eine große Rolle. Das darin zum Ausdruck gebrachte
Gottvertrauen und die Erhörungshoffnung des Beters sind
grundlegende Kennzeichen individueller jüdischer Frömmigkeit und unterscheiden sich deshalb von Ort zu Ort. Bereits im
6. Jahrhundert und zunächst in Palästina entstanden zahlreiche
»*Pijjutim*«, kunstvolle liturgische Dichtungen zum Vortrag in
den Synagogen (s. o. S. 55 ff.). Ihrem Ursprung nach zunächst
allein Ausschmückungen und Erweiterungen der Stammgebete,
die auf die religiöse Poesie der Psalmen zurückgehen, nahmen
die stark biblisch geprägten Pijjutim über die Jahrhunderte auch
immer mehr dichterische Formen der jeweiligen nichtjüdischen
Umwelt an. Die zahlreich erhaltenen religiösen Dichtungen unterschiedlicher Herkunft, die generell nach ihrem liturgischen
Ort im gottesdienstlichen Geschehen benannt wurden, sind
nicht nur von einem hohen künstlerischen und kulturellen
Wert, sondern als persönliche kreative Ausdrucksformen des religiösen Gefühls ihrer Dichter zugleich bedeutende literarische
Zeugnisse für deren konkrete Erfahrungen, Schicksale, Leiden
und Hoffnungen.

Die Vielfalt der jüdischen liturgischen Dichtungen und die
unterschiedlichen regionalen und lokalen Ausprägungen der
Riten provozierten die Entstehung von schriftlichen Sammlungen der Gebetstexte mit fixiertem Wortlaut. Seit dem 10.
Jahrhundert führten deshalb *Gebetbücher* zu einer gewissen
Normierung des synagogalen Gottesdienstes. Mit der Verbreitung gedruckter Gebetbücher seit dem 16. Jahrhundert kam die
Produktion synagogaler Poesie weitgehend zum Erliegen. Dessen unbeschadet gibt es bis heute zahlreiche lokaltypische liturgische Besonderheiten in den einzelnen jüdischen Gemeinden,
etwa in den Gebetstexten und im Melodienschatz.

Das jüdische Gebetbuch für den Alltag ist der seit der Verbreitung des Buchdrucks so genannte »*Siddur*« (»Ordnung«),
der hebräische und aramäische Gebetstexte, Abschnitte aus der
Tora, Psalmen, Benediktionen, Hymnen und liturgische Dich-

tungen für den synagogalen Gottesdienst, individuelle Gebete sowie Gebete für besondere Anlässe enthält. Der Siddur liegt im aschkenasischen und im sefardischen Judentum in zwei voneinander abweichenden traditionellen Fassungen vor. Eigenständige Gebetbücher des jemenitischen Judentums kombinieren aschkenasische und sefardische Gebetstraditionen, wozu sich noch zahlreiche, zum Teil durch die kabbalistische Mystik angeregte Pijjutim einheimischer Dichter gesellen.

Das Kompendium der Gebete und die liturgische Ordnung für die Feste und Feiertage im Jahreszyklus werden im aschkenasischen Judentum als »*Machsor*« (»Zyklus«), im sefardischen Judentum als »*Moadim*« (»Feste«) bezeichnet. Ebenso wie der Siddur enthält der Machsor zahlreiche liturgische Regeln, Gebete, Bibeltexte und Pijjutim. Die Reformbewegung hat an den jüdischen Gebetbüchern immer wieder Umarbeitungen vorgenommen, um sie aktuellen Bedürfnissen und Weltanschauungen anzupassen.

Kein Gebet kommt so häufig im jüdischen Gottesdienst vor wie das »*Kaddisch*« (»Heiligung [Gottes]«), eine aramäische Hymne in Prosaform mit – nachträglich hinzugefügten – hebräischen Einschüben. Zentrale Themen des Kaddischgebets, dessen Wurzeln bis in das frühmittelalterliche Palästina zurückreichen, sind die Verkündigung der Heiligkeit und Erhabenheit Gottes und die Hoffnung auf das Kommen seines Friedensreiches. Sein ursprünglicher Sitz als gottesdienstliche Lobpreisung nach dem Lehrvortrag ist das rabbinische Lehrhaus. Das Kaddischgebet ist Bestandteil der täglichen Andacht. Im Synagogengottesdienst markiert das Gebet liturgische Übergänge. Es wird stehend und nach Jerusalem gerichtet (in verkürzter Form als »*Halbkaddisch*«) nach dem Toravortrag gesprochen und dient so auch als Einleitung zum gemeinsamen Gebet. Wird der ganze Text vorgetragen, spricht man vom »*Vollkaddisch*«.

> *Es erweise sich als groß und heilig sein großer Name in der Welt,*
> *die er zu erneuern vorhat,*
> *und die Toten wiederzubeleben und sie ins ewige Leben hinaufzuführen,*
> *und die Stadt Jerusalem zu erbauen und seinen Tempel in ihrer Mitte*
> *zu vollenden,*

und fremden Kult aus dem Land zu reißen
und den Kult des Himmels an seinen Ort zurückzubringen.
Und das Heiligtum, gepriesen ist es, errichte sein Reich und seine
*   Herrlichkeit*
zu euren Lebzeiten und in euren Tagen und zu Lebzeiten des ganzen
*   Hauses Israel*
alsbald und in naher Zeit, und sprecht: Amen.
Sein großer Name sei gepriesen in Ewigkeit und in alle Ewigkeiten.
Es werde gepriesen und gelobt und verherrlicht und erhöht
und erhoben und ausgezeichnet und hochgelobt und gerühmt
der Name seines Heiligtums, gepriesen ist er,
über alle Benediktionen und Lieder, Lobeshymnen und Trostworte,
die in der Welt gesagt werden, und sprecht: Amen.
Es geschehe großer Friede vom Himmel und Leben
auf uns und auf ganz Israel, und sprecht: Amen.
Der in seiner Höhe Frieden schafft,
er schaffe Frieden über uns und ganz Israel. Und sprecht: Amen.

Seit dem 13. Jahrhundert begegnet im deutschen Judentum der Brauch, das »Kaddisch« am Grab eines verstorbenen Angehörigen oder Freundes während der Trauerwoche, während des Trauerjahres und am Jahrzeittag (s. o. S. 170) zu sprechen. Auch in diesem Kontext ist es allein eine eschatologisch-messianische Doxologie, die der Auferstehungshoffnung des Beters Ausdruck verleiht, und keinesfalls ein Gebet für den Seelenfrieden des Toten.

Die Mehrzahl der Gebete für Alltag und Festtag betont die Gemeinschaft der Beter; individuelle Gebetsanliegen nehmen dagegen nur geringen Raum ein. Die Auswahl, der Umfang und der Inhalt des Gebetbuchs – und ebenso auch die traditionellen Melodien – waren und sind in den unterschiedlichen Strömungen innerhalb des Judentums verschieden. Das Festhalten am Hebräischen als Gebetssprache stiftet bis heute Zusammenhalt und Identität innerhalb des traditionellen Judentums; seit der Neuzeit sind außerhalb der Orthodoxie auch Gebete in der Landessprache üblich.

Die ständigen gottesdienstlichen Gebetszeiten im Judentum sind am Morgen (»Schacharit«), am frühen Nachmittag (»Mincha«) und am Abend (»Ma`ariv«). Das Morgengebet ist das ausführlichste der drei Tagesgebete. An Sabbaten und Feiertagen wird es zudem noch um ein besonderes Zusatzgebet ergänzt (»*Mussaf*«). Das Nachmittagsgebet muss zwischen Mittag und Einbruch der Dämmerung verrichtet werden, das Abendgebet nach Anbruch der Dunkelheit. In traditionellen Gemeinden folgen Mincha und Maʿariv unmittelbar aufeinander; in Reformgemeinden wird abends nur ein Gottesdienst gehalten.

Grundlegende Elemente des jüdischen Gottesdienstes sind die Rezitation der nach der hebräischen Eingangswendung »*Höre (Israel)*« (»*Sch^{e}ma*«) benannten, identitätstiftenden Sammlung biblischer Gedenktexte und das aus einer Reihe von Bitten und Segenssprüchen bestehende Achtzehngebet (»*Schemone Esre*« bzw. »*Amida*«).

Das »*Sch^{e}ma*« bekennt die Einzigkeit Gottes. Es gilt bis heute als das »Glaubensbekenntnis« des Judentums. Für fromme Juden ist es das Gebet in der Stunde des Todes. Im sefardischen Judentum existiert der Brauch, während des Wortes »*Sch^{e}ma*« die Augen mit der Hand zu bedecken und diese Hand nachher zu küssen. Das Pflichtgebet, das im jüdischen Gottesdienst vor der Amida zum Vortrag kommt, ist aus drei wichtigen Abschnitten der Tora (Dtn 6,4–9; 11,13–21; Num 15,37–41) zusammengesetzt. Genaugenommen ist das »*Sch^{e}ma*« formal kein Gebet, da es aus Worten besteht, die Gott an die Menschen richtet. Aus diesem Grund betet man es nicht, sondern verliest bzw. rezitiert es morgens und abends. Das Sch^{e}ma vergegenwärtigt die wichtigsten Dimensionen der Gotteserfahrung Israels; seine inhaltliche Gliederung ist von den Themen Schöpfung, Offenbarung und Erlösung bestimmt:

> *Höre, Israel, der Ewige, unser Gott, der Ewige ist einzig! Gelobt sei der Name der Herrlichkeit seines Reiches immer und ewig. Du sollst den Ewigen, deinen Gott, lieben mit deinem ganzen Herzen und deiner ganzen Seele und deinem ganzen Vermögen. Es seien diese Worte, die ich dir heute befehle, in deinem Herzen. Schärfe sie deinen Kindern ein und sprich von ihnen, wenn du in deinem Hause sitzest und wenn du auf dem Wege gehst, wenn du dich niederlegst und wenn du aufstehst. Binde sie zum Zeichen auf deinen Arm, und sie seien zum Denkband auf deinem Haupte. Schreibe sie auf die Pfosten deines Hauses und deiner Tore!*

Und es sei, wenn ihr auf meine Gebote hört, die ich euch heute gebiete, den Ewigen, euren Gott, zu lieben und ihm zu dienen mit eurem ganzen Herzen und eurer ganzen Seele. So werde ich den Regen eures Landes zu seiner Zeit geben, Frühregen und Spätregen, du wirst dein Getreide einsammeln und deinen Most und dein Öl. Ich werde Gras deinem Felde geben für dein Vieh, du wirst essen und satt werden. Hütet euch, dass euer Herz nicht verführt werde und ihr abweichet und fremden Göttern dient und euch vor ihnen bückt. Da würde der Zorn des Ewigen wider euch entbrennen, er würde den Himmel verschließen, dass kein Regen fällt und die Erde ihren Ertrag nicht gibt, und ihr würdet bald zugrunde gehen aus dem guten Lande, das der Ewige euch gibt. Legt diese meine Worte in euer Herz und in eure Seele, bindet sie zum Zeichen auf euren Arm, und sie seien zum Denkband auf eurem Haupte. Lehret sie eure Kinder, davon zu sprechen, wenn du in deinem Hause sitzest und wenn du auf dem Wege gehst, wenn du dich niederlegst und wenn du aufstehst. Auf dass sich eure Tage vermehren und die Tage eurer Kinder auf dem Erdboden, den der Ewige euren Vätern zugeschworen, ihnen zu geben, wie die Tage des Himmels über der Erde.

Und der Ewige sprach zu Moses also: Sprich zu den Kindern Israels und sage ihnen, sie sollen sich Schaufäden machen an die Ecken ihrer Kleider für ihre Geschlechter und sollen an den Schaufäden der Ecke einen Faden von himmelblauer Wolle anbringen. Sie seien euch zu Schaufäden, ihr sollt sie sehen und aller Gebote des Ewigen gedenken und sie erfüllen, auf dass ihr nicht eurem Herzen und euren Augen nachspähet, denen ihr nachbuhlet. Auf dass ihr gedenket und alle meine Gebote erfüllet und heilig seiet eurem Gotte. Ich bin der Ewige, euer Gott, der ich euch aus dem Lande Ägypten geführt, euch zum Gotte zu sein, ich bin der Ewige, euer Gott.

Das Sch^ema steht auch auf der Pergamentrolle in einer Kapsel (»*Mesusa*«), die an dem rechten Türpfosten traditioneller jüdischer Wohnungen angebracht ist. Die Mesusa ist Symbol für die Bewahrung des Frommen und Ermahnung zur Gebotserfüllung; zugleich bezeugt sie nach außen, dass sich die Bewohner an die jüdische Tradition gebunden fühlen. Eine Mesusa muss 30 Tage nach dem Einzug in eine neue Wohnung sichtbar angebracht werden.

Die »*Amida*«, das »*Achtzehngebet*«, unpräziserweise oft »Acht-zehnbittengebet« genannt, besteht aus einer Reihe von *Berachot* (»*Segenssprüchen*«). Es ist im Stehen (hebr. »ʿamad«; daher der Name »Amida«) zu sprechen und wird nicht abgelesen, son-dern vom Beter frei vorgetragen. Traditionell verneigt sich der Beter während der Amida fünfmal an bestimmten Stellen. In der »Amida« werden alle menschlichen Anliegen zusammengefasst, um deren Erfüllung der Mensch Gott bitten kann. Die deutlich gegliederten Gebetsanliegen und Segenssprüche der »Amida« – das Gebet wird oft auch einfach »*Tefilla*« (»*Gebet*«) genannt – sind Teil der von Ort zu Ort unterschiedlichen liturgischen Tradition und wurden bereits in der Spätantike zu Sammlungen zusammengestellt. Fest stehen dabei allein ihre Anzahl und die darin zum Ausdruck gebrachten Themen:

1. Gelobt seist du, Ewiger, unser Gott und Gott unserer Väter, Gott Abrahams, Gott Isaaks und Gott Jakobs, großer, starker und furcht-barer Gott, der du beglückende Wohltaten erweisest und Eigner des Alls bist, der du der Frömmigkeit der Väter gedenkst und einen Erlöser bringst ihren Kindeskindern um deines Namens willen in Liebe. König, Helfer, Retter und Schild! Gelobt seist du, Ewiger, Schild Abrahams!
2. Du bist mächtig in Ewigkeit, Herr, belebst die Toten, du bist stark zum Helfen. Du ernährst die Lebenden mit Gnade, belebst die Toten in großem Erbarmen, stützest die Fallenden, heilst die Kranken, befreist die Gefesselten und hältst die Treue denen, die im Staube schlafen. Wer ist wie du, Herr der Allmacht, und wer gleichet dir, König, der du tötest und belebst und Heil aufsprießen lässt. Und treu bist du, die Toten wie-der zu beleben. Gelobt seist du, Ewiger, der du die Toten wieder belebst!
3. Du bist heilig, und dein Name ist heilig, und Heilige preisen dich jeden Tag. Sela! Gelobt seist du, Ewiger, heiliger Gott!
4. Du begnadest den Menschen mit Erkenntnis und lehrst den Men-schen Einsicht, begnade uns von dir mit Erkenntnis, Einsicht und Verstand. Gelobt seist du, Ewiger, der du mit Erkenntnis begnadest!
5. Führe uns zurück, unser Vater, zu deiner Lehre, und bringe uns, unser König, deinem Dienst nahe und lass uns in vollkommener Rückkehr zu dir zurückkehren. Gelobt seist du, Ewiger, der du an der Rückkehr Wohlgefallen hast!

6. Verzeihe uns, unser Vater, denn wir haben gesündigt, vergib uns, unser König, denn wir haben gefrevelt, denn du vergibst und verzeihst. Gelobt seist du, Ewiger, der du gnädig immer wieder verzeihst!

7. Schaue auf unser Elend, führe unseren Streit und erlöse uns rasch um deines Namens willen, denn du bist ein starker Erlöser. Gelobt seist du, Ewiger, der du Israel erlösest!

8. Heile uns, Ewiger, dann sind wir geheilt, hilf uns, dann ist uns geholfen, denn du bist unser Ruhm, und bringe vollkommene Heilung allen unseren Wunden, denn Gott, König, ein bewährter und barmherziger Arzt bist du. Gelobt seist du, Ewiger, der du die Kranken deines Volkes Israel heilst!

9. Segne uns, Ewiger, unser Gott, dieses Jahr und alle Arten seines Ertrages zum Guten, gib Segen der Oberfläche der Erde, sättige uns mit deinem Gute und segne unser Jahr wie die guten Jahre. Gelobt seist du, Ewiger, der du die Jahre segnest!

10. Stoße in das große Schofar zu unserer Befreiung, erhebe das Panier, unsere Verbannten zu sammeln, und sammle uns insgesamt von den vier Enden der Erde. Gelobt seist du, Ewiger, der du die Verstoßenen deines Volkes Israel sammelst!

11. Bringe uns unsere Richter wieder wie früher und unsere Ratgeber wie ehedem, entferne uns von Seufzen und Klage, regiere über uns, Ewiger, allein in Gnade und Erbarmen und rechtfertige uns im Gericht. Gelobt seist du, Ewiger, König, der du Gerechtigkeit und Recht liebst!

12. Den Verleumdern sei keine Hoffnung, und alle Ruchlosen mögen im Augenblick untergehen, alle mögen sie rasch ausgerottet werden, und die Trotzigen schnell entwurzle, zerschmettere, wirf nieder und demütige sie schnell in unseren Tagen. Gelobt seist du Ewiger, der du die Feinde zerbrichst und die Trotzigen demütigst!

13. Über die Gerechten, über die Frommen, über die Ältesten deines Volkes, des Hauses Israel, über den Überrest ihrer Gelehrten, über die frommen Proselyten und über uns sei dein Erbarmen rege, Ewiger, unser Gott, gib guten Lohn allen, die auf deinen Namen in Wahrheit vertrauen, und gib unseren Anteil mit dem ihrigen zusammen in Ewigkeit, dass wir nicht zuschanden werden, denn auf dich vertrauen wir. Gelobt seist du, Ewiger, Stütze und Zuversicht der Frommen!

14. Nach deiner Stadt Jerusalem kehre in Erbarmen zurück, wohne in ihr, wie du gesprochen, erbaue sie bald in unseren Tagen als ewigen Bau, und Davids Thron gründe schnell in ihr. Gelobt seist du, Ewiger, der du Jerusalem erbaust!

15. *Den Sprössling deines Knechtes David lass rasch emporsprießen, sein Horn erhöhe durch deine Hilfe, denn auf deine Hilfe hoffen wir den ganzen Tag. Gelobt seist du, Ewiger, der das Horn der Hilfe emporsprießen lässt!*

16. *Höre unsere Stimme, Ewiger, unser Gott, schone und erbarme dich über uns, nimm mit Erbarmen und Wohlgefallen unser Gebet an, denn Gott, der du Gebete und Flehen erhörst, bist du, weise uns, unser König, nicht leer von dir hinweg. Denn du erhörst das Gebet deines Volkes Israel in Erbarmen. Gelobt seist du, Ewiger, der du das Gebet erhörst!*

17. *Habe Wohlgefallen, Ewiger, unser Gott, an deinem Volke Israel und ihrem Gebete, und bringe den Dienst wieder in das Heiligtum deines Hauses, und die Feueropfer Israels und ihr Gebet nimm in Liebe auf mit Wohlgefallen, und zum Wohlgefallen sei beständig der Dienst deines Volkes Israel. Und unsere Augen mögen schauen, wenn du nach Zion zurückkehrst in Erbarmen. Gelobt seist du, Ewiger, der seine Majestät nach Zion zurückbringt!*

18. *Wir danken dir, denn du bist der Ewige, unser Gott und der Gott unserer Väter, immer und ewig, der Fels unseres Lebens, der Schild unseres Heils bist du von Geschlecht zu Geschlecht. Wir wollen dir danken und deinen Ruhm erzählen für unser Leben, das in deine Hand gegeben, und unsere Seelen, die dir anvertraut, und deine Wunder, die uns täglich zuteil werden, und deine Wundertaten und Wohltaten zu jeder Zeit, abends, morgens und mittags. Allgütiger, dein Erbarmen ist nie zu Ende, Allbarmherziger, deine Gnade hört nie auf, von je hoffen wir auf dich. Für alles sei dein Name gepriesen und gerühmt, unser König, beständig und immer und ewig. Alle Lebenden danken dir, Sela, und rühmen deinen Namen in Wahrheit, Gott unserer Hilfe und unseres Beistandes, Sela! Gelobt seist du, Ewiger, Allgütiger ist dein Name, und dir ist schön zu danken!*

19. *Verleihe Frieden, Glück und Segen, Gunst und Gnade und Erbarmen uns und ganz Israel, deinem Volke, segne uns, unser Vater, uns alle vereint durch das Licht deines Angesichts, denn im Lichte deines Angesichtes gabst du uns, Ewiger, unser Gott, die Lehre des Lebens und die Liebe zum Guten, Heil und Segen, Barmherzigkeit, Leben und Frieden, und gut ist es in deinen Augen, dein Volk Israel zu jeder Zeit und jeder Stunde mit deinem Frieden zu segnen. Gelobt seist du, Ewiger, der du dein Volk Israel mit Frieden segnest!*

S. Bamberger, Sidur Sefat Emet, Basel 1986, S. 40 ff.

Ein einheitlicher Wortlaut der Amida bildete sich erst im Mittelalter heraus. Gegenüber einer spätantiken palästinischen Version mit 18 Segenssprüchen setzte sich später mit der babylonischen Version eine Auswahl von 19 Segenssprüchen durch, die aufgrund der Trennung der Segenssprüche für die davidische Dynastie und für den Wiederaufbau Jerusalems zustande kam. Versuche, einen »Urtext« der »Amida« zu rekonstruieren, führen deshalb in die Irre. Jeder Beter kann den Segenssprüchen der »Amida« persönliche Gedanken und Anliegen hinzufügen.

An Sabbaten und an den Festtagen ersetzt man das Mittelstück der Amida durch die Heiligung des Tages. Im aschkenasischen Ritus wird in der Diaspora an Festtagen (in Israel an jedem Sabbat) am Ende der Amida vom Kantor der Priestersegen (»*Birkat ha-Kohanim*«) vorgetragen:

»*Der Ewige segne dich und behüte dich;*
der Ewige lasse sein Angesicht leuchten über dir und sei dir gnädig;
der Ewige hebe sein Angesicht über dich und gebe dir Frieden.«
4. BUCH MOSES 6,24–26

Der Segen wurde im Jerusalemer Tempel in Entsprechung der biblischen Verpflichtung für Aaron und seine Söhne, die Kinder Israels zu segnen, täglich von den Priestern beim Morgen- und Abendgebet gesprochen. In traditionellen Gemeinden kommt die Ehre dieses aaronidischen Segensspruchs im synagogalen Gottesdienst den anwesenden Nachfahren der »*Kohanim*« zu (s. o. S. 173), der Priester am Jerusalemer Tempel, die sich zuvor durch das Ablegen der Schuhe und eine rituelle Waschung der Hände vorbereiten. Die segnenden Hände sind auch heute noch ein häufiges Symbol auf Grabsteinen von Angehörigen priesterlicher Familien. Der jüdische Gottesdienst endet stets mit dem nach seinem hebräischen Anfangswort »*Alenu*« (»Es ist an uns…«) benannten Schlusshymnus, in dem Gott für seine große Gnade gedankt wird.

In jüdischen Reformgemeinden begann sich zu Beginn des 19. Jahrhunderts ein Bestreben nach Verkürzung, Vereinfachung und Ästhetisierung des Gottesdienstes durchzusetzen (s. o. S. 79 f.).

Literatur: I. Elbogen, Der jüdische Gottesdienst in seiner geschichtlichen Entwicklung, Frankfurt/Main 1931 (Ndr. Hildesheim 1967); Ch.H. Donin, Jüdisches Leben, Zürich 1987; A. Böckler, Jüdischer Gottesdienst. Wesen und Struktur, Berlin 2002; L. Trepp, Der jüdische Gottesdienst. Gestalt und Entwicklung, Stuttgart ²2004.

Speise- und Reinheitsgebote

Zu den Grundlagen des jüdischen Glaubens gehört die traditionelle Überzeugung, dass das gesamte Leben des Juden von der Erfüllung der »*Mizwot*« (»*Gebote*«) des gütigen und gnädigen Gottes geleitet ist, die im Kontext der göttlichen Erwählung Israels die Beziehung zu Gott begründen und aufrechterhalten. Das jüdische Leben in seiner Ganzheit soll ein Zeugnis vor Gott sein. Die umfassende und wortgetreue Befolgung der Mizwot gilt den jüdischen Frommen als sittlich gebotenes Minimum; der Einzelne ist verpflichtet, die Toragebote strenger zu beachten, als es vom Wortlaut vorgeschrieben ist. Insbesondere die Reinheits- und Speisegebote dienen dabei der Heiligung des Lebens und gehören zur jüdischen Identität, wobei sich die Bedeutung und Befolgung der »*Kaschrut*« (von hebr. »*kascher*« = »*tauglich*«), des komplexen Systems von Reinheitsbestimmungen und Nahrungstabus in den verschiedenen Strömungen innerhalb des Judentums unterscheiden. Was »koscher« ist, ist dem jüdischen Gesetz entsprechend und zum rituellen Gebrauch geeignet. In früheren Zeiten erleichterten geschlossene jüdische Wohnbezirke die Befolgung dieser Gebote.

Die Speise- und Reinheitsvorschriften spielen im Alltag traditionell lebender Juden eine große Rolle. So ist es beispielsweise im Judentum üblich, sich vor dem Gebet die Hände zu waschen. Der Grund hierfür liegt zunächst nicht in hygienischen Erwägungen, sondern im Streben nach der Aufrechterhaltung bzw. nach der Wiederherstellung der persönlichen Reinheit, d. h. des ursprünglichen Zustandes in Übereinstimmung mit dem Willen Gottes.

Die jüdischen Reinheitsgebote haben ihre Wurzeln im antiken Judentum. Im Denken der Menschen im Altertum, Juden wie Nichtjuden, unterschieden sich verschiedene Bereiche der Welt, denen eine graduell abgestufte Heiligkeit bzw. Reinheit zuerkannt wurde. Das Zentrum und der Ausgangspunkt der Heiligkeit war zumeist der Kultort. So war auch im antiken Judentum das Allerheiligste des Tempels in Jerusalem der Ort größter Gottesnähe und größter Heiligkeit. Diese Heiligkeit wurde nun mit wachsender Entfernung zum Tempel immer geringer. Das bedeutete, dass auch der vom Menschen geforderte Grad der Reinheit bzw. der Entsprechung zu dieser Heiligkeit um so höher war, je näher er dem Zentrum und Quell der Heiligkeit kam.

Das antike Judentum ordnete sämtliche Lebensbereiche des Alltags den Gegensatzpaaren »heilig – profan« und »rein – unrein« zu. Diese Vorstellung umfasste als Teil der Tora das gesamte Leben der Menschen. In der Zeit vor 70 n. Chr. beschänkte sie sich zunächst auf die Priester im Tempel und auf Angehörige religiöser Gruppen, die diese besondere priesterliche Reinheit für sich selbst auch im Alltag beanspruchten. Erst nach der Tempelzerstörung wurden diese Vorschriften allmählich auf alle Juden ausgeweitet. In der rabbinischen Traditionsliteratur, in Mischna und Talmud (s. o. S. 109 ff.) werden die biblischen Reinheitsgebote weiter ausgeführt und dabei systematisiert.

Unreinheit gilt innerhalb dieses traditionellen Systems als gleichsam materiell durch bloße Berührung übertragbar. Im Alltag eines strikt nach der Tora lebenden Juden gibt es darum etliche Gelegenheiten, sich kultisch zu verunreinigen. Jeglicher nichtjüdische Kult gilt als verunreinigend. Der Verzehr lebender Tiere und bestimmter tierischer Nahrungsmittel ist nicht gestattet. Verboten sind z. B. Landtiere, die keine Wiederkäuer mit gespaltenem Huf sind, oder Meerestiere ohne Schuppen und Flossen. So dürfen unreine Tiere wie Schwein, Hase, viele Vogelarten, Krebse, Muscheln, Aal und Stör nicht geschlachtet und verzehrt werden (vgl. Lev 11 u. ö.). Auch Tiere, deren Verzehr erlaubt ist (bis zur Zerstörung des Jerusalemer Tempels waren solche Tiere als Opfer zugelassen), dürfen keinesfalls verendet sein, sondern müssen nach bestimmten Regeln getötet werden. Verboten ist der Verzehr bestimmter Körperteile wie der Spannader oder des Fettes (vgl. Gen 32,32). Mit Ex 23,19; 34,26 und Dtn 14,21 wurde das Gebot begründet, »fleischige« (»bessari«)

und »*milchige*« (»*chalawi*«) Speisen nicht zusammen zu verzehren. Lebensmittel, die weder Fleisch noch Milch enthalten, gelten als halachisch neutral (»*parve*«).

Gemäß den Geboten der schriftlichen Tora verunreinigt der – dadurch selbstverständlich nicht untersagte – Sexualakt (vgl. Ex 19,15; Lev 15,18), jeglicher Ausfluss aus dem Genitalbereich des Mannes und der Frau (auch bei der Geburt eines Kindes), sei er nun krankhaft oder nicht (vgl. Lev 12,1–8; 15,1–32), der Befall durch Hautkrankheiten (Lev 13f.), nach Lev 11,24–28 auch die Berührung eines toten Tieres – außer eines zum Verzehr geeigneten und unter Beachtung eines strengen Regelwerkes »*geschächteten*« (d. h. von einem Sachverständigen mittels eines raschen Schnittes durch die Kehle mit einem extrem scharfen Messer vorschriftsmäßig geschlachteten) Tieres. Blut gilt gemeinhin als Sitz des Lebens, weswegen auch jeglicher Kontakt mit ihm verunreinigend wirkt. Die unmittelbarste und schwerste Verunreinigung geht vom Tod aus. Die Berührung einer Leiche bewirkt siebentägige Unreinheit (vgl. Num 19,11–19).

Die bevorzugten Mittel für die – je nach Grad der Verunreinigung abgestufte – *rituelle Reinigung* sind die Elemente Feuer und Wasser. Die rituelle Reinigung eines jeden jüdischen Frommen erfolgt durch das Untertauchen des ganzen Körpers nach Geschlechtern getrennt im – zumeist in der Nähe einer Synagoge befindlichen – jüdischen *Ritualbad*, der »*Mikwe*« (Plural: »*Mikwaot*«; »Becken«), die aus mindestens 40 Sea (ca. 526 l) ungeschöpftem, d. h. fließendem Regen- oder Grundwasser bestehen muss. Auch unrein gewordene Gegenstände wie Metallgeräte werden durch Untertauchen in einem solchen rituellen Bad wieder tauglich zur weiteren Verwendung. Mikwaot gehören zur Ausstattung zahlreicher mittelalterlicher oder neuzeitlicher Synagogenbauten.

Literatur: A. Wiener, Die jüdischen Speisegesetze, Breslau 1895; W. Paschen, Rein und Unrein, München 1970; P. Spiegel, Was ist koscher? – Jüdischer Glaube, jüdisches Leben, Berlin 2005.

Literatur (in Auswahl)

Nachschlagewerke und Gesamtdarstellungen:

Arnulf H. Baumann, Was jeder vom Judentum wissen muß, Gütersloh [8]1997.

Susanne Galley, Das Judentum. Frankfurt/Main, New York 2006.

Hans Jochen Gamm, Judentumskunde. München 1964.

Karl Erich Grözinger, Jüdisches Denken. 2 Bde. Frankfurt/Main, New York 2004.

Alfred J. Kolatch, Jüdische Welt verstehen. Wiesbaden 2005.

Gerhard Lisowsky, Kultur- und Geistesgeschichte des jüdischen Volkes. Stuttgart 1968.

Günter Mayer (Hg.), Das Judentum. Stuttgart u.a. 1994.

Johann Maier, Das Judentum. 3. Aufl. Bindlach 1988.

–, Geschichte der jüdischen Religion. 2. Aufl. Freiburg i. Br. u.a. 1992.

–, Judentum von A bis Z. Freiburg i.Br. u.a. 2001.

–, Jüdische Geschichte in Daten. München 2005.

–, Judentum. Studium Religionen, Göttingen 2007.

Julius H. Schoeps (Hg.), Neues Lexikon des Judentums. Gütersloh u.a. 1992.

Philipp Sigal, Judentum. Stuttgart u.a. 1986.

Günter Stemberger, Einführung in die Judaistik. München 2002.

–, Jüdische Religion, München 2006.

Simon Philip de Vries, Jüdische Riten und Symbole. Wiesbaden 2005.

Gerhard Wehr, Judentum. München 2001.

Quellen, jüdische Religionsgesetze, Liturgie:

Hans-Joachim Bechtoldt, Jüdische deutsche Bibelübersetzungen vom ausgehenden 18. bis zum Beginn des 20. Jahrhunderts. Stuttgart 2005.

Hans-Jürgen Becker, Der Jerusalemer Talmud. Stuttgart 1995.

Annette Böckler, Jüdischer Gottesdienst. Wesen und Struktur. Berlin 2002.

Martin Buber, Franz Rosenzweig, Die Schrift verdeutscht. 3 Bde. Heidelberg 1976–1978.

Efrat Gral-Ed, Das Buch der jüdischen Jahresfeste, Frankfurt/Main 2001.

Ulrich Gerhard, Jüdisches Leben im jüdischen Ritual. Heidelberg 1980.

Lazarus Goldschmidt (Übers.), Der Babylonische Talmud. 12 Bde. Berlin 2002.

Heinrich Heine, Prinzessin Sabbat. Über Juden und Judentum. Bodenheim 1997.

Simon Hirschhorn (Hg.), Tora, wer wird dich nun erheben? Pijutim mimagenza. Religiöse Dichtungen der Juden aus dem mittelalterlichen Mainz. Gerlingen 1995.

Michael Krupp, Einführung in die Mischna, Frankfurt/Main 2007.

Israel M. Lau, Wie Juden leben. Darmstadt 2005.

Johann Maier, Juedentum Reader, Göttingen 2007.

Robert von Ranke-Graves, Raphael Patai, Hebräische Mythologie. Reinbek 1986.

Günter Stemberger, Midrasch. Einführung, Texte, Erläuterungen. München 1989.

–, Der Talmud. Einführung, Texte, Erläuterungen. 3. Aufl. München 1994.

Leo Trepp, Jüdische Ethik, in: Peter Antes (Hg.), Ethik in nichtchristlichen Kulturen. Stuttgart 1984.

–, Der jüdische Gottesdienst. Gestaltung und Entwicklung. 2. Aufl. Stuttgart 2004.

JÜDISCHE GESCHICHTE

Rainer Albertz, Religionsgeschichte Israels in alttestamentlicher Zeit. 2 Bde. Göttingen 1992.

Leo Baeck, Aus drei Jahrtausenden. Wissenschaftliche Untersuchungen und Abhandlungen zur Geschichte des jüdischen Glaubens. Tübingen 1958.

–, Von Moses Mendelssohn zu Franz Rosenzweig. Typen jüdischen Selbstverständnisses in den letzten beiden Jahrhunderten. Stuttgart 1958.

–, Der Sinn der Geschichte. Berlin 1946.

–, Dieses Volk. Jüdische Existenz. 2 Teile. Frankfurt/Main 1955–57.

–, Wege ins Judentum. Aufsätze und Reden. Berlin 1933.

–, Das Wesen des Judentums. 5. Aufl. Frankfurt/Main 1926.

Friedrich Battenberg, Das Europäische Zeitalter der Juden. 2 Bde. Darmstadt 1990.

Haim Hillel Ben-Sasson (ed.), Geschichte des jüdischen Volkes. 3 Bde. 3. Aufl. München 1995.

Jochanan Bloch, Judentum in der Krise. Emanzipation, Sozialismus und Zionismus. Göttingen 1966.

–, Das anstößige Volk. Über die weltliche Glaubensgemeinschaft der Juden. Heidelberg 1964.

Georg Caro, Sozial- und Wirtschaftsgeschichte der Juden im Mittelalter und der Neuzeit, 2 Bde. Hildesheim 1999.

Hermann Cohen, Religion der Vernunft aus den Quellen des Judentums. Leipzig 1919; 2. Aufl. 1929.

–, Jüdische Schriften. Hg. V. B. Strauss, mit einem Vorwort v. Franz Rosenzweig. 3 Bde. Berlin 1924.

Mark R. Cohen, Unter Kreuz und Halbmond. Die Juden im Mittelalter. München 2002.

Simon Dubnow, Weltgeschichte des jüdischen Volkes. Aus dem Russ. von A. Steinberg. 10 Bde. Berlin 1925–29.

–, Die jüdische Geschichte. Frankfurt/Main 1921.

–, Geschichte des Chassidismus. 2 Bde. Berlin 1981.

Ismar Elbogen, Eleonore Sterling, Ein Jahrhundert jüdischen Lebens. Die Geschichte des neuzeitlichen Judentums. Frankfurt/Main 1967.

Heinrich Graetz, Geschichte der Juden von den ältesten Zeiten bis auf die Gegenwart. 11 Bde. Leipzig 1853–1875. Neudr. Berlin 1996.

–, Volkstümliche Geschichte der Juden. München 1985.

Hermann Greive, Die Juden. Grundzüge ihrer Geschichte im mittelalterlichen und neuzeitlichen Europa. 3. Aufl. Darmstadt 1989.

Martin Hengel, Judentum und Hellenismus. 3. Aufl. Tübingen 1988.

Abraham J. Heschel, Maimonides. Eine Biographie. Neukirchen 1992.

Elke-Vera Kotowski u.a., Handbuch zur Geschichte der Juden in Europa. 2 Bde. Darmstadt 2001.

Bernhard Lewis, Die Juden in der islamischen Welt. München 2004.

Johann Maier, Grundzüge der Geschichte des Judentums im Altertum. 2. Aufl. Darmstadt 1989.

Gilbert S. Rosenthal, Walter Homolka, Das Judentum hat viele Gesichter. Gütersloh 2000.

Peter Schäfer, Geschichte der Juden in der Antike. Stuttgart und Neukirchen 1983.

Kurt Schubert, Jüdische Geschichte, München ²1996.

Christoph Schulte, Die jüdische Aufklärung. München 2002.

Günter Stemberger, Das klassische Judentum. München 1979.

Raphael Straus, Die Juden in Wirtschaft und Gesellschaft. Untersuchungen zur Geschichte einer Minorität. Frankfurt/Main 1964.

Michael Tilly, So lebten Jesu Zeitgenossen. Alltag und Frömmigkeit im antiken Judentum. Mainz 1997.

GESCHICHTE DER DEUTSCHEN JUDEN

Uwe Dietrich Adam, Judenpolitik im Dritten Reich. Düsseldorf 1979.

Ismar Elbogen, Eleonore Sterling, Die Geschichte der Juden in Deutschland. Frankfurt/Main 1966.

Albert H. Friedlander, Leo Baeck. Stuttgart 1973.

Arno Herzig, Jüdische Geschichte in Deutschland. München 1997.

–, Jüdisches Leben in Deutschland, 1780 bis zur Gegenwart. 4 Bde. Stuttgart und Köln 1976–1986.

–, Cay Rademacher, Die Geschichte der Juden in Deutschland, Hamburg 2007.

Joseph Melzer, Deutsch-jüdisches Schicksal. Wegweiser durch das Schrifttum der letzten 15 Jahre. Köln 1960.

Michael A. Meyer u.a. (Hg.), Deutsch-jüdische Geschichte in der Neuzeit. 4 Bde. München 1996 f.

Julius H. Schoeps, Deutsch-jüdische Symbiose oder Die mißglückte Emanzipation. Darmstadt 1996.

Ernst Simon, Brücken. Heidelberg 1965.

Leo Trepp, Geschichte der deutschen Juden. Stuttgart u.a. 1996.

AMERIKANISCHES JUDENTUM:
GESCHICHTE UND GEGENWART

Arthur Hertzberg, Shalom Amerika. Die Geschichte der Juden in der Neuen Welt. Darmstadt 1992.

Leo Trepp, Die amerikanischen Juden – Profil einer Gemeinschaft. Stuttgart u.a. 1992.

ZIONISMUS UND ISRAEL

Michael Brenner, Geschichte des Zionismus. München 2002.

Michael Comay, Der Zionismus. Neuhausen, Stuttgart 1985.

Yehuda Eloni, Zionismus in Deutschland. Von den Anfängen bis 1914. Gerlingen 1987.

Burghard Freudenfeld, Israel. Experiment einer nationalen Wiedergeburt. München 1959.

Ismar Freund, Diaspora und Israel. Das Problem der doppelten Legalität. Jerusalem 1950.

Theodor Herzl, Wenn ihr wollt, ist es kein Märchen (Altneuland / Der Judenstaat). Köln 1985.

Christoph von Imhoff, Israel. Die zweite Generation. Stuttgart 1964.

Gudrun Krämer, Geschichte Palästinas. Von der osmanischen Eroberung bis zur Gründung des Staates Israel. München 2002.

Michael Krupp, Die Geschichte des Staates Israel, Gütersloh ²2004.

Kurt Sonthcimcr (Hg.), Israel. Politik, Gesellschaft, Wirtschaft. München 1968.

Michael Wolffsohn, Douglas Bohovoy, Israel. Grundwissen. Geschichte – Politik – Gesellschaft – Wirtschaft. 6. Aufl. Opladen 2003.

ANTISEMITISMUS UND HOLOCAUST

Werner Bergmann, Geschichte des Antisemitismus, München 2002.

Hermann Greive, Geschichte des modernen Antisemitismus in Deutschland. Darmstadt 1988.

Raul Hilberg, Die Vernichtung der europäischen Juden. Berlin 1982.

Jacob Katz, Vom Vorurteil bis zur Vernichtung. Der Antisemitismus 1700–1933. München 1989.

Thomas Klein (Hg.), Judentum und Antisemitismus von der Antike bis zur Gegenwart. Düsseldorf 1984.

Max Klesse, Vom alten und neuen Israel. Ein Beitrag zur Genese der Judenfrage und des Antisemitismus. Frankfurt/Main 1965.

Anneliese Mannzmann (Hg.), Judenfeindschaft in Altertum, Mittelalter und Neuzeit. Frankfurt/Main 1981.

Arnold Paucker u.a. (Hg.), Die Juden im Nationalsozialistischen Deutschland 1933–1943. Tübingen 1986.

Leon Poliakov, Geschichte des Antisemitismus. 8 Bde. Worms, Frankfurt/Main 1977–1988.

PHILOSOPHIE UND THEOLOGIE NACH DEM HOLOCAUST

Arthur A. Cohen, Der natürliche und der übernatürliche Jude. Freiburg i. Br. 1966.

Abraham J. Heschel, Der Mensch fragt nach Gott. Untersuchungen zum Gebet und zur Symbolik. Neukirchen 1982.

–, Gott sucht den Menschen. Eine Philosophie des Judentums. Neukirchen 1980.

–, Wer ist der Mensch? Über das Wesen und die Sinngebung des Menschseins. Neukirchen 1984.

–, Die Erde ist des Herrn. Neukirchen 1985.

–, Die ungesicherte Freiheit. Neukirchen 1985.

Joachim Valentin, Saskia Wendel (Hg.), Jüdische Traditionen in der Philosophie des 20. Jahrhunderts. Darmstadt 2000.

JUDENTUM UND CHRISTENTUM

Leo Baeck, Das Evangelium als Urkunde der jüdischen Glaubensgeschichte. Berlin 1938.

David Flusser, Bemerkungen eines Juden zur christlichen Theologie. München 1984.

Dietrich Goldschmidt, H. J. Kraus (Hg.), Der ungekündigte Bund. Neue Begegnungen von Juden und christlicher Gemeinde. Stuttgart 1962.

Friedrich Heer, Gottes erste Liebe. 2000 Jahre Judentum und Christentum. München 1967.

Joseph Klausner, Von Jesus zu Paulus. Berlin 1980.

Salcia Landmann, Jesus und die Juden. München 1986.

Ulrich Oelschläger, Judentum und evangelische Theologie 1909–1965. Stuttgart 2005.

Hans Joachim Schoeps, Israel und Christenheit. Frankfurt/Main 1961.

Heinz Schreckenberg, Die christlichen Adversus-Judaeos-Texte und ihr literarisches und historisches Umfeld. Band 1 (1.–11.Jh.). 3. Aufl. Frankfurt/Main u.a. 1995; Band 2 (11.–13. Jh.). Frankfurt/Main u.a. 1988; Band 3 (13.–20. Jh.). Frankfurt/Main u.a. 1994.

–, Die Juden in der Kunst Europas. Göttingen u.a. 1996.

Clemens Thoma, Theologische Beziehungen zwischen Christentum und Judentum, Darmstadt ²1989.

Otto Veit, Christlich-jüdische Koexistenz. Frankfurt/Main 1965.

Jüdische Mystik

Johann Maier, Die Kabbala. Einführung – Klassische Texte – Erläuterungen. München 1995.

Gershom Scholem, Die jüdische Mystik in ihren Hauptströmungen. Frankfurt/Main 1957.

–, Zur Kabbala und ihrer Symbolik. Frankfurt/Main 8. Aufl. 1995.

Joseph Dan, Kabbalah, Stuttgart 2007.

Die Stellung der jüdischen Frau

Rachel M. Herweg, Die jüdische Mutter. Das verborgene Matriarchat. Darmstadt 1994.

Günter Mayer, Die jüdische Frau in der hellenistisch-römischen Antike. Stuttgart 1986.

Judentum im Unterricht

Asher Barash, Eine Stimme vom Himmel – Jüdische Märchen. Gütersloh 1992.

Alexa Brum, Kinderwelten. Ein jüdisches Lesebuch. Eichenau 1996.

Gisela Ganzhorn, Doris Bornhäuser, Gerlinde Ehrenfeuchter: Judith – ein jüdisches Mädchen in Deutschland. Eine Begegnung mit ihrem Glauben und der Geschichte ihres Volkes. Stuttgart 2005.

Vera Dohm u.a., Judentum: Thema Weltreligionen. Leipzig 2002.

Roland Gradwohl u.a., Grundkurs Judentum. Materialien für Schule und Gemeinde. Stuttgart 1998.

Waltraut Hagemann, Elke Hirsch, Leben mit der Zukunft im Rücken. Düsseldorf 2003.

Michael Landgraf, Schalom Martin – Eine Begegnung mit dem Judentum. Wiesbaden 2006.

–, Stefan Meißner, Judentum. Einführung – Materialien – Ideen. Stuttgart 2007.

Alfred Paffenholz, Das Paradies ist freitags im Badehaus – Lesebuch zum Judentum. Düsseldorf 1996.

–, Was macht der Rabbi den ganzen Tag? – Das Judentum. Düsseldorf 1997.

Dieter Petri, Jörg Thierfelder (Hg.), Grundkurs Judentum. 2 Bde. Stuttgart 2002.

Iris Pollatschek, Wolf-Rüdiger Schmidt, Der brennende Dornbusch. Glanz und Elend der Juden in Europa. Gütersloh 2004.

Marion Rink u.a., Was habt ihr da für einen Brauch? Jüdische Riten und Feste. Schönberger Hefte Sonderband. Kronberg 1996.

Noemi Staszewski, Mona und der alte Mann – Ein Kinderbuch zum Judentum. Düsseldorf 1997.

Michael Tilly, Elementarisierung oder Fehlinformation? Anmerkungen zur Darstellung des Judentums im christlichen Religionsunterricht. in: ZPT 51 (1999). S. 376–390.

Reinhold Then, Das Judentum. Bilder – Folien – Einführung. Regensburg 1995.

Pädagogisches Zentrum Rheinland-Pfalz (Hg.), Europas Juden im Rheinland. 3 Bde. PZ-Informationen 2004. Bad Kreuznach 2004.

Register

(Zusammengestellt von Eva Görisch)